光明社科文库
GUANGMING DAILY PRESS:
A SOCIAL SCIENCE SERIES

·法律与社会书系·

中国民法基本问题研究

刘慧兰 ｜ 著

光明日报出版社

图书在版编目（CIP）数据

中国民法基本问题研究 / 刘慧兰著. -- 北京：光
明日报出版社，2021.6
ISBN 978 - 7 - 5194 - 6099 - 0

Ⅰ.①中… Ⅱ.①刘… Ⅲ.①民法—研究—中国
Ⅳ.①D923.04

中国版本图书馆 CIP 数据核字（2021）第 088546 号

中国民法基本问题研究
ZHONGGUO MINFA JIBEN WENTI YANJIU

著　者：刘慧兰

责任编辑：李　倩　　　　　　　　责任校对：范晓辉
封面设计：中联华文　　　　　　　责任印制：曹　净

出版发行：光明日报出版社
地　　址：北京市西城区永安路 106 号，100050
电　　话：010 - 63169890（咨询），63131930（邮购）
传　　真：010 - 63131930
网　　址：http：//book. gmw. cn
E - mail：gmcbs@ gmw. cn
法律顾问：北京德恒律师事务所龚柳方律师

印　　刷：三河市华东印刷有限公司
装　　订：三河市华东印刷有限公司
本书如有破损、缺页、装订错误，请与本社联系调换，电话：010 - 63131930

开　　本：170mm×240mm
字　　数：270 千字　　　　　　　印　　张：16
版　　次：2021 年 6 月第 1 版　　印　　次：2021 年 6 月第 1 次印刷
书　　号：ISBN 978 - 7 - 5194 - 6099 - 0
定　　价：95.00 元

前　言

十九大提出，"不忘初心，牢记使命，高举中国特色社会主义伟大旗帜，决胜全面建成小康社会，夺取新时代中国特色社会主义伟大胜利，为实现中华民族伟大复兴的中国梦不懈奋斗"。这意味着我国已进入全面建成小康社会决胜阶段和中国特色社会主义进入新时代。在这个过程中，需要积极发展社会主义民主政治，推进全面依法治国，科学立法、严格执法、公正司法、全民守法。

民法，博大精深，国外法学界有民法乃"万法之母"之说，在中国特色社会主义法律体系中，《民法典》居于重要的地位，是我国规范公权、保障私权的基本制度依据。《民法典》也是所有自然人、法人及其他社会组织日常生活和经营活动中涉及最多的法律。以自然人为例，一日三餐、衣食住行乃至结婚生子、生老病死等都离不开《民法典》的规范和指引。《民法典》是直接表现和反映市场经济关系准则的部门法。随着市场经济的发展，市场体系逐步完善，我国民法体系日趋健全，其参与社会经济关系的程度亦日益深化。在民法与时俱进的发展进程中，我们既要借鉴和吸收西方发达国家先进的民法制度，又要结合我国市场经济发展的具体情况，对民法理论和实践中出现的一些颇具时效性的热点、难点问题进行解析和探讨，从而完善民事立法和司法，使其愈加成熟和进步。正是有感于此，笔者就自己平素教学和科研中较有心得的若干理论和实践课题，进行了有选择性的探讨，以期能对这些问题的解决提供一点思路。

本书共七章。第一章对全面依法治国的基本理论和实现途径进行了探索；第二章民法总则制度研究，包括民法本质、民事法律关系主体、客体等；第三章至第七章分别对物权法律制度、合同法律制度、婚姻家庭法律制度、继承法律制度和侵权责任的相关理论和热点问题进行了详细探讨。

总体来看，本书有以下几个方面的特点：

第一，内容简明精练。本书采用通俗易懂的语言对民法基础理论知识和有关热点问题进行研究，以求深入浅出、明白晓畅，阅读性强。

第二，体系较为完善。本书以依法治国为背景，以《民法典》为核心，详略得当，重点对物权法律制度、合同法律制度、婚姻家庭法律制度、继承法律制度、侵权责任制度进行了深入研究，构建了比较完备的民法体系。

第三，立意深远，参考性强。本书参阅了大量的最新资料及书籍，用更加新颖和专业的视角对民法做出了一定的研究，以期能够为法律工作者提供一定的借鉴。

最后需要说明的是，在本书撰写过程中，参考了许多专家、学者的相关著作、论文，吸取了许多有益的成果，在此向他们致以最诚挚的谢意。尽管撰写本书尽了最大的努力，但由于笔者认识水平的局限以及我国民事立法与民法学研究的高速发展，书中难免有不足之处，敬请各位专家、学者以及广大读者予以批评指正，以期将来进一步完善。

刘慧兰

2020 年 7 月

目　录
CONTENTS

第一章

全面依法治国的基本理论和实现途径

党的十八大确立了到 2020 年全面建成小康社会的奋斗目标。党的十八大之后，以习近平同志为核心的党中央深入探索全面建成小康社会的战略举措，以及全面建成小康社会后我国经济社会持续发展、党和国家长治久安的一系列重大问题，形成了全面建成小康社会、全面深化改革、全面依法治国、全面从严治党的战略布局。

第一节　依法治国的条件和要求

一、在"四个全面"战略布局中，全面依法治国的地位和意义

（一）全面依法治国的重要地位

1. 全面依法治国是全面建成小康社会的重要目标与任务

全面依法治国是全面建成小康社会的必然要求。党的十八大在确立全面建成小康社会战略目标的同时提出了小康社会的法治目标："依法治国基本方略全面落实，法治政府基本建成，司法公信力不断提高，人权得到切实尊重和保障。"强调法治是治国理政的基本方式，要更加注重发挥法治在国家治理和社会管理中的重要作用，善于运用法治思维和法治方式深化改革、推动发展、化解矛盾、维护稳定，为此要全面推进科学立法、严格执法、公正司法、全民守法。由上可知，全面建成小康社会是包括全面依法治国在内的"全面"。

2. 全面依法治国是全面深化改革的重要保障

党的十八届三中全会做出了《中共中央关于全面深化改革若干重大问题的决定》（以下简称党的十八届三中全会《决定》），四中全会做出了《中共中央

关于全面推进依法治国若干重大问题的决定》（以下简称党的十八届四中全会《决定》）。两个《决定》接续出台彰显出改革与法治的内在联系，正如习近平总书记所说，"改革和法治如鸟之两翼、车之两轮"①。同时，两个《决定》也把改革与法治的关系，即破与立的对立统一关系置于更加突出的位置。许多改革举措涉及现行法律制度，致使改革与法治的关系十分敏感，如何正确认识和处理改革与法治的关系，是在法治轨道上有序推进改革，还是突破宪法法律制度乱改革，不仅仅是对改革的考验，更是对法治的挑战。

（二）全面依法治国的重要意义

1. 推进中国政治文明和社会现代化的必由之路

中华人民共和国成立以后，我们党和国家曾经犯下的重大失误，都与人治有关。《中共中央委员会关于建国以来党的若干历史问题的决议》深刻分析了这一教训，指出："种种历史原因又使我们没有能把党内民主和国家政治社会生活的民主加以制度化、法律化，或者虽然制定了法律，却没有应有的权威"，所以，"为了保障人民民主，必须加强社会主义法制，使民主制度化、法律化，使这种制度和法律具有稳定性、连续性和极大的权威"。习近平总书记也曾指出：人类社会发展的事实证明，依法治理是最可靠、最稳定的治理，"法治兴则国家兴，法治衰则国家乱"，"全面推进依法治国，是深刻总结我国社会主义法治建设成功经验和深刻教训做出的重大抉择"。②

2. 发展社会主义市场经济、建构现代市场体系的根本要求和重要保障

我国实行以公有制为主体、多种所有制经济共同发展的基本经济制度。坚持以公有制为主体，发展壮大国有经济，国有经济控制国民经济命脉，对于发挥社会主义制度的优越性，增强我国的经济实力、国防实力和民族凝聚力，起到了关键性作用；对于全体社会成员享有基本的生活需要和最低限度的社会平等，最终走向共同富裕的道路，也是极其重要的制度保障。而个体经济、私营经济、合资或外资经济等非公有制经济是社会主义市场经济的重要组成部分，它们的发展对于充分调动社会各方面的积极性、加快生产力发展、增加社会就业具有重要作用。

计划经济和市场经济是当今世界两种资源配置的基本方式，我们告别了僵

---

① 习近平. 改革和法治如鸟之两翼、车之两轮［EB/OL］. 中国网，2016 – 07 – 01.
② 习近平关于全面依法治国论述摘编［C］. 北京：中央文献出版社，2015：8.

化的计划经济，选择了自由的市场经济。事实证明，市场经济是当今世界最有效率的经济运行机制。党的十四大把建立社会主义市场经济体制作为我国经济体制改革的总体目标，具有伟大的现实意义和极其深远的历史意义。党的十四大以来，我们在建立社会主义市场经济体制方面的理论研究和实践探索，更加明确了社会主义市场经济体制的建设目标。党的十八届三中全会进一步做出"加快完善现代市场体系"的决定，提出"建立统一开放、竞争有序的市场体系，这一基础使市场在资源配置中起了决定性的作用。必须加快形成企业自主经营、公平竞争，消费者自由选择、自主消费，商品和要素自由流动、平等交换的现代市场体系"。

建立社会主义市场经济体制和现代市场体系，需要法治的引领和保障。在建立社会主义市场经济体制和现代市场体系的过程中必须同步完善社会主义市场经济的法律体系和法治体系。这是因为市场经济内在地需要法律和法治，没有法律和法治就没有市场经济，市场经济必然是也必须是法治经济。

适应社会主义市场经济体制和现代市场体系运行的内在需要，法治在市场经济体制和市场体系中至少有着以下几个方面不可或缺的作用。第一，保障作用。通过为市场经济提供良好的外部法律环境，为市场经济体制的建立和市场经济的发展创造稳定的政治局面、安居乐业的社会秩序和切实有效的社会保障体系。这方面的作用犹如为市场经济"护航"。第二，引领作用。引领作用旨在通过规定社会主义市场经济的发展方向、价值目标、基本政策和利益关系，指引市场经济沿着正确、合法、高效和安全的路线前进。这一方面的作用犹如为市场经济"引航"。第三，服务作用。由于市场经济的法治化，经济交往的过程同时也是法律交往的过程，加上法律越来越专门化、技术化、信息化和国际化，市场经济对法律服务的需求和依赖也越来越大。律师、公证、法律咨询等法律职业和法律服务体系的发展就是为了满足这方面的需要。法律服务的范围主要包括了诉讼代理扩大到法律顾问、法律评价和法律审定，国内扩大到国外等几个方面。第四，规制作用。市场经济具有二重性。一方面，发展社会主义市场经济有利于解放和发展社会生产力，增强国家的综合国力，提高人民的生活水平，也有利于增强人们的自立意识、竞争意识、效率意识、民主法治意识和开拓创新精神，使社会主义的优越性进一步发挥出来。但另一方面，市场自身也存在着一些弱点和消极方面，如可能扩大贫富差别，导致两极分化，也会使一些人利用市场机制的漏洞而见利忘义、唯利是图、搞假冒伪劣，在两种经济体制转轨过程中出现混乱和无序，等等。法律将对市场经济的消极方面予以规制，以尽可能地发挥市场经济的积极作用，克服其弱点和消极因素。第五，推进经济体制改革的作用。主要表现为把改革纳入法治的轨道，用法律法规引导和规范改革，用法律确认和巩固改革的成果。

3. 发展社会主义民主政治、切实保障人权的根本要求和重要保障

法治与民主政治有着内在的必然联系，社会主义民主政治本质上是法治化政治。

第一，民主政治在运作上是代议民主或间接民主。这种体制意味着在政治权力的持有与政治权力的行使之间存在着某种程度的分离。这种分离可能引起政治失控和权力异化。以权谋私、贪污腐化、权钱交易、弄权渎职等政治腐败行为都是权力失控和异化的现象。而宪法的制定可以防止政治权力的失控和异化，使公民的权利和自由不受非法剥夺；严格地规定国家权力机关（立法机关）、行政机关、司法机关及其他国家机关的职权范围和行使职权的程序，同时建立有效的监督体系和制约机制。

第二，民主政治是程序性政治。民主政治要求各政治主体必须依照既定的规则和程序参与政治（行使政治权力和权利）。政治活动的法制化、有序化会随着公民法律知识的丰富和法治意识的增强，公民对规则的要求和对一切政治活动必须符合宪法法律的要求越来越强烈而推动。

第三，民主政治是自由和平等的政治。自由、平等的政治体制为各种政见、决策和立法建议的表达和交流，各政治主体影响和参与决策提供了机会，使立法政策和法律既能真实地反映广大人民群众的根本利益和共同意志，又能够获得人民群众的拥护和遵守。但如果没有一定法律的引导、规范和制约，人们就无法交流各自的愿望和政见，更不可能在平等地、自由地发言和讨论的基础上形成社会共识或多数人的意志，并根据共识或多数人的意志制定出法律和政策。

第四，民主政治应当是高效的政治体制，而高效的政治体制必须是法制化的体制。政治体制的效率取决于多种因素，其中法制化是一个基本因素。若没有法制的引领和保障，政治决策中的"权力任性""瞎指挥""瞎折腾"就不可避免。在一切无效率的事情中，最无效率的莫过于"瞎折腾"。若没有法制对政治主体权利和权力的宣告和保障，政治生活、经济生活、社会生活就难以充满活力。

社会主义民主政治不仅具备以上特征，还体现为充分而切实的人权宣言和

人权保障。正因为如此，想要发展人民民主，首先就要保障人民享有广泛的权利和自由。

4. 建设社会主义和谐社会、实现长治久安的根本要求和重要保障

社会和谐是中国特色社会主义的本质属性。在社会主义和谐社会的所有科学内涵和基本特征中，第一条也是最重要的一条，就是民主法治。民主法治在和谐社会的全部内涵和基本特征中具有统揽全局、支撑全局的作用，而不仅仅是其中的某一方面、某一部分。和谐社会与法治社会是互为表征的，和谐社会必然是法治社会，法治社会当然是和谐社会；只有在一个崇信民主、奉行法治的社会里，构建和谐社会的其他要素才能够得到真正的实现；和谐社会的其他要素特征都囊括了对法治的需求和依赖，人与社会、人与自然的许多问题最后往往都归结于法治问题，需要通过法治来解决。法治在构建社会主义和谐社会中具有至关重要的作用，因而必须依靠法治来推动和谐社会的构建，依靠法治来引导社会的和谐发展，依靠法治来保障和谐社会的实现。为此，构建社会主义和谐社会必须建立和不断完善一系列法治机制，诸如，尊重和保障权利和人权的法治机制，激发活力和创造的法治机制，公正合理协调利益的法治机制，重建确保社会信用的法治机制，维护生态平衡、天人和谐的法治机制，建构合作共赢的和谐世界的法治机制，保证舆论引导和舆论监督的法治机制，反腐倡廉、守护认同的法治机制，定纷止争、化解纠纷的法治机制，等等。

5. 实现中华民族伟大复兴中国梦的必然要求和必经过程

依法治国，建设法治中国、法治强国，与中国梦、强国梦是一脉相承的。法治中国是中国梦的重要组成部分，法治中国与富强中国、民主中国、文明中国、和谐中国、美丽中国、公平中国、平安中国、海洋强国等核心要素相辅相成，共同编织成中国梦的美好愿景。

中国梦，既是复兴梦，又是强国梦。在当今世界，一个强大的国家，必定是法治上的强国。全面推进依法治国，对于实现从法律大国到法治强国的转型升级，实现近代以来中国人民孜孜以求的法治梦，具有深远的历史意义。法治强国的标准是：将法治确立为国家与社会的核心价值，当作国家治理和社会治理的根本方式，成为支撑国家兴旺发达的强大力量；倡导全社会尊重法治、信仰法治、坚守法治；宪法具有极大权威，法律具有普遍的实效，任何个人和组织都必须在宪法和法律的范围内活动；在国际关系和全球治理中拥有平等的话语权、规则的制定权、执法权和司法权。根据这些核心指标的判断，我国正处

在从法律大国向法治强国转型升级的路上。在推进国家治理体系现代化和法治化的进程中，人民期盼着建设法治强国，实施法治强国战略。只有在法治强国的目标实现之后，中国才有可能成为名副其实的强国。

二、依法治国的标准条件

法治国家是指国家治理的法治化。具体而言是指公权力的运作实施，包括国家权力、社会公权力都要依法行使，并且形成人人崇法、人人守法的良好社会秩序，国家整体完全按照法治规范运行。建设法治国家是依法治国的根本目标。法治国家的标准条件有以下几个方面。

（一）法制完备

即有法可依，这是建设法治国家的前提。需要注意以下三个方面的内容：第一，法不仅是指国家机关制定的法律、法规，还包括乡规民约、规章制度等；第二，法必须是"良法"，即法律体系必须门类齐全、结构严谨、内部和谐、体例科学、协调统一；第三，现阶段我国已经初步建成社会主义法律体系，但是还存在法律冲突、法制不统一，个别领域还无法可依等问题，需要进一步完善。

（二）宪法和法律至上、全民守法

强调法律至上就是要以法律来治理国家，管理社会事务，不以领导人的改变而改变，不以领导人的注意力的改变而改变。这句话包含了四层含义：第一，宪法具有至高的权威性，任何法律、地方性法规、行政法规和规章都不得违反宪法，不得和宪法相冲突；第二，让社会成员发自内心地真正信仰法律、信赖法律；第三，包括执政党、国家机关和社会组织在内的所有社会成员都要遵守宪法和法律，一切违反宪法和法律的行为，都必须予以追究；第四，法律面前人人平等，任何组织和个人都不得有超越宪法和法律的特权。

（三）权力制约和监督

法治国家建设的必要条件是加强对公权力的制约和监督。这种监督和制约有两个层面：一是用权力监督权力，即国家公权力的相互监督制约；二是社会监督，即以权利制约权力。具体是指公民、法人、社会组织和社会舆论对国家公权力的监督制约。只有不断完善对权力的监督制约机制，才能确保国家机关和社会公权力组织按照法定权限和程序行使权力，"把权力关进制度的笼子里"。

（四）权利保障

公民权利得到有效保障是法治国家建成的重要标志。这里的权利包括民事权利、经济权利、文化权利等。权利保障是全方位的，不仅是法定权利，还有实有权利的相关保障；不仅是指立法保障，还有相关的司法保障；不仅是实体保障，更应有相关的程序保障。

（五）依法行政

依法行政，建设法治政府是建设法治国家的关键和基础。在我国，行政机关是国家机关中规模最大，公职人员最多，职权最为广泛，公民与之打交道最多、最直接的机关。因而只有行政机关做到依法行政，人们才能体会到法治的力量和意义，才能在公民心中树立法治的权威。

（六）司法独立、公正、权威

法院、检察院依法独立行使审判权、检察权，不受任何国家机关、政党、社会团体和个人的非法干涉，确保司法的独立和权威。法院必须严格实行公开审判、法庭辩论、律师辩护等制度，以确保司法公正。

三、依法治国的要求

（一）依法治国的总要求

依法治国的总要求是"科学立法、严格执法、公正司法、全民守法"，这十六个字也是新时期依法治国的总方针。

科学立法是指立法要体现人民意志，要符合人民利益；立法要坚持公正、公平、公开原则，要不断完善立法体制。严格执法是依法行政、建设法治政府的必然要求，是执法必严、违法必究的精练表述。公正司法，是司法的价值追求、是司法行为的基本要求、是司法机关的行为准则、是防止冤假错案的必要保障。全民守法是建设法治社会的基本要求，是人民从内心热爱法律、忠于法律、拥护法律的最高体现，是依法治国的理想状态。

（二）良法之治

"法治"，不仅仅是一个单词，更应包含两重意义，一是已成立的法律获得普遍的服从；二是大家所服从的法律又应该本身是制定得良好的法律。也就是说法治是良法善治，良法是善治的前提。党的十八届四中全会《决定》提出："法律是治国之重器，良法是善治之前提，因而建设法治国家，首要的任务是要推行科学立法、民主立法、出台良法。"

1. 中国的良法

中国的良法就是指中国特色社会主义法律体系。中国特色社会主义法律体系，是以宪法为统帅，以法律为主干，以行政法规、地方性法规为重要组成部分，由宪法相关法、民商法、行政法、经济法、社会法、刑法、诉讼与非诉讼程序法等多个法律部门组成的有机统一整体。中国特色社会主义法律体系的主要特征和要求如下。

（1）中国特色社会主义法律体系的本质要求。中国的法律制度必然是社会主义的法律制度，所构建的法律体系必然是中国特色社会主义性质的法律体系，中国特色社会主义法律体系所包括的全部法律规范、所确立的各项法律制度，有利于巩固和发展社会主义制度，尽可能地体现了人民共同意志，最大限度地维护了人民的根本利益，保障了人民当家做主。

（2）中国特色社会主义法律体系的时代要求。中国新时期最鲜明的特点是改革开放。因而，中国特色社会主义法律体系的时代要求是为改革开放和社会主义现代化建设保驾护航。

（3）中国特色社会主义法律体系的国情要求。中国是统一的多民族的单一制国家，由于历史的原因，各地经济社会发展很不平衡。与这一基本国情相适应，中国宪法和法律确立了具有中国特色的统一而又多层次的立法体制。中国特色社会主义法律体系以宪法为统帅，由法律、行政法规、地方性法规等多个层次的法律规范构成。

（4）中国特色社会主义法律体系的文化要求。中国特色社会主义法律体系需要在继承中国法制文化优秀传统的前提下去借鉴人类法制文明成果，从而形成自己独特的法治文化特色。

（5）中国特色社会主义法律体系必须坚持动态、开放、与时俱进的发展要求。随着经济社会的发展，法律体系需要不断丰富、完善、创新，法律体系必然是动态的、开放的、发展的，而不是静止的、封闭的、固定的。

2. 坚持科学立法

（1）在立法理念上要坚持以民为本、立法为民理念，贯彻社会主义核心价值观，使每一项立法都符合宪法精神、反映人民意志、得到人民拥护。这和执政党的宗旨是一致的，即立党为公，执政为民。立法只有反映人民的利益，体现人民的意志，所立之法才能为良法，才能真正得到人民发自内心的拥护，才能真正得以贯彻实施。

（2）立法要坚守公正、公平、公开这三个原则。立法公正，就是要求立法时要考虑社会整体利益，兼顾各方，不能只考虑政府利益、部门利益和地方利益，要使法律文本在实体上和程序上都能基本符合社会各方利益诉求。立法公平，是指所立之法要体现公民权利公平、机会公平、规则公平，保障公民人身权、财产权等各项权利不受侵犯，保障公民经济、文化、社会等各方面权利得到落实，实现公民权利保障法治化。立法公开，是指立法过程、立法结果要公开。同时增加公民参与机会，使政协委员、社会团体、专家学者和全体公民参与立法的积极性提高，广泛凝聚社会共识。

（3）完善立法体制。健全有立法权的人大主导立法工作的体制机制，发挥人大及其常委会在立法工作中的主导作用；明确立法权力边界，从体制机制和工作程序上有效防止部门利益和地方保护主义法律化；对部门间争议较大的重要立法事项，由决策机关引入第三方评估机制，探索委托第三方起草法律法规草案；推进立法精细化等。

（三）依宪治国

党的十八届四中全会《决定》里提出："坚持依法治国首先要坚持依宪治国，坚持依法执政首先要坚持依宪执政。"依宪治国关键在于宪法权威的树立，宪法权威在于宪法的实施。我国虽然规定宪法是国家的根本大法，全国各族人民、一切国家机关和武装力量、各政党和各社会团体、各企业事业组织，都必须以宪法为根本的活动准则，并且负有维护宪法尊严、保证宪法实施的职责，一切违反宪法的行为都必须予以追究和纠正。但实际上宪法的实践并非如此。宪法的实施仅限于国家的制度层面，如两会制度、选举制度、立法制度等，这些和普通公民离得太远，不亲民、不接地气。违宪审查制度虽然确立，但是还不完善，还没有有效实施。因此，依宪治国仍有漫长的道路需要走。

（四）依法行政

依法行政是建设法治政府的必然条件，是建设法治国家的前提和关键。所有法律法规必须依赖各级政府及其工作部门予以实施，否则法律就会成为废纸。在我国，行政机关是与人民群众联系最紧密的单位。我们可能一生不去法院打官司，不去人大参与立法，但是不可能不和行政机关打交道。因而行政机关是否依法行政及其执法水平，直接关系到全国人民的福祉，关系到党和国家的执政水平，关系到政权的根基。所以必须依法行政。

依法行政必须做到以下这些内容：依法全面履行政府职责；健全依法决策

机制；深化行政执法体制改革；坚持严格规范公正文明执法；强化对行政权力的制约和监督；全面推进政务公开。

（五）司法公正

公正是法治的生命线，是司法最根本的价值追求。依法治国必须坚持司法公正。坚持司法公正必须做到：完善确保依法独立公正行使审判权和检察权的制度；优化司法职权配置，健全公安机关、检察机关、审判机关、司法行政机关各司其职，侦查权、检察权、审判权、执行权相互配合、相互制约的体制机制；推进严格司法，明确各类司法人员工作职责、工作流程、工作标准，实行办案质量终身负责制和错案责任倒查问责制，确保案件处理经得起法律和历史检验；促进司法民主和司法公开，给予人民群众参与司法最大的保障；强化诉讼过程中当事人和其他诉讼参与人的知情权、陈述权、辩护辩论权、申请权、申诉权的制度保障，加强人权司法保障；加强对司法活动的监督，完善检察机关行使监督权的法律制度，加强对刑事诉讼、民事诉讼、行政诉讼的法律监督。

第二节　建设法治政府，推进依法治国

建设法治政府是依法治国、建设法治中国的关键所在。建设法治政府，是不断健全、完善和发展我国社会主义市场经济体制的必然要求。建设法治政府，是完善我国社会主义政治文明的必然举措。建设法治政府，也是切实解决我国经济社会与自然协调健康发展的有效途径之一。建设一个法治政府，更是一项全面推进政府自身改革和建设、努力构建行为规范、公正透明、勤政高效、清正廉洁和人民满意的政府的关键举措。

政府一般来说有广义、狭义之分，广义的政府是国家政权体系的总称，包括立法、司法、行政等各级各类国家机构。狭义的政府仅指国家政权机关中的行政机关，即国家各级行政机关，在我国是指各级人民政府及其工作部门。

所谓法治政府就是指政府的设立、变更、运作必须依据法律，实现政府组织和行为的合法化、规范化及程序化。简单地说，法治政府是指政府按照法治的原则运作，其权力来源、运行和行为都受法律的规范和制约。法治政府的实质是依法治理政府，是"治权""治官"，而非"治民"，即规范和限制政府的权力。

一、政府组织法定，即政府依法设立

政府依法设立是法治政府的根基，是法治政府建设的起点。政府必须依法组建，依法管理，维护法律的尊严和权威，体现人民的意愿。组建政府和设置政府部门必须有法律根据，因为法律代表人民的意志，只有依据宪法和法律组建的政府才是合法的政府，才是正当的政府，才是体现人民意志的政府。比如，美国政府是依据美国宪法选举总统，而后总统组建内阁建立起来的。我国人民政府是依据宪法和政府组织法建立起来的。这些都体现了政府组织法定原则。而历史上出现过的"伪满洲国政府""洪宪皇帝政府""汪伪汉奸政府"等都是逆历史潮流的、违反人民意志的非法政府，早已被历史的洪流所掩盖。

二、政府权力法定，即职权法定

权从法出是法治政府的要义。政府的权力在学理上被称为行政权，行政权的获得必须依据宪法和法律的授予或者认可，政府只能在法律规定的权限内按照法律规定的程序活动。

（一）坚持法律保留原则

法律保留原则是指宪法关于人民基本权利限制等专属立法事项，必须由立法机关通过法律规定，行政机关不得代为规定，行政机关实施任何行政行为皆必须有法律授权，否则其合法性将受到质疑。简言之就是行政行为的做出必须有法律依据，法律没规定的行政主体不得擅自做出行政行为。这一原则在我国《宪法》和《立法法》中都有体现。比如宪法里有这样的规定：我国最高权力机关为全国人大及其常委会，中央人民政府由权力机关产生并对权力机关负责，同时人民政府要依法行政。《立法法》规定，部门规章和地方政府规章不得设定减损公民、法人和其他组织权利或者增加其义务的规范。这是对行政立法行为的约束，是法律保留原则的重要体现。

（二）坚持越权无效原则

越权无效原则来源于英国，是指政府不能超越议会授予的权限，也就是说，政府必须严格按照法律规定的方式和范围进行活动，如果政府的行为确系越权，法院可依法宣告政府越权行为无效，并责令政府就其越权行为造成的损害进行赔偿。其基本含义是行政机关必须在法定权限范围内行为，一切超越法定权限的行为并不具有公定力、确定力、约束力和执行力。简单来说就是政府行使权

力的行为必须有法律依据，否则其行为不具有任何效力。在我国，法律的范围包括宪法、法律、行政法规、地方性法规、行政规章、自治条例和单行条例，但是下位法必须从属于上位法，不得与上位法相抵触。

（三）落实权力清单制度

权力清单制度，就是政府及其部门在对其所行使的公权力进行全面梳理的基础上，依法界定每个部门、每个岗位的职责与权限，然后将职权目录、实施主体、相关法律依据、具体办理流程等以清单方式进行列举和图解，并公之于众。党的十八届四中全会通过的《中共中央关于全面推进依法治国若干重大问题的决定》（以下简称《决定》）明确提出，加快建设职能科学、权责法定、执法严明、公开公正、廉洁高效、守法诚信的法治政府。如何尽可能快速地建设法治政府？《决定》提出了依法全面履行政府职能、健全依法决策机制等六个方面的具体要求。而"推行政府权力清单制度，坚决消除权力设租寻租空间"是实现全面履行政府职能的重要措施，也是加快建设法治政府的重要内容。

权力运行暗箱操作，就容易导致权力滥用，进而产生各种腐败。要公开权力，就要厘清一个部门、一个岗位到底有多少权力，每项权力的运作程序是什么。这就要求我们从清理权力入手，严格按照法律法规的规定，对各级政府及其工作部门的权力进行仔细审核确认，对超越法律法规范围的权力坚决依法予以取消，对不符合法律法规要求的权力给予相应的调整，并在此基础上把经过清理的各项权力列出权力清单，编成权力目录。

推行政府权力清单制度的基本程序，一是全面厘清政府权力的底数；二是明确权力清单，即在权力清单的基础上，编制权力目录和优化权力流程，确保权力只能在依法赋予的职责和权限之内运行，最大限度地压缩政府机关工作人员行使权力的自由裁量空间，做到清单之外无职权；三是根据权力清单推进政府机构内部优化整合，加快政府职能转变。

推行权力清单制度，必须遵循职权法定、边界清晰、主体明确、运行公开原则，使政府机关职权的设定依照法律、法规、规章进行，严格实行"法无授权不可为"。各级政府和部门实施行政管理、开展行政执法、提供行政服务，一切的行为都要在法定范围内进行，体现法治政府对行政主体行使权力的要求。

三、政府行为法定

政府行为即行政行为。行政行为是指行政主体在执行公务时依法行使行政权并产生法律效果的行为。行政行为具有从属法律性，任何行政行为均需有法律依据，没有法律的明确规定或授权，行政主体不得做出任何行政行为。行政主体的职权由法律、法规明确规定或授权，行政主体不得自设职权，不得超越职权，也不可滥用职权。这一点与对公民的要求是不同的，公民只要不做法律禁止的事情即为合法，即"法不禁止即自由"。行政机关的任务，就是主动、持续地执行法律规范，调整各种社会关系，实现立法意图或法律规范的目的。我国《宪法》第85、105条里明文规定，我国国家行政机关是国家权力机关的"执行机关"，即执行权力机关所制定的法律、法规和决议，因为这个缘故，国家行政机关也可以称为执法机关。行政行为作为一种执法行为必须受法律的约束，并且应当在执法的全过程全面地接受法律的监督和制约，而不能凌驾于法律之上。如果行政主体实施的行政行为违法，行政主体就必须承担相应的法律责任，从而实现行政法治。我国宪法充分体现了这一现代行政法理念，规定行政权来源于宪法和法律，行政机关的执法行为（即行使行政权的行为）必须服从宪法和法律，受宪法和法律的监督和约束。

根据实施行政行为时所形成的法律关系的差异，行政行为可以分为行政立法行为、行政执法行为和行政司法行为这三种类型。

行政立法行为，是指国家行政机关依照法定的权限和程序，制定规范性文件的活动。行政立法行为所形成的法律关系是以行政机关为一方，以不特定的行政相对人为另一方的普遍性的法律关系。其内容主要包括对行政法律规范的制定、修改和废除。依据我国现行立法体制，国务院有权制定行政法规；省级政府和设区的市政府、国务院各部、委员会、中国人民银行、审计署和具有行政管理职能的直属机构有权制定行政规章。《立法法》对于政府立法行为的权限、职责和监督做出了明确规定。

（1）国务院根据宪法和法律，制定行政法规。行政法规对下列事项做出相关规定：①为执行法律的规定需要制定行政法规的事项；②《宪法》第89条规定的国务院行政管理职权的事项。

（2）国务院各部、委员会、中国人民银行、审计署和具有行政管理职能的直属机构，可以根据法律和国务院的行政法规、决定、命令，在本部门的权限范围内，制定规章。部门规章规定的事项应当属于执行法律或者国务院的行政法规、决定、命令的事项，没有法律或者国务院的行政法规、决定、命令的依据，部门规章不得设定减损公民、法人和其他组织权利或者增加其义务的规范，不可以随意增加本部门的权力或者减少本部门的法定职责。

（3）省、自治区、直辖市和设区的市、自治州的人民政府，可以根据法律、行政法规和本省、自治区、直辖市的地方性法规，制定规章。地方政府规章可以就下列事项做出规定：①为执行法律、行政法规、地方性法规的规定需要制定规章的事项；②属于本行政区域的具体行政管理事项。

设区的市、自治州的人民政府制定地方政府规章，限于城乡建设与管理、环境保护、历史文化保护等方面的事项。没有法律、行政法规、地方性法规的依据，地方政府规章不得设定减损公民、法人和其他组织权利或者增加其义务的规范。

（4）行政法规、规章应当在公布后的30日内依照下列规定在有关机关进行备案处理。

第一，行政法规报全国人民代表大会常务委员会备案。

第二，部门规章和地方政府规章报国务院备案；地方政府规章应当同时报本级人民代表大会常务委员会备案；设区的市、自治州的人民政府制定的规章应当同时报省、自治区的人民代表大会常务委员会和人民政府备案。

行政执法行为，是指国家行政机关或法律法规授权的组织执行或适用法律、法规和规章，使法律、法规和规章得以实现的活动。它所形成的法律关系以行政主体为一方，以特定行政相对人为另一方。行政执法行为的内容包括了行政法律规范的执行和行政措施的运用。根据数量和发生频度来看，行政执法行为是行政行为的主要构成部分。对于行政执法行为的规制散见于各单行行政法规范中，如行政处罚法、行政许可法、行政强制法、治安管理处罚法等；在综合性行政法律中也有所规制，如行政复议法、行政诉讼法等。对行政执法行为进行规范主要有以下方式。

（1）实体性规范。《行政处罚法》明确规定行政处罚的方式有警告；罚款；没收违法所得、没收非法财物；责令停产停业；暂扣或者吊销许可证、暂扣或者吊销执照；行政拘留；法律、行政法规规定的其他行政处罚。享有处罚权的主体包括：行政处罚由具有行政处罚权的行政机关在法定职权范围内进行处罚；国务院或者经国务院授权的省、自治区、直辖市人民政府可以决定一个行政机关行使有关行政机关的行政处罚权，但限制人身自由的行政处罚权只能由公安机关行使；法律、法规授权的具有管理公共事务职能的组织可以在法定授权范围内实施行政处罚。

（2）程序性规范。《行政处罚法》明确规定了行政处罚应遵循的程序有简易程序、普通程序、听证程序三种。而且对每一种程序的应用范围、具体的步骤、方式、时限都做出了明确规定，行政机关应当严格按照法律规定进行处罚。

（3）救济和惩罚性规范。《行政处罚法》第35条规定："在当事人对当场做出的行政处罚决定不服的情况下，可以依法申请行政复议或者提起行政诉讼。"第55条规定："行政机关实施行政处罚，有下列情形之一的，由上级行政机关或者有关部门责令改正，可以对直接负责的主管人员和其他直接责任人员依法给予行政处分：没有法定的行政处罚依据的；擅自改变行政处罚种类、幅度的；违反法定的行政处罚程序的；违反本法第18条关于委托处罚的规定的。"

行政司法行为，是指行政裁决等以行政机关作为第三方来裁决行政争议的活动。行政司法中的法律关系是三方法律关系，以行政机关为一方，以发生纠纷的双方当事人各为一方。在我国，行政司法行为主要是指行政复议行为、行政裁决行为、行政调解行为、行政仲裁行为。它们之间具有一定的差别：行政复议、行政仲裁有专门的法律规定，而行政调解、行政裁决没有专门法律规定。因此，我国的行政司法行为部分还处于无法可依的状态，建议应尽快着手制定行政程序法，对我国的行政司法行为进行专门的规制，完善我国的行政法制，填补我国行政程序的空白，补充我国行政法的漏洞。

四、政府责任法定

政府责任包括了两层意义。一是职责，又可以说是政府的义务。即政府应该做什么，如果不主动去做即为不作为，构成不作为的违法。二是法律责任，即政府违法行政应承担的法律负面评价和相应的法律责任。本处的政府责任专指第二种，即政府违法行政要承担的法律责任。政府责任法定体现了权责统一原则。行政机关依法履行经济、社会和文化事务管理职责，要由法律、法规赋予其相应的执法手段。行政机关违法或者不当行使职权，应当依法承担法律责任，实现权力和责任的统一。依法做到执法有保障、有权必有责、用权受监督、违法受追究、侵权须赔偿。

根据我国现行法律和政策文件的规定，政府责任的承担者主要是行政机关的相关工作人员。因为政府作为一个组织体是由自然人组成的，政府的决策行为、执行行为、监督行为都是由具体的人员完成的，追究责任人的责任理所应当。政府工作人员的责任主要包括：

（1）政治责任。即罢免、辞职、辞退、引咎辞职、责令辞职和党纪责任。

（2）行政责任。即公务员法规定的警告、记过、记大过、降级、撤职、开除。

（3）刑事责任。行政机关工作人员在执行公务时如果严重违法达到犯罪程度，应当受到刑事处罚、承担刑事责任。

（4）经济责任。行政机关在执法中侵犯行政相对人合法权益的情况下，应当由国家承担赔偿责任，就是指行政赔偿。但在国家赔偿之后，应当责令有故意或者重大过失的工作人员或者受委托的组织或者个人承担部分或者全部赔偿费用。

第三节　弘扬法治精神，推进依法治国

一、推动全社会树立法治意识

法国著名思想家卢梭曾说："一切法律之中最重要的法律，既不是刻在大理石上，也不是刻在铜表上，而是铭刻在公民的内心里。"只有将制定的法律作为一种深刻的法律信仰，让全社会都铭记，时时守法、事事用法，法治国家建设才能够获得成功。相对于现在中国的法治建设而言，想要在全社会树立法治意识，就必须使人们信仰宪法和法律，坚持以法律作为行为规范。

（一）在社会全面开展法治教育

所谓"奉法者强则国强，奉法者弱则国弱"。在一个法治建设起步较晚的国度，推进全社会树立法治意识，就应当坚持把全民普法和全民守法作为依法治国的长期基础性工作，深入开展法治宣传教育，引导全民自觉守法、遇事找法、解决问题靠法。在全社会开展法治教育，就必须抓住领导干部这个"关键少数"。领导干部是我们党执政的骨干力量、中坚力量，是法治实践的引领者、示范者。建设社会主义法治国家，就要靠领导干部去组织、去推动、去实施，这就需要领导干部具备成熟的法治思维，有良好的法治意识。因此要坚持把领导干部带头学法、模范守法作为树立法治意识的关键。培养领导干部的法治意识，就必须要求各级党委政府重视干部法治教育工作，将干部法治教育列入党委政府议事日程，将各部门各单位开展法治教育和干部参加法治教育培训情况纳入考核内容，并加大法治教育经费、设施、人员保障力度，强化法治教育在提升

干部法治能力、推动法治国家建设中的地位和作用。同时，要发挥各级党校、行政学院等培训机构在法治教育培训中的主渠道、主阵地作用。各级党校、行政学院要坚持从法治建设的实际出发，不断推动干部法治教育在本地区的实施情况，增强法治教育的针对性和实效性，并尽力推动干部的法治教育常态化。

在全社会开展法治教育，就必须抓住培养青少年法治意识这个核心，即要把法治教育纳入国民教育体系，从青少年抓起，在中小学设立法治知识课程。法治意识的培养，法治精神的普及，既来源于社会生活实际的长期体验，也来源于长期的法治思维的引导和教育。人的观念的成熟和习惯的养成往往在青少年时期就已经基本完成，并对今后的人生有着重大影响。从青少年时期就开始培养的思维意识，十分牢固。因此，青少年的教育既是知识教育、成长教育、发展教育，更应该是规范教育、法纪教育。归根结底，要将青少年的知识教育、技能教育与公民教育、法治教育结合起来进行。除了这些，更需要注意到这样一个问题：并不是每一个人都能有机会接受高等教育，但是国民教育却是现代社会当中每一个人都会经历的。因此，在国民教育体系中普及法治意识教育的程度，完全有可能决定全社会和全民族平均法律素养的高低。

（二）建立多元化普法教育机制

全民守法，就是全国各族人民、一切国家机关和武装力量、各政党和各社会团体、各企业事业组织，都必须以宪法和法律为根本活动原则，并负有维护宪法和法律尊严、保证宪法和法律实施的职责。全民守法局面的形成，需要全社会树立法治意识，需要多元化的普法机制，形成普法与自动学法相结合的良好氛围。

增强普法工作针对性、实效性是健全普法宣传教育机制的重要保障。普法宣传教育工作既需要党委政府在普法宣传教育工作当中发挥领导作用、核心作用，也需要宣传、文化、教育部门和人民团体依法发挥职能作用，扮演重要引导者角色，更需要广泛动员全社会力量，宣传法律知识，传播法律文化。只有全社会同心协力，才能达到繁荣法治文化、弘扬法治精神、营造良好的普法教育社会氛围的目的。

普法工作要推行国家机关"谁执法谁普法"的责任机制，改变以往主要由专门机构负责普法，而执法机关则"事不关己，高高挂起"的态势。落实"谁执法谁普法"的普法责任制，就是要求法官、检察官、警察等执法者在执法办案过程中主动以案释法。此外，还要充分发挥人民团体、社会组织作为普法者的作用，加强普法讲师团、普法志愿者队伍建设，打开多元普法主体互动的全民普法局面。

　　培养法治意识是精神文明建设的重要内容。要大力弘扬社会主义法治理念和法治精神，促进法治教育入心入脑，让法治信仰走进每个人的心田。各级党委和政府可以要求各社区充分利用人力资源，组建法治教育宣传队伍，通过各种形式开展法治教育活动。各企事业单位可以与基层组织合作，开展法律进机关、进企业等公益活动，将普法活动与群众性娱乐活动结合起来，形成"学法快乐、快乐学法"的普法宣传教育工作新局面。此外，还要注重充分利用微博、微信等新媒体，传播法律知识，编写普法案例，从而增强普法实效，扩大法律的影响范围及人群。

　　（三）建立守法信法的诚信制度

　　人无信不立，业无信不兴。人贵在诚，诚贵在信。建设法治国家，就要建设一个信用制度完善、权力责任观念一致的法律体系，为培养和树立全社会的法治意识奠定良好的信用制度基础。这就要求牢固树立有权利就有义务、有权力就有责任的观念。人们都生活在相互交往的社会当中，因为交往，人与人形成了各种社会关系，这些社会关系经由法律规范，最终形成法律关系。在法律关系当中，权利和义务是法律关系的核心，但是人们很容易只记得自己享有什么权利而忘记自己应该承担什么义务。对于公权力机关来说，因为掌握权力久了，往往也容易只记得自己有什么权力，而不记得自己有什么责任。在全社会树立法治意识，就要让全体人民知道，享有权利的背后必定需要承担相应义务，权力机关拥有权力则必定应当承担职责。任何人都不得滥用自己的权利，任何权力机关也不得滥用行政职权。权利和权力的行使应当受到法律约束，滥用权利和职权的行为应当承担法律责任。

　　应当加强社会诚信建设，健全公民和组织守法信用记录，完善守法诚信褒奖机制和违法失信行为惩戒机制，使尊法守法成为全体人民的共同追求和自觉行动。当前我国社会存在信用不高的问题，例如承诺不兑现、欠债不还钱的情况，出现了道德滑坡。不仅如此，我们的某些政府也面临诚信危机。要解决公民失信和组织失信，就必须有完善的社会诚信制度。诚信建设要能够获得实效，要能够重构信任，唯有制度保证才是最长久的。通过完善的诚信制度建设，引导人民自觉守信、诚实守信，把失信行为关进信誉档案体制的"笼子"，让守信的人得实惠，让失信的人受到惩罚。这样，不仅社会更加和谐，而且全体公民的法治素养也大大提高。一方面，想要重新确立诚实信用的基础，需要潜移默化的引导和市场经济制度的不断完善。另一方面，也要建立制度化、规范化的诚信管理档案，将失信行为记录在案，促进守法信法行为规范化、明确化。

（四）充分发挥道德规范的引领作用

建设法治社会应当加强公民道德建设，弘扬中华优秀传统文化，增强法治的道德底蕴。中华文化博大精深、源远流长，其中的优秀因子更是影响后代甚为深远。对于法治建设而言，法律不能被理解为只有干巴巴的法律条文，也不能被理解为纯属技术性条款。实际上，现代法治理念十分注重同道德理念相融合。比如，法治理论注重和自然法思想相结合，并且积极吸收正义理念，为增强法治的合法性和正当性积累更多的道德底蕴。现代法治理念的道德性不仅体现在对人文伦理的某种认可，也强调公序良俗，尊重善良风俗；不仅认可传统法治理念当中的规则意识，也认可现代法治文化当中的契约精神。现代法治意识的基本元素是规则意识和契约精神。

法律是成文的道德，道德是内心的法律，法律和道德都具有规范社会行为、维护社会秩序的作用。治理国家、治理社会必须一手抓法治、一手抓德治，既重视发挥法律的规范作用，又重视发挥道德的教化作用，实现法律和道德相辅相成、法治和德治相得益彰。这就要加强法律与道德的协调和衔接，将实践中广泛认同、较为成熟、操作性强的道德要求及时上升为法律规范，在道德体系中体现法治要求，在道德教育中突出法治内涵，在道德文化涵养中孕育法治精神，在道德文明创建中促进法治实践。同时，法律的有效实施需要有道德的支持。再多再好的法律必须转化为人们内心的自觉才能真正为人们所遵循。在法治社会建设过程中既要坚持"道德法律化"，也要坚持"法律道德化"，形成法德互动的良好局面。

二、推进多层次多领域依法治理

党的十八届四中全会《决定》提出：法治社会建设要致力于"推进多层次多领域依法治理"，"提高社会治理法治化水平"。推进多层次多领域依法治理，就是要努力形成党政善治、社会共治、基层自治的良好局面。

（一）充分发挥党和政府的主导作用

中国特色社会主义事业的领导核心、中国社会治理的核心力量是中国共产党。党的十八届三中全会《决定》指出："坚持系统治理，加强党委领导，发挥政府主导作用，鼓励和支持社会各方面参与，实现政府治理和社会自我调节、居民自治良性互动。坚持依法治理，加强法治保障，运用法治思维和法治方式化解社会矛盾。坚持综合治理，强化道德约束，规范社会行为，调节利益关系，协调社会关系，解决社会问题。坚持源头治理，标本兼治、重在治本，以网格化管理、社会化服务为方向，健全基层综合服务管理平台，及时反映和协调人民群众各方面各层次利益诉求。"这些规定深刻阐明了在中国社会治理的格局中，中国共产党各级党委与各级人民政府、社会各方面之间的相互关系，为中国法治社会建设指出了明确的方向及路径。

（二）高度重视人民政协、人民团体和社会组织的重要功能

人民政协是社会主义协商民主的重要渠道和专门协商机构，是国家治理体系的重要组成部分。在国家治理和社会治理中，人民政协起到独特而重要的作用。不论是"政治协商"，还是"民主监督""参政议政"，人民政协都蕴含着极为重要的社会治理职能。

正处在转型关键时期的中国社会，快速的社会流动、频繁的社会交往、复杂的社会组织，使得社会治理工作面临前所未有的重大挑战。社会治理不再是传统"政府—社会"的单向"控制—被控制"过程，而是一种多元主体参与、交叉影响互动的复杂过程。在这样的格局和过程中，社会组织发挥着越来越大的作用。广义的社会组织包括人民团体和各类依法成立的社团。在我国，人民团体不仅仅是人民群众自己成立、自己管理、自觉接受中国共产党领导的组织，还是中国共产党联系人民群众的纽带和桥梁，是中国共产党统一战线的重要组成部分。人民团体主要有工会、共青团、妇联、科协、侨联、台联、青联、工商联、中国法学会等。一般社会组织即社会团体是由中国公民自愿组成，为实现会员共同意愿，按照其章程开展活动的非营利性社会组织。与国家机关不同，人民团体与社会组织的权力并非源自宪法和法律的授权，而是源自国家机关的委托、组织成员相互间的约定，或者全体成员共同参与制定的章程。

党的十八届五中全会提出了"创新、协调、绿色、开放、共享"的新发展理念，这告诉我们需要将人民政协、人民团体和社会组织的重要功能充分发挥出来，在社会治理中形成有效的合力，促进社会发展。

为此，一方面，需要建立完善人民团体参与各渠道协商的工作机制，对涉及群众切身利益的实际问题，特别是事关特定群体权益保障的，有关部门要加强与相关人民团体协商。政协要充分发挥人民团体及其界别委员的作用，积极

组织人民团体参与协商、视察、调研等活动，将各专门委员会和人民团体的联系密切起来。另一方面，需要组织引导群众开展协商。人民团体要健全直接联系群众工作机制，及时围绕涉及所联系群众切身利益的问题开展协商。拓展联系渠道和工作领域，把联系服务新兴社会群体纳入工作范围，增强协商的广泛性和代表性。积极发挥对相关领域社会组织的联系服务引领作用，搭建相关社会组织与党委和政府沟通交流的平台。党的十八届三中全会、四中全会、五中全会和六中全会的召开和所发布的文件为发挥人民政协、人民团体和社会组织在法治社会和法治中国建设中的"共治"作用指明了方向和任务。

（三）建立基层群众自治机制

基层群众自治制度是我国设立的基本政治制度之一，基层组织包括村民委员会、城市居民委员会，以及企事业单位等。党的十八届四中全会《决定》提出："深入开展多层次多形式法治创建活动，深化基层组织和部门、行业依法治理，支持各类社会主体自我约束、自我管理。发挥市民公约、乡规民约、行业规章、团体章程等社会规范在社会治理中的积极作用。"司法部、全国普法办自2008年以来在全国组织开展了法治城市、法治县（市、区）创建活动，截止到2014年年底，覆盖范围达到了93%的地（市、州、盟）和86.6%的县（市、区、旗），同时积极开展"民主法治示范村""民主法治社区"创建活动，全社会依法治理水平明显提高。在党的领导下，"民主法治示范村""民主法治示范社区"建设的成功实践，不仅生动展示了党的群众路线在基层治理中所焕发的生机活力，更以事实阐明了"人民群众是中国社会治理主体"的社会主义民主法治原理。在中国的基层社会治理中，中国共产党基层组织与基层群众自治组织相互配合、共同发力，逐步打造最为成熟的基层治理工作机制。

三、建设完备的法律服务体系

法律服务体系建设是法治社会建设的重要内容。要实现依法治理社会的法治社会建设目标，必须有完备的法律服务体系。目前，全国共有律师27万多人，公证员1.2万多人，基层法律服务工作者7.1万多人，法律援助机构工作人员1.4万多人。总体上来说，我国法律服务体系建设与经济社会发展是相适应的，但也还存在总量不足、布局不均衡、结构不协调的问题。为此，党的十八届四中全会《决定》提出了"推进覆盖城乡居民的公共法律服务体系建设"的战略目标。

（一）形成布局均衡、结构合理、保障有力的法律服务体系

法律服务体系建设，第一，要优化法律服务布局，改变法律服务分布城乡和区域不均衡的现象。在法律服务区域布局上统筹东中西部、城市与农村法律服务资源，推动法律服务业均衡发展。完善基层法律服务所和基层法律服务工作者准入机制，引导基层法律服务所主要为乡镇（街道）、村居（社区）提供公益性法律服务。巩固和规范乡镇（街道）、村居（社区）人民调解委员会，积极推进行业性、专业性的人民调解组织建设。推动规模大、实力强的律师事务所、司法鉴定机构等法律服务机构的发展以及将服务向基层和经济欠发达地区延伸。第二，拓展法律服务领域，形成健全完善的法律服务结构。积极推动地方政府将就业、就医、就学、社会保障等与民生问题紧密相关的事项，纳入法律援助补充事项范围。拓展司法鉴定业务范围和服务领域，及时将与保障和服务民生密切相关的鉴定事项纳入统一登记管理的范围，积极为交通事故、保险理赔、医疗损害、职工工伤、房屋拆迁等争议解决提供公益性司法鉴定服务。第三，切实落实保障措施。积极推动将公共法律服务经费列入财政预算，将公共法律服务事项纳入政府购买项目，促进基本公共法律服务常态化、可持续推动建立公益性法律服务补偿机制，对中西部地区和贫困地区政策支持力度提高。

（二）充分发挥法律援助制度的支撑作用

党的十八届三中全会、四中全会都对完善法律援助制度做出了重要部署。具体来说，完善法律援助制度，一方面要保证人民群众在遇到法律问题或者权利受到侵害时能够获得及时有效的法律帮助；另一方面要保障群众接受的法律援助是高质量的、令群众满意的。第一，要把保障公平正义作为法律援助工作的首要价值追求。依法履行法律援助职责，使符合条件的公民都能获得法律援助，平等享受法律保护，努力让人民群众在每一个案件中都感受到公平正义。第二，提高法律援助质量。积极探索法律援助工作发展规律，立足基本国情，创新工作理念、工作机制和方式方法，实现法律援助申请快捷化、审查简便化、服务零距离，不断提高法律援助工作规范化、制度化、法治化水平。第三，简洁便民，提高法律援助效率。推进服务标准化建设，建立健全法律援助组织实施各环节业务规范。完善便民服务机制，建立健全便民利民措施，简化程序、手续，丰富服务内容。第四，扩大法律援助范围。扩大民事行政法律援助覆盖面，加强刑事法律援助工作，注重发挥法律援助在人权司法保障中的作用，保障当事人合法权益。实现法律援助咨询全覆盖，建立健全法律援助便民服务窗

口。第五，提高法律服务保障能力。按照明确责任、分类负担、收支脱钩、全额保障的原则，完善法律援助经费保障体制，明确经费使用范围和保障标准，确保经费保障水平适应办案工作需要。加大法律援助基础设施建设投入力度，建设与服务困难群众工作需要相适应的服务设施，提高办公办案设施配备水平。依托现有资源加强法律援助机构建设，将人员配置齐整，同时提高人员能力。

（三）推进律师制度、公证制度的完善

律师制度、公证制度是一个国家法律制度体系的重要组成部分，完善成熟的律师制度、公证制度是国家法治文明进步的重要标志和法治社会建设的重要支柱，拥有高水平的律师、公证员队伍是建设法治社会的必备条件。2015 年 9 月，中央全面深化改革领导小组第十六次会议审议通过了《关于深化律师制度改革的意见》，为进一步深化律师制度改革提供了指导，同时也为律师服务业的发展提供制度保障。发挥律师制度在法治社会建设中的作用应当从制度建设和队伍建设两个方面着手。从制度建设层面来看，深化律师制度改革，要充分保障律师的职业权利，为律师职业创造更好的环境。要积极落实法律已经规定的律师权利，同时要建立健全配套的工作制度机制，并将相关单位和工作人员的责任明确、落实，各级政法机关还要为律师依法执业提供配套服务。从队伍建设层面来看，要培养一批政治素质硬、专业水平高、职业操守好的律师队伍。

公证制度是我国社会主义法律制度体系的重要组成部分，是一项预防性的司法证明制度，具有服务、沟通、证明、监督等功能，在维护人民群众合法权益、保障民商事交易安全、维护市场经济秩序、创新社会治理等方面具有独特的职能优势和重要作用。完善公证制度，进一步提高公证公信力。第一，要提高公证员队伍的专业水平和思想素质，促进公证员依法履行公证工作职责，大力加强公证队伍建设保障。第二，要将公证管理规范化，进一步规范公证执业行为，提高公证工作的质量。第三，要加强公证质量监管，采取系统化、信息化手段有效及时监管，防控公证执业风险，提高公证公信。

（四）健全统一司法鉴定管理体制

司法行为的科学性、证据的真实性、司法裁决的公正性，必须有客观公正的鉴定制度作为支撑。自 2005 年十届全国人大常委会第十四次会议通过《关于司法鉴定管理问题的决定》以来，司法鉴定工作经历了重新准入、布局发展、规范提高和转型升级四个发展阶段，已经逐步从多头负责、分散管理走向全行业动态化统一管理，司法鉴定统一管理体制基本形成。党的十八届四中全会

《决定》进一步明确提出"健全统一司法鉴定管理体制",这不仅仅是对司法鉴定工作提出了新任务新要求,同时也为司法鉴定的发展提供了契机。

从推进法治社会建设和提高司法公信力的角度出发,进一步完善司法鉴定制度,第一,要进一步落实《关于司法鉴定管理问题的决定》,健全司法行政机关统一管理的司法鉴定管理体制,依法依规推进司法鉴定事项纳入统一管理。第二,要进一步加强规范管理,严格依照《司法鉴定程序通则》《司法鉴定机构内部管理规范》等进一步规范司法鉴定机构和人员的准入。要切实提高司法鉴定规范化水平,建立健全动态管理机制。落实《司法鉴定执业活动投诉处理办法》,对于现有的鉴定机构、人员要把检查、评定和监督结合起来,整体综合运用法律、行政和技术手段,实现动态管理,同时规范司法鉴定人出庭作证活动,完善司法鉴定机构和人员监督管理制度。第三,要进一步推进行业升级。进一步优化布局结构,加强国家级、高资质、高水平第三方公共鉴定机构建设,以此进一步提高鉴定质量和执业能力,不断提高司法鉴定能力和社会公信力,切实满足司法机关和人民群众的鉴定需求。第四,要注意司法行政管理与行业协会自律管理相结合。行业协会能够通过规范指引、考核奖惩、教育培训等方式开展司法鉴定机构及其人员的管理,降低司法行政机关管理成本的同时促进完善司法鉴定管理监督工作。因此必须注重培育司法鉴定行业协会,对其工作的开展保持支持的态度。

四、畅通维权渠道,构建纠纷多元化解机制

依法治理,建设法治社会,必须畅通维权渠道,构建纠纷多元化解机制。及时有效地化解社会矛盾,是建设法治社会的重要任务。这就要求我们强化法律在维护群众权益、化解社会矛盾中的权威地位,引导和支持人们理性表达诉求、依法维护权益,解决好群众最关心、最直接、最现实的利益问题。通过法治化途径建立畅通的群众利益诉求表达渠道,发展多元的纠纷调处机制,健全社会矛盾化解体系,最大限度地增加和谐因素、减少不和谐因素,最大限度地化消极因素为积极因素,尽可能减少社会矛盾和冲突,确保社会安定有序。要正确认识和处理维权与维稳的关系,了解维稳是建立在维权的基础上。

(一)促进群众诉求表达和权益保障渠道的畅通和规范

党的十八届四中全会《决定》提出:"构建对维护群众利益具有重大作用的制度体系,建立健全社会矛盾预警机制、利益表达机制、协商沟通机制、救济救助机制，畅通群众利益协调、权益保障法律渠道。把信访纳入法治化轨道，保障合理合法诉求依照法律规定和程序就能得到合理合法的结果。"这是法治社会建设的重大任务。各级党委和政府要将建立健全社会矛盾预警机制、利益表达机制、协商沟通机制、救济救助机制纳入法治社会建设的工作体系，这些需要根据部门职能分工，从组织和制度安排上确保这些机制落到实处、全面覆盖并长期发挥作用；充分发挥人大、政协、人民团体、社会组织以及大众传媒等的社会利益表达功能，强化社会协商对话，促进政府与公众之间良性互动。畅通群众利益协调、权益保障法律渠道。构建开放、动态、透明、便民的阳光司法机制，推进审判公开、检务公开、警务公开、狱务公开，杜绝暗箱操作，通过公正司法维护人民权益。完善以国家司法救助制度、法律援助制度、诉讼费用担保制度为基础的司法救助体系。将法律援助制度覆盖范围扩大，将聘不起律师的申诉人纳入法律援助范围。

充分发挥社会组织及大众传媒、新媒体等的作用，完善公共决策社会公示制度、公共听证制度、专家咨询论证制度，引导群众理性合法表达利益诉求；健全以工会为基本形式的企事业单位民主管理制度，确立工会的社会主体地位，发挥工会在维护职工权利、化解社会矛盾中的作用；强化职工在本单位经营管理和各项事务中的民主管理、民主监督作用；畅通公民意见的网络表达渠道，及时处理群众合理诉求。完善公共管理的信息传播机制，依法加强网络管理，倡导网络自律。

与此同时，需要注意发掘民间资源化解调处社会矛盾纠纷。充分利用乡规民约动员各种社会力量参与化解调处社会矛盾纠纷。依法确定行业调解、专业调解、社区调解的效力，保障各类调解的合规性和合法性。建立人民调解、行政调解、司法调解、行业调解、专业调解、社区调解相结合的多元社会矛盾化解调处体系。

信访工作制度是中国特色社会主义民主制度的有益补充。改革信访工作制度，把信访纳入法治化轨道，保障合理合法诉求依照法律规定和程序就能得到合理合法的结果。要做到以法治思维引领信访工作制度改革，以法治方式解决矛盾和问题，以法治意识引导群众表达诉求，以法治建设适应信访工作新格局。健全信访联席会议制度，形成工作合力，改进信访事项办理工作，健全及时就地解决群众合理诉求机制。建立网上信访评价体制，拓宽信访渠道，完善畅通有序、便捷高效的诉求表达方式。实行网上受理、网下办理、网上回复的工作机制。推进涉法涉诉信访工作改革，建立诉讼与信访分离、涉法涉诉信访事项导入司法程序的工作机制，完善涉法涉诉信访事项终结制度，健全司法救助体系。

（二）健全和完善社会矛盾纠纷预防化解机制

根据党的十八届四中全会《决定》的相关部署，健全社会矛盾纠纷预防化解机制，在充分发挥调解、仲裁、行政裁决、行政复议、诉讼等化解社会矛盾纠纷专门作用基础上，着重在运行制度与工作机制上加强前述各种制度之间的有机衔接和相互协调，实现其功能互补、运行互接、层次协调，最终形成合力，使纠纷解决机制覆盖到社会的各个领域和各个环节。加强行业性、专业性的人民调解组织建设，完善人民调解、行政调解、司法调解联动工作体系。完善仲裁制度，提高仲裁公信力。健全行政裁决制度，强化行政机关解决同行政管理活动密切相关的民事纠纷功能。

关于健全社会矛盾纠纷预防化解机制的问题，需要特别重视做好调解工作。调解是第三方居间调停、促使当事人自愿解决其纠纷的活动。我国的调解制度主要包括人民调解、行政调解和司法调解。人民调解是化解社会矛盾纠纷的"第一道防线"，是解决民间纠纷的一种群众性自治活动。其特点是，在人民调解委员会的主持下，依据法律、法规、规章、政策以及社会公德、公序良俗等，对民间纠纷，在查明事实、分清是非的基础上，通过说服教育和规劝疏导的方法，促使当事人双方互谅互让、平等协商、自愿达成调解协议，化解纠纷。行政调解是行政主体（包括行政机关和法律法规授权的组织）居间对纠纷当事人进行的调解活动。司法调解是指在人民法院审判人员的主持下，双方当事人通过自愿协商达成协议，解决民事争议的活动和结案方式。随着改革进入攻坚期和深水区，社会矛盾纠纷多样多发将成为常态，调解任务日益变得复杂而繁重。作为以人民调解为基础的"大调解"工作格局中的重要一环，强化人民调解、行政调解、司法调解之间的衔接与配合，特别是将人民调解的纠纷解决机制引入司法程序中，对于整合社会调解资源、提高解决社会纠纷的整体能力都大有裨益。

要加强行业性、专业性的人民调解组织建设，建立健全社会力量参与矛盾纠纷调处化解的机制，吸纳党代表、人大代表、政协委员、律师和社会组织、新闻媒体等第三方参与矛盾纠纷调处化解工作。需要健全完善人民调解与行政调解、司法调解的衔接配合机制，充分发挥调解在社会矛盾化解工作体系中的基础作用，完善人民调解、行政调解、司法调解联动工作体系。需要依靠群众性组织、社会团体、行业协会、行政机构、司法机构相互配合、相互衔接，方便、快捷、有效地解决矛盾纠纷，化解社会矛盾纠纷。同时也要重视仲裁工作，完善仲裁制度，发挥仲裁作用，提高仲裁公信力。为此，一是要在党的领导下，加强仲裁委员会建设，确保仲裁委员会政治可靠、作风正派、处事公道；健全完善仲裁工作规则和内部管理制度，保障仲裁工作公正、合理、高效运转；改进完善办案机制，努力提高办案效率和质量。二是需要我们努力建设高素质仲裁队伍，优化仲裁机构设置和人员组成，加强仲裁员素质建设，增强仲裁工作自主性，提高仲裁公正性和效率。

（三）促进社会治安综合治理

推进法治社会建设的重要手段是社会治安综合治理。党的十八届四中全会《决定》提出要"深入推进社会治安综合治理"。

第一，面对严峻复杂的社会安全稳定形势，必须加强社会治安综合治理，有效防范、化解、管控影响社会安定的问题，保障人民生命财产安全。这需要我们完善点线面结合、网上网下结合、人防物防技防结合、打防管控结合的立体化社会治安防控体系，增强社会治安防控体系的全面性、系统性、整体性，提高打防管控一体化运行水平。

第二，依法严厉打击暴力恐怖、涉黑犯罪、邪教和黄赌毒等违法犯罪活动。暴力恐怖、涉黑犯罪、邪教和黄赌毒等违法犯罪活动对社会安全稳定和人民生命安全危害极大，要及时开展专项斗争。在打击上述违法犯罪活动的过程里，要求我们正确区分和处理两类不同性质的矛盾，依法打击孤立极少数、团结教育绝大多数，最大限度扩大教育面、缩小打击面、减少对立面。对人民内部矛盾，要善于用法治、民主、协商的办法进行处理。对敌我矛盾，要旗帜鲜明、敢于斗争、讲究谋略，有效争取舆论、赢得人心。着力加强情报能力建设，完善信息收集研判传递和部门共享机制，提高预知预警预防联动能力，增强工作主动性。

第三，依法强化危害食品药品安全、影响安全生产、损害生态环境、破坏网络安全等重点问题治理。食品药品安全、生产安全、生态环境安全、网络安全等同人民群众生活密切相关，要强化治理和管理，加强日常监管，开展专项治理，完善隐患排查治理体系，完善责任追溯追究机制，将预防和减少事故的发生作为重点，坚决遏制重特大公共安全事故，不断提高公共安全管理水平。推进健康中国建设，深化医药卫生体制改革，理顺药品价格，实行医疗、医保、医药联动，建立覆盖城乡的基本医疗卫生制度和现代医院管理制度，实施食品安全战略。

第二章

民法总则制度研究

民法总则作为统领整个民法典并且普遍适用于民商法各个部分的基本规则，其是民法典中最基础、最通用，同时也是最抽象的部分。总则是民法典的总纲，纲举目张，整个民商事立法都在总则的统辖下具体展开。民法总则的制定不仅增进了民法典的体系性，而且有利于整合并完善整个司法体系。

第一节　民法的本质

——民法是市民社会的基本法①

民法的本质特征，是认识民法性质的基本标志，也是民法理念的根本所在。对这一问题的回答，关乎对民法典的目的、范围、手段等一系列基本问题的认识，它是任何一个时代、任何一个国家的民法学者，都必须首先要思考和回答的问题。日本学者提出的"民法是市民社会的基本法"这一命题高度概括了民法的性质，是民法性质的集中体现。可以说，这应该是我们认识民法的出发点与归宿。不过，要想真正了解民法的这一根本性质，必须深入市民社会中，因为"民法文化的形成与传播是以市民社会的存续为基础的"。

一、市民社会的基本理论

(一) 市民社会的发展

"市民社会"这一术语的使用可以追溯到西赛罗和其他罗马政治家甚至古希

---

① 刘慧兰. 民法是市民社会的基本法 [J]. 山西高等学校社会科学学报, 2006 (8): 108 – 111.

腊哲学家的著作，在他们那里，"市民社会""政治社会"与"文明社会"是同义语。现代意义上的市民社会出现于 18 世纪晚期，从佩因到黑格尔的众多政治理论家，将市民社会的概念发展为同国家平行但分离于国家的范畴——一个市民依照自己的利益和愿望联合起来的领域。这种新思想反映了不断变化的经济现实：私有财产、市场竞争和中产阶级的勃兴以及对自由的要求。现代市民社会理论坚持市民社会与政治国家的二分法，强调市民社会的"脱国家脱政治领域"，这主要是由黑格尔提出并由马克思加以完善的。二战结束后，市民社会的概念由于马克思主义的理论家葛兰西的著作而再度风行。在《狱中札记》中，他提出了著名的市民社会—政治社会理论，即国家等于市民社会加上政治社会，而不等于经济基础加上层建筑。当代西方一些学者如柯亨、阿拉托等人提出"国家—经济—市民社会"的三分法来代替"国家—市民社会"的二分法。他们主张把经济领域从市民社会中分离出去，认为市民社会主要应该由社会和文化领域构成，同时强调它的社会整合功能和文化传播与再生产功能。

可以看出，市民社会是特定历史条件下的产物，从市民社会与政治国家的合二为一到其逐渐分离，再从市民社会的经济领域到其社会文化领域，向我们展示了市民社会的大致发展过程。本书将以现代意义的"国家—市民社会"的二分法为原则，同时借鉴当代市民社会理论来构建市民社会的概念。所谓"市民社会"，是基于权利观念的平等主体所组成的相对于国家权力拥有自己独立自治空间的共同体，它包含经济系统和社会文化系统，且经济系统具有决定性意义，构成市民社会生活的物质基础。

（二）市民社会的特征

市民社会作为与政治国家相对应的领域，其特征包括以下几点。（1）市民社会内部各主体平等、自由。市民社会就是由这些基于权利观念的平等主体——个人、企业或其他社会团体所组成的，他们有自己独立的自治空间。（2）市民社会中的人际关系是由各种契约所支配的。契约在经济活动中的普及，使其成为一种随处可见的社会存在，从而确定了"契约构成法律"的观念。（3）市民社会遵循法治原则，以尊重和保护社会成员的基本权利为前提。可以说，市民社会创造并实践着一种通过法律而生活的生存状态。（4）市民社会奉行自治原则，个人参与各种社会活动以尊重个人的选择自由并辅以相应的责任为基础。（5）市民社会蕴含着制约国家权力的先天因素。由于市民社会的人际关系受契约所支配，它要求平等对待所有各方，这就使得市民社会内部建立的社会关系体制向外扩散，从而对社会权力表现出一定的制约关系。

（三）市民社会与国家

在构建市民社会理论中，一个不容忽视的问题就是如何处理好市民社会与国家的关系。从 18 世纪末到 19 世纪，学者围绕这一问题展开过激烈的讨论：以托克维尔和密尔为代表的自由主义者认为，市民社会是目的，政治国家是市民社会的工具，个人在市民社会中享有广泛的自由权利，国家的最终目的就是保障个人最大限度的自由，但前提是弄清个人应当享有哪些权利，其活动范围有多大，国家又有哪些权利，其活动范围又有多大；以黑格尔为代表的国家主义者虽也承认市民社会代表个人的利益，但同时又认为个人利益只有通过国家才能真正实现，国家是对市民社会的超越，是市民社会的归宿，这种理论的最终导向便是专制主义；以葛德文等人为代表的无政府主义者则走向了另一极端，他们认为国家是一种多余的邪恶，没有国家干预的市民社会更自由，更平等，这种理论则是典型的无政府主义。

综合各观点，自由主义论者似乎更有其可取之处，它为我们提供了研究二者关系的一些思路：（1）保持市民社会和政治国家各自的相对独立性，毕竟两者代表不同的活动领域，有着各自的特殊功能；（2）市民社会与政治国家又是相互影响、相互联系的，这一点或许更重要，因为这涉及两者如何保持一个平衡的发展关系，即一种良性互动关系。故对于市民社会来说，问题不是要不要干预，而是要确定国家干预的具体方式、内容和限度；对于国家来说，问题不在于是否保留市民社会诸要素的独立性，而是要为它们的独立性确定一个合理的限度，只有这样才能真正处理好两者的关系。

二、民法是市民社会的基本法

从对市民社会理论的分析可以看出，民法与市民社会有着一种天然的内在亲和关系。市民社会的形成过程其实就是民法文化孕育、成熟和发达的过程，也是私法价值的实现和私法精神的升华过程。"民法是市民社会的基本法"可以从以下几方面界定。

1. 从词源学角度看，汉语中"民法"一词并非古汉语固有之词，而是西方法律文明的舶来品。我国近代民法一语，究其渊源，第一步可以追溯到日本民法，恰如学者所说"民法一语，典籍无所本，清季变法，抄自东瀛"；第二步可追溯到法国民法，因日本关于民法一语的说法是从法语 droit civil 转译而来；第三步则须追溯到罗马法，因为法语中的 droit ciril 是来自罗马法中的 juscivil，即市民法。其他国家如德、瑞、意等关于"民法"一词也均是由市民法转译而来①。可见，民法的真正根源是罗马法中的市民法，而市民法也正是市民社会的法。

2. 从民法的产生看，市民社会是民法存在的经济—人文基础，民法是市民社会内在要求的反映。从市民社会这一经济—人文基础寻找民法的本源是较为全面、客观的。公法存在的基础是政治国家，它以权力的运用为前提，以命令和服从为模式，体现的是国家利益和公共秩序，而私法则以市民之间非官方的关系，即市民社会为基础，以平等、自治为原则，其目的在于保障实现私人的利益，其建立的重要条件就是对诸如人格权、财产权、身份权等市民权利的确认和保护，而这一任务只有民法才能承担。所以说，市民社会的构建离不开民法的完善，而民法的内容恰又符合市民社会的内在要求，这鲜明地展现了市民社会的基本价值理念。

3. 从民法的调整对象来看，民法调整的是市民社会中最主要的社会关系，即平等主体之间的财产关系和人身关系，这一关系实质上就是市民社会一般生活关系的基本形态，因为主体平等正是市民社会的固有特征，而且财产关系和人身关系也正是市民社会一般生活的两个基本的方面。所以说，民法规范着市民社会的基本关系，是市民社会的基本法。

4. 从民法的基本原则来看，民法奉行私法自治的原则，这也是市民社会的本质特征在法律上的反映。市民社会中的人际关系是靠契约维系的，而契约这种典型的法律行为是实现私法自治最主要的手段，人们通过自由意志的表达实现着自己的权利。私法自治以市民的自主参与和承担自身责任为内容，以市民在民事活动中讲求诚实信用为内在条件，以国家非依正当程序不得干预为其外部条件，这既是民法的基本原则，又是民事权利实现的主要方式。

5. 从民法的理念来看，市民社会中的平等观念和自由精神为民法提供了主要的营养和广阔的天地，孕育了民法私权神圣、私法自治的理念。"在市民社会中，每个人都以自身为目的，其他一切在他看来都是虚无。但是，如果他不同别人发生关系，他就不能达到他的全部目的，因此，其他人便成为特殊的人达

---

① 此说为我国民法学界前辈学者之通说。但关于日本人中谁是使用"民法"之第一人，则有二说：一说为箕作麟祥，其在转译法语 droit civil 时，认为其译作民法；一说为津田真道，其在转译荷兰语 Burgerlykregt 时，将其源于日本民法学者穗积重远之考证。

到目的的手段。但是特殊目的通过他人的关系就取得了普遍性的形式，并且满足他人福利的同时，满足自己。"① 也就是说，在市民社会中，每个人都是自己利益的最佳判断者，市民社会的主要活动是经济活动，存在大量的商品交换，而商品交换的顺利开展要求商品的生产者和经营者具有独立人格、自主财产以及与这两种权利相适应的契约自由，这是实现一切经济交往的基础，也是民法理念之所在。

6. 从民法的最终目标来看，民法以市民社会人的价值的实现为直接目的。民法对社会关系的调整是通过调整人的行为进行的，它以一定的人性观点为出发点，以此为基础规制人的行为，制定相应的规则，从而最大限度地实现人的价值。民法一切制度的设立都以人（市民）这一主体为出发点，并且又以人（市民）为其归宿，没有民法关于私权种类的规范，也就不存在权利保障的依据。民法以私权的确立与保护为其主要功能，时刻关注人的价值需求及其实现方式。市民社会正是以人为其目的，全社会的解放也就是社会中的每一个人的解放，这也正是民法的任务所在。

三、揭示民法本质的意义

民法是私法，以人为中心，以权利为本位，为平等主体之间的财产关系和人身关系法治化做出了科学的构建，这是数千年人类民法文化发展、积累的结果。人类历史经验已经证明，在市场经济基础上的法律上层建筑，应以发达完善的民法作为支点进行构造，而这又是以对民法是市民社会的基本法这一性质的正确认识为前提的。揭示民法的这一本质有以下重大意义。

1. 将民法定位为市民社会的基本法，有助于正确区分公法与私法，从而确立民法的私法地位。由于市民社会和政治国家彼此分离，法律因而在传统上按功能划分为市民社会的法和政治国家的法。前者是私人利益的代表，为私法，后者是公共利益的代表，为公法。民法的主体为私人，本质是权利，形式上又表现为一系列授权性规范，故民法是私法，这也是继承罗马法的大陆法系国家对民法性质的基本认同。

2. 将民法定位为市民社会的基本法，有利于贯彻民法的基本理念，从而树立起社会大众的权利意识与平等意识，这对一国的私法文化建设有着重要意义。

---

① ［德］黑格尔. 法哲学原理［M］. 范扬，张企泰，译. 北京：商务印书馆，1961：197.

文化是一个社会、一个民族特定的生存方式的展示，从根本上决定着人的发展。市民社会孕育了主体观念、权利观念、平等和自由观念，这些观念的意志化、法律化，形成了私法文化。私法文化是市民社会特有的文化，也是市民社会的精神特征。民法中的私权神圣、私法自治理念是私法文化的精神源泉，是尊重个人人格独立、个性自由、财富进取心的重要体现。弘扬民法理念，有利于民众真正从内心深处生成私权意识、权利观念，有利于重塑国人的价值观念和精神，有利于私法文化的培育和传播，而私法与私法文化的繁荣与昌盛必将昭示着一个民族的兴旺发达。

3. 将民法定位为市民社会的基本法，有助于社会主义市场经济体制的建设。市民社会的发育和繁荣是建立市场经济的基石，市民社会以商品生产和商品交换为其存在的物质基础，民法既是直接在这种商品生产和商品交换的基础上产生的，反过来又最直接地促进这种商品生产和商品交换。可以说，民法为市场经济的发展提供了最基本的秩序，是市场经济的基本法，是市场经济生活的法律表现。民法主张私权神圣和私法自治，把商品经济关系中的独立人格、平等权利、自由意志等精神概念化为普遍的法律观念，渗透到经济生活的各个层面中，可以有力地促进市场经济的发展，保证市场经济的秩序。

4. 将民法定位为市民社会的基本法，有助于促进政治文明建设。法律和文明是紧密相连的，正如罗斯科·庞德在《法律史解释》中认为"对过去来说，法律是文明的一种产物；对现在来说，法律是维系文明的一种工具；对未来来说，法律是增进文明的一种工具"。在现代市场经济和民主政治的条件下，私权利是法律赋予社会主体作为法律人格所具有的基本人格保证，对私权利的充分享有是衡量一个国家和社会文明化程度的重要标志，真正的政治文明实际上是一个自下而上的过程。首先，私权对公权具有制衡的作用。如果每个公民都有强烈的权利意识与权利观念，那么当公权力侵犯到他们的私权利时，将会遭到强烈的抵抗，从而使权力的非法扩张和恣意滥用落空。其次，私权理念可以从根本上改变公权的执行者。政府的官员来自民众，当所有的民众都视权利为至尊，以捍卫权利为追求时，作为他们之中一分子的政府官员也必然具有这一精神；当掌握政治运作权力的政府及其人员都视私权为神圣，对民意和法律充满敬畏和尊重时，必然不会随意侵犯公民的私权。这样也就促成了民主政体权力结构的形成，保证了民主政体的良性运转。

5. 将民法定位为市民社会的基本法，有利于建设真正的法治国家。中国的法治建设应以民法为起点，依法治国的核心是健全民事法律制度。民法是法治建设的基础，民法文化的私权本位，私法自治、身份平等的观念可以培植法律至上、权利神圣和法律公正的法治理念。法治的意义也就在于因民法文化而建构，没有市民法典的法治是不可想象的，而没有法治，现代化是不可想象的。一个社会，只有当其成员都有独立的人格、平等的地位、明确的权利、稳定的财产、安全的交易，这个社会才是文明、进步、开放、繁荣的社会。因此，只有充分培育和弘扬民法理念，才能促进社会的持续进步，才能保证人们真正生活在一个文明的时代、法治的时代。

总之，"民法是市民社会的基本法"这一命题的含义十分丰富，对其基本内容的准确把握，为我们开启了民法学研究的大门。我们现在所做的加强民法建设，弘扬民法文化，宣传民法精神，就是要在社会主义市场经济的发育和发展过程中，造就出更多的社会主义新人和新的关系，为人的自我解放创造更多的物质的和精神的条件。

第二节　民事主体制度的发展趋势

民事法律关系的主体，又称民事权利义务的主体，指参加民事法律关系享受民事权利和承担民事义务的人，分为民事权利主体和民事义务主体。前者是在民事法律关系中享受民事权利的一方，后者是在民事法律关系中承担民事义务的一方。① 民事权利主体于当代社会中人人皆可充之，而民事义务主体则绝大部分人可以任之。

民法上的民事权利主体和民事义务主体者，称为"人"。民事权利主体之法律资格，称为"人格"。此所谓"人格"，亦即民事权利能力。具有民事权利能力，即有"人格"，就能成为民法上的"人"。尚未出生的胎儿和业已死去的人，不能称为"人"，不享有"人格"，从而不能成为民事主体。可成为民事主体的"人"，包括自然人、法人和非法人团体（非法人组织）。这些"人"皆可成为民事权利主体和民事义务主体，享受民事权利、承担民事义务。

应注意的是，民事主体于涉及权利与义务关系时，其在法律上所应具备的

---

① 李开国. 民法总则研究［M］. 北京：法律出版社，2003：87.

地位包括：（1）民事权利能力，指可以享受权利、负担义务的资格或地位，例如作为继承人的资格；（2）民事行为能力，指能够行使有效法律行为的资格或地位，例如缔结有效合同的资格；（3）民事责任能力，指因违反法律、法规的规定而应负责的资格或地位，包括侵权责任能力和债务不履行能力。此三者为通常作为民事主体所应具备的能力。若欠缺民事权利能力，则无法成为民法上的权利主体，不能享受权利，承担义务；欠缺民事行为能力，则其法律行为效力将有效力未定或无效的后果；欠缺民事责任能力，将涉及所造成的损害应由何人承担赔偿责任的问题。①

民事主体为权利的归属对象、权利的享有者及义务的承担者。法律系以人为规范的对象。法律上的权利义务关系均是直接或间接针对人为的法律关系所发生的，也只有人才得以在法律上享受权利、负担义务，只有人的活动才能于法律上发生法律效果，须对之加以评价。法律的规范均系以人为中心，只有人才可为权利主体。权利主体是权利客体的支配者，因此，权利客体不能成为权利主体，盖其无法如同人类那样拥有理性，无法了解法律规范的意义与目的，无法遵守法律的规定，也无法行使权利与承担义务。故此，以权利客体（如犬、猫）为赠与对象，其赠与自然不发生法律上的效力。

罗马法上有关人法的规定对后世二元民事主体制度的形成产生了重要的影响。从民事主体的发展可知，民事主体演变的历史展现了主体的形成规律和内在品质，现代民事主体结构具有动态性和开放性的特征，走的是一条逐步扩张的道路。因此，民事主体制度应该是一个开放的、发展的体系。

一、罗马法的民事主体

1. 早期罗马法的主体制度。

早期罗马法以习惯法和形成中的成文法为主要表现形式，它基本不具有现代私法的理念，体现在主体制度上就是"原始家庭的紧密的共同体形式的存在，几乎不可能出现单个人式的生活状态"。但是，当时的家庭和家庭人格并不以家父或家子的自我性或个人性为起点，而是以家庭的单一性为起点。早期罗马法的法律主体单元到家庭为止，家庭内部并不在法律的视域之内，以家庭为主体而不以家父作为主体，也使得家父权力仅仅是一种表现家庭主体内容的技术，

---

① 郑冠宇. 民法总则［M］. 台北：瑞兴图书股份有限公司，2014：71.

受到家庭主体性的限制。在这种观念和法律的支配和规定的背景下，家庭便成为早期罗马法的单一主体，所有的交易都是以家庭作为交易对象的，它被看成是国家的基础组成单元。可以看出，原始共同体是早期罗马法主体制度的唯一存在形式，究其原因是受历史上的经济发展水平过低等因素的影响，个人的独立人格在这个时代不可能存在。

2. 中后期罗马法的主体制度。

中后期的罗马法较早期罗马法有了质的变化，逐步发展出了作为现代私法"始祖"的罗马私法。反映在主体制度上便是对家庭本位和原始共同体的抛弃，个人逐渐从共同体中解放出来，并"不断地代替家庭共同体，成为民法所考虑的单位"。总体上说，罗马法的这一倾向的发展过程是：随着历史的发展，国家逐渐深入，首先发生了家族的分裂，主体单元落实在家庭上，接着家庭再次分裂，家庭继续让出主权性，主体单元开始投向个人，突破原始团体的整体性局限，从法律上解放出个人的独立性。个人因此而获得一定的独立于家庭共同体的资格与地位，由此所产生的个人权利和个人义务也开始独立于家庭团体承载者。相对于原始共同体式的主体制度，这种变化不光体现在形式上对独立个人的承认，而且也在价值上表达了对人性的尊重，因此这一进步是历史性的。

二、近代民事主体制度

西方受中世纪教会法的影响，18 世纪以前的社会是一个身份型的社会，但随着自然法思想的复兴，中世纪后期的欧洲商业开始逐渐发达起来，市场经济客观上也要求每个人都同等地享有参与社会资源配置的权利，每个人都自主地决定谋取财富的行为以及自主支配自己的财产。在这一时代，对个性的解放在程度上超过了以往任何时候，这一思想下的主体制度不仅体现在美国 1776 年的《独立宣言》、法国 1789 年的《人权宣言》，更体现于昭示近代民法开端的 1804 年的《法国民法典》中。

法国在《人权和公民权宣言》中庄严宣告："在权利方面，人们生来是而且始终是自由平等的。"1804 年《法国民法典》第 8 条又开创性地规定了"一切法国人均享有民事权利"，从而确立了自然人完全独立而平等的以个人主义为中心的现代民事主体制度。可以说，《法国民法典》是对早期罗马法和中世纪封建法的清算，是对中后期罗马法的继承与发展，更是对近代个人主义启蒙思想的立法总结，因此它信守绝对的个人主义，对一切团体都持排斥态度。然而，随着资本主义商品经济的日益发达，团体尤其是经济共同体越来越多，需要法律对其进行规范和调整。所以，1807 年，法国在制定商法典时，在技术上认可了商业组织的主体资格。随后，在 1867 年制定的有关股份公司的法律也确立了股份公司的法人地位，最终在 1978 年法律修正案中，法人作为与自然人具有同等地位的民事主体被立法所接受，从而形成了自然人与法人并立的二元主体结构制度。

1900 年实施的《德国民法典》以其严谨的体系和极度的抽象力继承并发展了《法国民法典》的主体制度，将人、物、法律行为作为可适用于其他各编的总则，由此形成的主体便成为抽象的权利主体。该法典在主体制度方面首次创造了"权利能力"的概念，它以"权利能力"概念为自然人完全平等、独立和自由的思想提供了合理化的理论基础。该法典第 1 条规定"自然人的权利能力始于出生的完成"，宣告了所有的人从出生开始都平等地享有权利能力，而不管是否存在性别、宗教、社会职业的差别。由于《德国民法典》采用的是"自然人"的概念，承认所有的自然人可以不分国籍平等地享有权利能力，所以，在这一意义上，《德国民法典》比《法国民法典》进步，并且在经济共同体思想和社会连带观念的影响下，《德国民法典》对与自然人平等的法人主体也进行了详细的规定，建立了完备的法人制度，从而第一次在实质上形成了近现代民法的自然人与法人并立的二元主体制度。

近现代二元民事主体制度的规定，至少有两方面的含义：一是在人文主义的影响下，赋予所有自然人民事主体地位，使其参与民事法律关系，享有相应的权利义务；二是为了达到特定的目的和发挥特定的功能而对一定的社会存在赋予民事主体地位，确认其权利能力，这主要是针对社会组织和特定财产而言的。

三、当代民事主体的发展趋势

（一）第三民事主体对"二元结构"的挑战

所谓"第三民事主体"即是传统的自然人、法人两大民事主体之外的其他民事主体，诸如合伙等非法人团体。关于合伙的民事主体地位，各国的立法条例并不一致。德国多主张"二元论"，1896 年的《德国民法典》首次承认法人的民事主体地位，但并不承认非法人团体（合伙）的法律地位，将这些非法人团体称为"无权利能力社团"，认为它们无权利能力，且合伙既没有独立于合伙人的意思机关、代表机关、执行机关，也没有自己独立的财产与独立的责任，因此不能作为一种独立的民事主体。而1804年《法国民法典》虽然仅有自然人的规定，但经后来的修正，不仅承认了法人的民事主体地位，甚至把合伙也视为法人的一种。这种"过火"的规定，一方面常被人用来引证合伙为独立民事主体资格的范例，另一方面也在一定程度上混淆了法律概念、法律规则在内容上的稳定性及在逻辑上的自足性。事实上，合伙的团体属性的确很难为自然人所容纳，但要纳入法人范围，必然要冲破传统的法人概念，从而影响法的安定性。我们也应当看到，正如法人之所以成为不同于自然人的民事主体一样，在理论上合伙也应当有自己合法的身份，当理论上暂时尚不能给出一个圆满的解释之前，将合伙依附于法人而成为民事主体的做法还是值得称道的。合伙的事例说明了一种新生事物的产生并非一帆风顺的，但这一现象也预示着民事主体的二元结构内部开始产生了分化。这样，我们也就可以理解德国法院为何通过司法解释，回避了民法典中不承认非法人团体民事地位的规定，而赋予其民事主体资格，同时，对学理上提出的"合伙为第三民事主体"的观点也不会感到太意外，因为《民法典》第四章"非法人组织"承认了"第三民事主体"的法律地位。①

（二）主体呈现新的特征

1. 从抽象的主体到具体的主体。

抽象人格理论是西方法律思想史上的重要成果，它已成为西方民事主体制度的重要理论基石。抽象人格理论有近代和现代之分。所谓近代意义的抽象人格就是从各种不平等的多样性的主体——具体人格中抽象出最一般的法律人格，这种一般的法律人格就是近代意义上的权利能力。这种权利能力纯粹是一种理念，是机会平等、资格平等的理念，而人与人的差别性和结果不平等性都被这一抽象理念所遮掩。马克思也曾指出："人格脱离了人，自然就是一个抽象。"受这种思想的影响，近现代民法都无一例外地将抽象人格赋予每一个有生命的人、法人、其他组织终生享有，且非因死亡或终止而不可剥夺，不可让渡或继承。可以说，抽象平等观念是塑造近代民事主体必不可少的核心观念。

随着垄断、国家干预的市场经济的出现，现代西方抽象人格论扬弃了近代

---

① 《民法典》第102条："非法人组织是不具有法人资格，但是能够依法以自己的名义从事民事活动的组织。非法人组织包括个人独资企业、合伙企业、不具有法人资格的专业服务机构等。"

抽象人格论，建立了适应社会新变化的新型的抽象人格制度，也就是现代意义上的抽象人格论，即在抽象人格的基础上，兼顾消费者、雇工、妇女、儿童等弱者的具体人格，其目的在于通过对这些具体人格的特殊保护，从而追求实际的社会平等，而不是像近代纯粹的抽象人格论仅仅追求形式的社会平等，这种倾向一言以蔽之，即民法中的"人的再发现或复归的方向"。之所以这样做，是因为每个人的行为能力、经济能力、身体状况等都有一定的差异，这就要求在立法执法中兼顾诸如消费者、未成年人、残疾人、劳动者等具体人格，这些新式的具体人格具有私法上的意义，因为兼顾这些具体人格，才能使这些"弱者"与"强者"公平竞争，实现社会的真正公平。

2. 非法人团体有取得民事主体地位的趋势。

传统民法之所以不承认其他组织的民事主体地位，是因为其他组织不像法人那样有独立的财产和能够独立承担民事责任。但现代民法越来越意识到，衡量能否成为民事主体的标准，应当看其是否具有独立的法律人格，即是否具有民事权利能力，而不是把是否具备民事行为能力或者民事责任能力作为判断标准。依据我国现行的法律规定，实际上已经赋予了其他组织的民事权利能力，《企业法人登记管理条例》第 35 条规定："企业法人设立不能独立承担民事责任的分支机构……在核准登记的经营范围内从事经营活动。"另外，《合伙企业法》《乡镇企业法》《个人独资企业法》《中外合作经营企业法》等都有类似的规定，现行的《著作权法》和《民事诉讼法》中也规定了其他组织的法律主体地位。由于《民法通则》产生较早，当时并不存在大量的个人独资企业、乡镇企业、法人分支机构等这些介于自然人和法人之间的市场主体。所以，作为记载经济关系的民法应当适应市场主体发展的需要，承认其他组织作为第三民事主体的法律地位。只有这样，其他组织才能与自然人、法人一样享有独立的法律人格。

3. 动物是否可取得一定的主体地位引起人们的关注。

对于动物在民法中的定位，许多民法学者进行了探索，提出了自己的意见。特别是在制定我国民法典的过程中，不仅在几部学者起草的物权法草案和民法典草案的建议稿中，对动物的法律地位及其保护做了规定，而且在立法机关起草的物权法草案和民法典草案中对涉及动物的有关内容也做了规定。有学者就主张改变动物的传统法律地位，赋予其有限的法律主体地位。他们认为，要对传统民法中"物"的概念进行反思，主张给予某些传统概念中的"物"或"财产"以有限的法律主体地位。徐国栋教授在起草《绿色民法典草案》建议稿时，将自己对动物的观点贯彻其中，并认为这是达成生态主义的民法典的客体的途径。在其"绿色民法典"序编的第三题"物"第 21 条"定义"中规定："严格意义上的物是作为人的活动对象的无机物、植物和畜养的食用动物。"第 24 条"动物的法律地位"又规定："动物要么在畜养的食用动物的范畴之内，要么在这一范畴之外。非畜养和食用的动物是处于人与物之间的生灵，享有一定的由动物保护机构代为行使的权利。民事主体负有仁慈对待上述两类动物的义务。"此外，在第四分编关于"对动物所作的遗嘱处分"的第 166 条，承认了以动物为受益"人"的遗嘱处分的有效性，向动物的主体化迈进了一步。徐教授认为，动物中只有畜养的食用动物才是物，对于其他的动物似乎应认为是权利主体，具有法律人格，只不过其权利的行使由一定的动物保护机构代为行使而已，这种动物具有"准主体"的法律地位。

4. 随着生物技术的高速发展，传统的民事主体制度受到挑战。

随着生命科学与生物技术的发展，关于克隆人的问题争议已有多年。广义上的"克隆"包括了生殖性克隆和治疗性克隆，前者主要是指运用无性繁殖的核转移技术去"复制"人，后者是指通过克隆技术从胚胎细胞中获取干细胞，以培育人体组织、器官为医疗疾病所用。后者在某种意义上，可能更具复杂性。从人法的角度看待生殖性克隆和治疗性克隆，也就是我们所说的干细胞，首先要考虑的就是这些克隆人、干细胞是否享有主体资格呢？抑或只是客体？也就是说，生殖性克隆是否属于与其他人工分娩方法相同的手段以及如何确定生殖性克隆人这一新技术的"受益人"的地位，这些都是我们不得不去考虑的问题。这里顺便提一下有关生命体能否取得主体地位的问题，所谓"生命体"是指自然人出生之前已经具备生命特征的特殊物质，如胎儿、受精卵等，早在罗马法时期法学家就提出："为对其有利，权利能力自受孕之时而不是从出生之时起计算。"这一点在胎儿利益保护上已得到贯彻，若照此推理的话，那么受精卵似乎也可取得民事主体的地位，这不得不说也是对传统民事主体制度的一种挑战。

5. 民事主体前后延伸的问题。

民事主体向前延伸是胎儿，向后延伸便是死者，他们究竟是否享有主体资格，是否应保护他们的利益也是不得不去思考的问题。实际上，自罗马对胎儿的利益预先保护以来，这项保护制度几乎被各国民法所采纳，只是在是否承认胎儿享有法律人格这个问题上有所差异。传统的民法理念中将法律人格看作是享有具体民事权利的前提和基础，因此按"法律人格始于出生"的规则，必然得出胎儿不享有法律人格的结论，这显然与保护胎儿利益的民法理念相冲突，胎儿也就不该享有任何民事权利，而实际上却相反，各国民法在不同程度上对胎儿利益给予了特殊保护，从这个意义上讲，承认胎儿享有法律人格便成为解决这一矛盾的最佳选择。

第三节　民事客体制度探究

——基于江苏宜兴胚胎案的视角

一、民事法律关系客体的内涵

民事法律关系的客体，即民事法律关系主体的权利和义务所指向的对象，包括物、智力成果、行为（作为）、不行为（不作为）、人格利益、身份利益、人的精神的创造物、法律关系自身等。所有这些，自权利的角度观之，即称为权利的客体或私权的客体。

其中，物是一种最重要、最普遍的客体，所有权关系的客体为物，用益物权的客体为物（主要是不动产），担保物权的客体既可以是物，也可以是权利（如权利抵押权、权利质权），占有的客体为物，准占有的客体为权利。债权的客体或标的既不是物，也不是债务人，而是债务人的行为，称为给付，给付的对象也多数为物，称为标的物或给付物。债的客体或标的为行为的场合，称为给付，为不行为（不作为）的场合，称为不作为给付。人格权的客体为人格利益，如生命、身体、健康、名誉、肖像、隐私、人格尊严、自由、性自主、（经济）信用等。身份权的客体为各种身份上的人格利益，如配偶利益（配偶权的客体），教育、管理、扶养利益（家长权、亲权的客体），对未成年子女的监护利益（监护权的客体）。形成权的客体，则是法律关系自身。须注意的是，民事法律关系的客体具有多样性，随着社会经济、文化生活的发展，其还会不断扩张，从而呈现出一个开放的、发展的局面。

另外，依《民法典》第111条、第127条的规定，自然人的个人信息、数据及网络虚拟财产等，为民事权利的客体，从而也为民事法律关系所指向的对象（客体）。

二、民事法律关系客体的内容

（一）物

物，是一个被广泛使用的概念，有物理学上的物，包括宇宙、天体、银河等；有哲学意义上的物，指不依赖于人们的意识的客观实在；法律上特别是民法所称的物，皆非这两种意义上的物。民法上所称的物，指人体以外，人力所能支配，可满足社会生活需要而独立存在的有体性、无体性客体及土地空间等。

对于今日民法上的物的含义，需要特别说明以下几点。（1）物一般为有体物，但并不以此为限，无体物也为民法上的物。有体物，即占有特定的空间、具有一定的形体的物，例如土地、建筑物、动植物、各种物品等。当前，有体物的含义更加广泛，即有体物不一定要具备形状或体积，固体、液体、气体，都可以作为有体物的一种。另外，热、光、电、放射线、核能等，在技术上已能加以控制，工商业和社会生活上已普遍使用，也为民法上的物。计算机软件并非物，储存用的电磁记录卡则为物。（2）物必须具备支配可能性。民法上的物，以人力所能支配、控制为限。尤其是要成为所有权及其他物权的对象，不仅单纯要求必须是有体物，而且还必须具有支配可能性。因此，太阳、月亮等宇宙物体，不能认为是民法意义上的物。（3）物必须具备独立性和特定性。（4）可满足人类生活所需。（5）必须是人体以外的物（非人性格）。在生活中与人体不可分离的金牙、义肢等，应该被视为人体的一部分，而不是物。这类人造物在离开人体之后，才能被称为物。分离人体的一部分作为标的合同，或处分已经由身体分离出来的物的行为，在不违背社会秩序的前提下，应该视为有效。人的身体不是物，但是人体的某一部分在离开人体之后，则可以称为物（动产），由该人取得所有权，适用于物权法的一般规定，可进行抛弃或让与。（6）数据、虚拟财产与个人信息也是我国民事权利的客体而受到保护。

动产与不动产是近现代及当代民法对物的最重要的区分，其区分最早可以追溯到罗马法时期。唯在罗马法中，因法律对不动产、动产做同样的对待，所以不动产和动产的区分未能显示出重大的意义。在日耳曼法中，法律对不动产和动产做严格区分，特别是使二者适用不同的法律规则，因此区分的意义尽显无遗。受其影响，《德国民法典》"物权编"的一个重要立法原则就是以不动产和动产的区分为其基础。我国《民法典》"物权编"也系以不动产和动产的区分为其立法的基本方针，尤其体现在该编第二章"物权的设立、变更、转让和消灭"中，即采取不动产登记、动产交付的不同的物权变动原则。

近现代及当代物权法区分不动产和动产的理由，约可归纳为下列三点。

（1）不动产的经济价值一般较动产为大。尤其是在前资本主义时代，不动产如土地和建筑物等，为一家一户安身立命的基础，不可或缺。同时，不动产也往往为世袭财产，受法律的特别保护，与人的身份密切相关。因此，那时将二者加以区分，系有重大的理由。不过，在现今，由于市场经济和信息技术的发展，某些动产如船舶和飞机等的价值已经远远超过了某些不动产的价值。正因如此，在当代社会，区分不动产和动产的理由在一定意义上正丧失其往昔的重要性，此点值得注意。

（2）位置的固定程度不同。二者受其性质所决定，动产所处的位置易于移动；而不动产，如土地、建筑物等，其所处的位置系固定不移。由此决定了二者在公示方法上的不同：不动产物权的享有与变动，通过在不动产登记簿册加以记载而向社会进行公示；动产物权以占有和占有的移转（交付）作为其享有和变动的公示方法。

（3）利用方式不同。用益物权，如传统民法上的地上权、地役权、永佃权，和我国《民法典》"物权编"规定的土地承包经营权、宅基地使用权，均是权利人利用他人的不动产土地的权利，系存在于他人的不动产土地之上；而动产，除了可以以之设定用益权（《德国民法典》第1030~1089条、《法国民法典》第578~624条），动产质权及成立留置权外，不能以之设定建设用地使用权、宅基地使用权、土地承包经营权和地役权。

不动产和动产的区分，于法律上主要有以下意义。（1）物权变动方式不同。在采登记或交付的生效要件主义的法制下，基于法律行为的不动产物权变动以登记为生效要件，动产物权变动以交付为生效要件。（2）不动产涉及诉讼时，由法院专属管辖，而动产则不可以。（3）公示方法不同。不动产以登记为公示方法，动产以交付（占有的移转）为公示方法。（4）动产无主物可依先占而取得其所有权，而无主不动产则不可，系由国家取得其所有权，即国家享有先占权。（5）动产与不动产，在添附的要件、效果上也有不同。（6）经济价值上的差异。一般而言，不动产的经济价值较动产的经济价值为大。（7）在强制执行、担保物权实行时的拍卖程序及税法上的对待等方面，不动产与动产也存在差异。

以物的相互关系为准，物可以分为主物与从物。非主物的成分，常助主物的效用而同属于一人者，为从物；为从物所辅助的物，是为主物。举例来说，表是主物，表带是从物；灯是主物，灯罩是从物。主物及从物均不以动产或不动产为限。为了不破坏主物及从物之间的经济的主从结合关系，各国民法大多规定从物跟随主物接受处分，从物的命运附随于主物。

按照物的产生关系不同，可以将物分为原物与孳息。孳息，是指因物而产生的收益。产生孳息的物，是原物。孳息包括天然孳息和法定孳息。

按照是否可以进行重复使用，物可以分为消费物和非消费物。消费物，是指不可重复使用，一经使用即改变其原有形态、性质的物。非消费物，是指经反复使用不改变其形态、性质的物，即消费物之外的物。

按照物是否可以被代替，物可以分为代替物和不代替物。代替物，是指具有共同的特征，能以品种、规格、质量、数量等相互代替的动产。不代替物，是指不能以品种、规格、质量、数量等加以相互代替的动产。

按照是否依据当事人主观意思具体指定，物可以分为特定物和非特定物。特定物，是指根据当事人的意思能够具体指定的物；非特定物是指不能根据当事人的意思具体指定的物，仅以品种、规格、质量、数量抽象指定的物。

（二）有价证券

证券为彰显某种权利的凭证。证券可分为有价证券和无价证券。有价证券是指设定并证明持券人有权取得一定财产权利的凭证。无价证券是不具有交换价值的证券。无价证券由政府职能部门签发，各国政府在经济困难时期或者商品短缺时期，均签发无价证券。如我国政府在 20 世纪 60 年代前后签发的粮票、布票、油票、烟票等。无价证券虽不具有交换价值，即禁止买卖，但却具有使用价值，即彰显持票人具有凭票购物的权利。《证券法》第 2 条中所指的证券，是指有价证券，主要包括股票、公司债券和国务院依法认定的债券。但通说认为，有价证券还应包括票据。

1. 票据

票据是由出票人依法签发的，约定由自己或者委托他人于约定时间无条件支付确定金额给持票人或者收款人的有价证券。

2. 债券

债券是国家或者企业依法发行的，约定于到期时还本付息的有价证券。它可以分为公债券和企业债券。

3. 股票

股票是股份有限公司依法发行的表明股东权利的有价证券。它是公司股份采取的形式，是股东所持股份的凭证。

4. 提单

提单是指用来证明海上货物运输合同和货物已经由承运人接收或者装船，以及承运人保证据以交付货物的单证。

（三）智力成果

智力成果又称知识产品，是指人们通过创造性智力劳动创造的，具有一定表现形式的成果。它是文学艺术和科学作品、发明、实用新型、外观设计、科学发现、商标以及其他创造性劳动成果的统称。智力成果作为人类智力劳动的结晶，其中蕴含着一般的劳动成果，因此可以成为权利标的。智力成果自身独特的特性，又使其无法适用于一般财产法，而需要制定专门的法律来予以保护。我国制定了一系列法律法规来保护人们的智力成果，例如《专利法》《商标法》《著作权法》等。

1. 作品

《著作权法实施条例》第 2 条中明确提出，作品是指在文学、艺术和科学领域内，具有独创性并能以某种有形形式复制的智力成果。只有具备了以下两个条件才能称之为作品：一是作品表达了特定的思想内容，例如构思、感情、事实、人物形象等；二是作品能够以客观形式表现出来，例如图书、绘画、雕刻、演说、舞蹈等。

2. 发明

《专利法》第 2 条明确指出，发明是指对产品、方法或者其改进所指出的新的技术方案，发明属于专利的表现形式之一。被授予专利权的发明要具备以下条件：一是新颖性；二是创造性；三是实用性。

3. 实用新型

《专利法》第 2 条中指出，实用新型是指对产品的形状、构造及其结合所提出的适于实用的新的技术方案，俗称"小发明"。实用新型作为专利权的客体之一，这里需要指出的是，方法发明不包含在实用新型的类型中。

4. 外观设计

《专利法》第 2 条明确规定，外观设计是指对产品的形状、图案、色彩或者其结合所作出的富有美感并且适于工业上应用的新设计。作为专利权的客体，外观设计所要求的条件有以下几个：一是一定和产品有关；二是其内容是围绕产品的形状、图案、色彩或者其组合；三是能够给人增加美的享受；四是能够在工业上投入实际应用。

5. 科学发现

科学发现是指阐明客观物质世界的现象、特性或者规律而提出的一种新认识。科学发现属于发现权的客体,其所要求的条件有:一是其内容阐明了自然现象、特性或者规律;二是其成果对科技的前进与发展具有重要的意义。

6. 商标

商标指的是以显著的文字、图形或者二者的组合并置于商品表面或者商品包装上的标识。作为商标权的客体,商标要根据法律程序依法核准注册。

7. 地理标志

《商标法》第 16 条第 2 款指出,地理标志是指标示某商品来源于某地区,该商品的特定质量、信誉或者其他特征,主要由该地区的自然因素或者人文因素所决定的标记。

8. 商业秘密

《反不正当竞争法》第 10 条指出,商业秘密指的是不为公众所知悉、能为权利人带来经济利益、具有实用性,并经权利人采取保密措施的技术信息和经营信息。商业秘密是商业秘密权的客体,其特征有三点:一是秘密性,公众对此并不知晓;二是具有一定的价值,权利人可以凭借其得到一定的利益;三是保密性,其内容被采取了一定的保密措施。

9. 集成电路布图设计

集成电路,英文简称为 IC,也被称为芯片。集成电路布图设计指的是集成电路中的多个元件,其中至少有一个是有源元件和其他部分或者全部集成电路互联的三维配置,或者是为集成电路制造而准备的这样的三维配置,即确定用以制造集成电路的电子元件在一个传导材料中的几何图形排列和连接的布局设计。

10. 植物新品种

《植物新品种保护条例》第 2 条规定,植物新品种是指经过人工培育的或者对发展的野生植物加以开发,具备新颖性、特异性、一致性及稳定性并有适当命名的植物品种。

(四) 其他客体

权利成为民事法律关系客体的条件如下。(1) 必须是财产权利,人身权利通常不可成为民事法律关系的客体。例如,姓名权、肖像权等不可成为民事法律关系的客体。（2）必须是可转让的财产权利，不可转让的财产权利不可成为民事法律关系的客体，例如专属于权利人自身的财产权不可转让（退休金、养老金、抚恤金、安置费、人寿保险、人身伤害赔偿请求权等权利）。（3）必须是法律规定可成为民事法律关系客体的权利。如物权法律制度中对权利质权的规定。

非物质利益又称人身非物质利益或者精神利益，是物质利益或者财产利益的对称。非物质利益成为权利客体或者民事法律关系的客体是由其利益属性决定的。就自然人而言，非物质利益包括生命、健康、自由、名誉、个人秘密等，这些非物质利益使其成为生命权、健康权、自由权、名誉权、隐私权等的客体。就法人和其他社会组织而言，非物质利益包括名称、名誉（或商业信誉）等，这些非物质利益使其成为名称权、商誉权的客体。非物质利益作为民事法律关系客体的特点是其不可转让性，除非法律有明确的例外规定。

《民法典》第127条规定："法律对数据、网络虚拟财产有规定的，依照其规定。"一般认为"虚拟财产是指在网络游戏中为玩家所拥有的、存储于网络服务器上的，以特定电磁记录为表现形式的无形财产"①，通常包括网络游戏中的武器装备、QQ币、QQ号码、电子邮箱以及网址等。早在2003年，虚拟财产已受我国司法保护。虚拟财产作为一种新型财产，不仅具有一般财产的属性，如合法性、价值性等，还具有虚拟性、网络依附性等独特特征。虚拟性与客观实在性相对应，传统的有体物具有客观实在性，如土地、房屋等，无体物也具有客观实在性，如商标、专利、作品等。虚拟财产不具有客观实在性，只存在于虚拟世界。网络依附性是指虚拟财产的外部表现形式只能在网络中得到体现，离开网络的虚拟财产只是一堆毫无意义的电磁记录，其价值无法得到实现。虚拟财产作为一种新型的财产形式，作为民事法律关系的客体，值得研究。

我国《个人信息保护法》正在紧锣密鼓的制定中，但《民法典》第111条明确规定，自然人的个人信息受法律保护。任何组织或者个人需要获取他人个人信息的，应当依法取得并确保信息安全，不得非法收集、使用、加工、传输他人个人信息，不得非法买卖、提供或者公开他人个人信息。据此，自然人个人信息包括自然人人格身份信息，如姓名、职业、职务、年龄、血型、身高、指纹、病史、婚姻状况、宗教信仰、学历、兴趣爱好、专业资格、工作经历、

---

① 钱明星，张帆. 网络虚拟财产民法问题探析［J］. 福建师范大学学报（哲学社会科学版），2008（5）：6-12.

家庭住址、电话号码、身份证号码等；自然人财产信息，如信用卡号码、电子邮件、QQ 账号、网络游戏装备、网店等。自然人个人信息是自然人个人信息权的客体，自然人个人信息权包含信息决定权、信息查阅权、信息反对权、信息封锁权、信息删除权和信息更正权。①

我国应尽快制定一部全面的个人信息保护法，明确个人数据的边界范围，厘清个人信息在民事、刑事、行政范围内的界限，建立个人信息保护官制度。因为随着经济社会发展进入信息化时代，信息的重要性越来越得到彰显，并且成了不可忽视的经济社会发展的重要资源。然而，相应的法律法规没有建立健全起来，使得个人信息泄露和不当使用等问题日趋严重，进而引发了全社会关于信息安全的担忧。目前，多数企业或者组织的信息意识不强，未建设完善的安全保障系统，甚至未采取任何技术防范措施，容易导致信息泄露和不适当使用。同时，我国对个人信息的二次开发利用行为缺乏规范，界限模糊，个人信息二次加工使用容易引发侵权纠纷，甚至引起行政责任的承担。此外，某些组织或个人还通过不正当渠道获取个人信息，寻找目标人进行推销，甚至进行传销活动或者电信诈骗。在未来的立法中，应注意以下几点。

第一，明确个人数据的边界范围。个人隐私与个人信息是交叉关系，隐私权的内容主要包括维护个人的私生活安宁、个人私密不被公开、个人私生活自主决定等；而个人信息权主要是指对个人信息的控制和决定。因此，应清晰地区分个人信息权和隐私权，界定个人信息的内容和范围。建议对个人敏感信息和个人一般信息的区分应当予以保留，并在法律保护上区别对待。个人敏感信息应限定为个人敏感隐私信息，对此应实施高强度保护，限制收集、加工、流动，及时删除。个人一般信息应强化利用，最大限度地发挥促进其商业和公共管理的作用，但也应防止不当使用。此外，个人信息立法的保护主体不是法人和其他非法人组织，而仅包括自然人。法人以及其他非法人组织的信息应由知识产权法和商业秘密等制度规制。

第二，明确相关数据保护执法机构。设立独立的行政执法机构或者明确行政执法机构及其职责。刑事、民事救济手段对个人信息保护都有滞后性和局限性，无法迅速、有效地制止恶意侵权事件。世界主要国家的个人信息保护体系中，行政监管体制皆发挥着不可替代的作用，如美国联邦贸易委员会（FTC）、

---

① 余筱兰. 信息权在我国民法典编纂中的立法遵从 [J]. 法学杂志, 2017, 38（4）: 22-31.

欧盟的数据保护委员会、日本的个人数据保护委员会，韩国也专门设置了纠纷调解委员会等。建议我国也设立独立的行政机关，从而不仅能够监督个人信息保护的全部过程，也可以有效地解决纠纷、维护市场的正常发展。

第三，赋予个人对个人信息的控制权。在信息时代，自然人对个人信息的支配和控制越来越多地表现为对其个人信息的各种利用。因此，在个人数据使用遵循合法、正当和必要的总体原则外，应给予信息主体对个人信息的控制权。个人信息主体的控制权应主要包括对个人信息的使用、修改或删除等权利。控制权是个人信息保护的重要手段之一，既可以保证个人信息的收集获得信息主体的授权，也可以更全面地保证个人信息的安全。

第四，厘清个人信息在民事、刑事、行政范围内的界限。目前，刑法已经对危害个人信息活动的行为进行入罪，且规定了较为详细的刑事责任。建议《民法总则》和其他民事规范在规定对自然人信息保护的基础上，进一步明晰侵害个人信息的民事责任，个人信息立法应当予以明确。除此之外，对于不宜入刑的侵害个人信息的行为，应当规定具体、明确的行政责任，由行政机关给予相关企业、负责人行政处罚。

第五，建立个人信息保护官制度。个人信息风险不仅仅产生于收集个人信息之时，也存在于与信息有关的全过程中，因此监管制度的建设，既要从行政层面入手，也不能忽视企业自身的作用和重要性。在美国，很多大型公司都设立首席隐私执行官，德国也要求其企业设立数据保护顾问，评估企业的隐私、数据保护政策和执行情况。建议研究推行个人信息保护官制度的可行性，其主要起到内部监管作用，但同时应接受相应行政机关的监督。

第六，关注跨国、跨境信息流动。鉴于不同国家的个人信息保护立法存在明显差异，侧重点也有不同，应在《网络安全法》的基础上，重视个人信息的国际流动，与其他国家进行协商和谈判，切实保护我国数据安全。为促进区域间个人信息的流动，应加强我国的信息跨境流动制度与国际框架，加强我国与其他国家相应行政机构的合作。

第七，加强未成年人的信息保护。我国目前青少年网民数量已逾3亿，未成年人的成长伴随着网络的发展和时代的前进，网络是未成年人生活的重要内容，其生活方式甚至思想意识都与互联网息息相关。因此，在个人信息保护立法中，针对未成年人心智尚未成熟，缺乏足够的认识能力和控制能力等问题，必须为未成年人提供特殊且全面的保护，防止其信息权益受到侵害。①

三、民事法律关系客体的评判标准

（一）民事法律关系客体范围的扩张

随着社会的发展进步，民事法律关系随之变得更加复杂多样，很多学者提出其客体的范围亦应具有扩张性，应不限于通说观点中的物、行为、智力成果等，或者通过解释，扩大"物"的范畴。目前引起广泛讨论的主要是体外胚胎的法律属性问题，多数学者认为体外胚胎应被纳入"物"的范畴。

宜兴市发生的案例，对我国民事法律关系客体理论以往的共识提出了挑战，引起了学界对此的广泛讨论。沈某、刘某系夫妻，因不孕症，二人于 2012 年 8 月在南京市鼓楼医院接受体外受精 - 胚胎移植助孕手术，并于当天冷冻四枚受精胚胎；治疗期间，沈、刘夫妇与南京市鼓楼医院签订了《诊断知情同意书》和《配子、胚胎去向知情同意书》，表示对剩余样本，同意由医院根据国家规定代为处理；2013 年 3 月 20 日，沈、刘夫妇驾车途中发生车祸相继去世，其时两人在鼓楼医院还保存有四枚体外胚胎。而死者沈某的父母，认为子亡后其保存于南京市鼓楼医院的四枚受精胚胎应由父母负责监管，遂以其媳刘某之父母为被告，诉至宜兴市人民法院，要求法院判令自己（沈父母）享有对四枚受精胚胎的监管权。

一审法院认为，"沈某、刘某夫妇在接受体外受精胚胎移植手术过程中所产生的四枚受精胚胎，包含着双方的生命基因，具有发育为生命的可能，是含有未来生命特征的特殊之物，不同于普通物，因此不能像普通物一样任意流转或继承，因此不能成为继承的标的"。原告沈某的父母不服一审判决，遂上诉至无锡中院。由于目前法律尚未对体外胚胎的法律属性做出规定，故二审中，无锡市中院将该案案由改为监管权和处置权纠纷，二审法院就从伦理和情感的角度考虑，认为"胚胎包含着生命基因，具有孕育成生命的潜质，是人与物的过渡存在，应受到不同于普通非生命体的尊重与保护"。从伦理方面来说，体外胚胎中包含有逝者沈某、刘某夫妇的遗传基因，具有孕育生命的潜能，而两对老人是与体外胚胎在生物学上联系最为密切的人；同时，沈某、刘某夫妇的意外死

---

① 张兆安代表：建议制定个人信息保护法，设立信息保护官制度 [EB/OL]. 澎湃新闻，2019 - 03 - 03.

亡，给家庭带来无尽伤痛，二人所遗留的胚胎，是承载两个家庭血脉的唯一载体，能够抚慰两对老人的丧子（女）之痛。基于上述考虑因素，无锡中院最终判决由原、被告四位老人共同享有对沈某、刘某夫妇所遗留的四枚体外胚胎的监管权。

一审法院驳回原告的诉讼请求，从其审判理由可以看出，一审法院认为体外胚胎不是物，不能成为继承权的客体，而似乎更加倾向于体外胚胎具有法律主体的性质。相比之下，二审法院的判决更符合人们的人情伦理观，使当事人以及社会大众更易接受。杨立新教授更是赞其为"一份标志着人伦与情理胜诉的民事判决"。诚然，二审法院确定"体外胚胎是人与物之间的过渡存在"不妥，人、物两系是自罗马法以来民法（客体）结构的基本逻辑起点。近代以来，我国民法一直坚持人与物的两大基本范畴并沿用至今，不可能存在人与物之外的第二种基本范畴；若是承认第二种范畴的存在，将会对民法的整个逻辑架构产生影响，因此不可能存在该"人与物之间的过渡存在"。

（二）民事法律关系客体标准的确定

1. 现存的标准

"物"的含义包括两个层次，一是指人们日常生活中所说的"物"的含义；二是指民事法律关系客体中的"物"的含义。根据《现代汉语字典》的解释，我们日常生活中所谈到的"物"的含义，是指人以外并与人相对应的具体的东西和环境。西方哲学中强调物"这一个或那一个具体的可感事物"。日常生活中的"物"的"具体"表现为可感知，是与抽象相对的。在日常生活中，人（即法律上谓"主体"）之外的都可称作"物"，其范围最大，本书所研讨的体外胚胎因其已离开人体无疑属于该"物"的范畴。

法律中的"物"的含义是法律制度发展的产物，随着法律的发展而发展。"物"成为法律学科中的专有名词，具有特定的法律含义。法律上的"物"所指的范围，较之日常中所说的"物"范围有所缩小，例如大自然中的（未经人工加工或采集的）空气等也是日常中所说的"物"，但因尚不受法律调整，故不属于法律上的"物"。同时，法律上的"物"还包括合法的物和违法的物，例如食品、药品、文物等流通物或限制流通物，也包括毒品、赃物等禁止流通物。

"物"的第二层含义是指作为民事法律关系客体的"物"的含义，作为最重要的民事法律关系客体，其内涵也最难界定。民事法律关系客体中的"物"的范围所指，至今也未有统一的认识。《德国民法典》中专章规定了"物和动物"，第90条对"物"的概念做了定义："法律意义上的物，仅为有体的标的。"德国法中的"物"仅限于指有体物，强调两个要义：一是客观独立存在的具有可支配属性的"物"，原则上它的形态是固态、液态还是气态并不重要，例如收集至瓶中的气体、水可以成为民法上的物，但空气、海洋中的水由于脱离人类的可控范围，不能成为民法上的物；二是人的身体不是物，也不是法律关系客体。本书认为，民事法律关系客体中的物还应具有可流转性，民法最基本、最主要的功能和目的就是保障权利主体行使权利，鼓励交易，维护秩序，所以，这里的物应当具有可流转性。

我国法律对"物"的规定主要在《民法典》第115条："物包括不动产和动产。法律规定权利作为物权客体的，依照其规定。"可见，我国物权的客体原则上只包括有体物，无体物如文学作品、商标、电力等由相应单行法律、法规加以调整。但是，为了适应社会变化，"物"的概念在外延上仍需要留有一定的拓展空间。鉴于此，我国《民法典》原则上规定物权的客体是有体物，但也为未来发展留了一定的空间，如前述之数据和网络虚拟财产等。关于民法上的物的标准，目前我国学术界的观点与德国法上的观点基本相同，核心是可以被人所控制、支配，但人体及人体器官不属于民法上的物。

目前很多学者都开始倾向于民事法律关系客体的开放性。2015年6月24日的《中华人民共和国民法典民法总则专家建议稿》第114条就曾规定，"民事权利客体的范围不限于本法之规定"，预示着民事法律关系客体的开放性。

前述"宜兴胚胎案"由于体外胚胎的法律属性不明而引起争论。多数学者认为体外胚胎是民法上的物，但是，体外胚胎是否能由民法来调整，首先应判断其是否符合上述物的标准：一是体外胚胎的保存需要专门的机构、专业的人员和特定的环境，普通人无法实现有效占有、控制；二是体外胚胎的流转会受到限制。该观点可通过《献血法》的相关规定予以说明，比如其第11条前款规定，"无偿献血的血液必须用于临床，不得买卖"。体外胚胎与血液在自然属性上都与人体有关，并且体外胚胎相较于血液而言还具有发展成为生命的潜能，其特殊性便决定了它不能随意流转，否则会破坏公序良俗，也不符合我国传统的道德观念。鉴于此，体外胚胎并不符合作为民事法律关系客体的物可流通的基本特征，也不符合民法的性质和目的，在该案中将体外胚胎纳入民事法律关系客体的范围也没有实际意义。"宜兴胚胎案"当事人的四个老人，他们最终虽然取得了体外胚胎的监管权，但未能实现有效占有，其使用和收益的权能及在处分权能方面，也要受到很大的限制，即除决定赠予医疗机构用于科学研究或终止保存外，很难想象还有其他选择；而案中的该体外胚胎在法律上根本无法发挥其潜在的功能，实现四位当事人试图用以"延续香火"的目的。从这个意义上说，体外胚胎本身并不符合确定为民事法律关系客体物的标准，直接将其纳入民事法律的调整范围毫无意义。当然由于体外胚胎等与人体有关的物具有其特殊性，也有必要对其进行特别的控制与保护，这是基于维护自然人的民事主体地位和尊严、公序良俗、促进生物技术发展之需要，予以"具体问题具体分析"和对待。

2."宜兴胚胎案"对我国的立法启示

"宜兴胚胎案"的发生反映出我国对人工生殖技术的规范程度不够，对人工生殖技术实施过程中可能出现的衍生问题未做出明确的规定，以至于在受理案件后法院无法可依。随着人工生殖技术本身的发展与进步，此类案件可能越来越多，自然有对此做明确、细化规定的必要。

反观我国现行的相关法律规范性文件，从法源上看，主要为卫生行政规章；从内容来看，立法重点在于对人工生殖技术加以管制，维护社会伦理原则。这些规章的内容，主要侧重从技术操作层面对人工生殖的实施进行规范，而对于胚胎的处理、生殖细胞的处理、人工生殖子女的法律地位等问题，则未做明细规定。鉴于此，法院在审理"宜兴胚胎案"时，上述规章缺乏可适用性甚至参照性。

针对"宜兴胚胎案"本身及其所引申出的法律问题，有学者建议应制定《人工生殖法》。比如刘士国教授建议起草人工生殖法，并构思了该法应对人工生殖机构的条件、受术夫妻接受人工生殖手术的条件、医院实施人工生殖的告知义务、胚胎的性质、胚胎的保存及毁弃条件、人工生殖子女的法律地位等基本内容做出相应的规定。此外，还有学者认为该立法应充分考虑人工生殖子女的法律地位问题和保护问题；也有学者认为目前存在的规章不能涵盖已出现的问题而主张制定该法。本书认为，鉴于目前已出现的新问题，我国相关法制还不健全，人工生殖立法势在必行。然而立法工作并不是一蹴而就的，需要良好的立法环境和成熟的立法条件：一是对于人工生殖技术的现状应当有一个全面准确的了解，包括从相关医疗机构及其人员、（现实和潜在）受术主体的角度等，了解他们真实的想法，明确其困惑、担忧和期盼，做好前期的调研工作，如此才能为该立法（决策）提供客观的社会需求依据；二是人工生殖技术涉及一国公民的主体地位和（人类）尊严，以及个体与社会的价值观、道德观、家庭伦理关系等方面，在制定法律的过程中要充分考虑到相关社会保障、经济、宗教等问题，解决社会承受度问题；三是人工生殖技术是一个非常专业、前沿的医学问题，需要相关专业技术的学者和临床医生提供相关的专业技术意见，听取相关主管部门和司法机关及其人员的意见，解决该法律规范性文件可操作问题，努力造就一部真正的良法。

第四节　老年意定监护制度的法律重审

《民法典》"总则编"的一大创新就是设立了成年意定监护制度。成年意定监护制度诞生于二战后世界成年监护制度改革的浪潮中，是现代社会的产物，但《民法典》只用第33条一个条文做了规定，这样的规定过于简单，对意定监护制度的合同效力、具体实施途径、监护监督机制等重要内容都未做规定。因此，我国应借鉴英美的持续性代理权制度和德日的成年意定监护从实体和程序上完善现行的成年意定监护制度。

一、老年监护制度确立的理论基础和现实基础

（一）老年监护制度确立的理论基础

1. 从私法角度看，确立老年监护制度是维护老年人合法权益的要求。按照人口老龄化的定义标准，我国早已迎来了"银发浪潮"的时代。这样的时代必然会给经济和社会发展带来一定的挑战。如何解决社会的发展与人口老龄化之间的矛盾，如何保障老年人晚年的安详生活，可以说是我们在社会发展进程中一直热切关注的问题。作为市民社会基本法的民法，关心社会中的每一个成员的生存与发展是其根本任务。俗话说，"家有一老，如有一宝"，作为民法主体的自然人——老年人，更应该是民法制度设计的重点。

2. 从公法角度看，确立老年监护制度是国家保护人民生存与发展利益的要求。随着私法公法化、公法私法化的发展趋势，对老年监护制度的研究已不仅仅是民法的"专利"，公法也在积极关注这个问题，因为国家就是要让本国的人民过上有体面、有尊严的生活，对于这部分弱势群体的老年人，更需要在制度层面予以关注，而老年监护中的公权力介入就是例证，让公权力参与市民社会

中来，才能真正体现国家"以人为本"的治国理念。

3. 从社会法角度看，确立老年监护制度是完善老年人社会保障体系的要求。继传统的公法、私法划分法律的角度之外，第三法域——社会法正蓬勃兴起并逐渐发展。所谓社会法，就是研究社会性问题的法律，比如经济发展、环境保护、社会保障等。我国现行的《劳动合同法》《老年人权益保障法》《妇女权益保障法》等都是社会法。《老年人权益保障法》第一次明确规定了老年监护制度，这不仅成为该部法的一大亮点，而且也有助于完善老年社会保障体系和老龄服务体系，同时有助于在全社会营造敬老、爱老、养老、助老的良好道德风尚。

（二）老年监护制度确立的现实基础

老年监护制度确立的最大现实基础就是要解决老年人的养老问题。构建老年监护制度就是要在法律层面上给需要生活照顾的老年人"保驾护航"。因此，在急需解决养老问题的现实国情下，研究构建老年监护制度具有十分重要的现实意义。

二、成年意定监护制度的内涵解析

意定监护又叫任意监护（任意后见），意定监护制度起源于 1954 年美国弗吉尼亚州创设的持续性代理权制度，随后，德国和日本在此基础上分别创设了照管制度和任意监护制度，尤其是日本在 1999 年通过了《关于任意监护契约的法律》，这被视为是大陆法系国家意定监护制度的典型代表。所谓意定监护即被监护人（委托人）将自己的生活、疗养看护及财产管理等相关事务全部或部分委托给监护人（受托人），在符合特定条件时，监护人对被监护人履行相应的监护职责。在这一点上，大陆法系的任意监护制度与英美法系的持续性代理权在本质上是一致的。

（一）成年意定监护制度的理论基础是意思自治

民法是私法，人文关怀是当代民法的重要价值理念，在制度的设计上，就要突出对人的自由和尊严的充分保障以及对社会弱势群体的特殊关爱。作为人法的民法，对弱势群体的保护自然也是民法的重要任务。而意定监护制度的设立就是为了保障老年人、残障成年人等弱势群体的权益而创设的法律制度，它最能体现民法的人文关怀精神和民法作为人法的特质。在民法中，"意思自治"是其最为核心的精神，它使得个人自我决定成为可能，正如孟德斯鸠在《论法的精神》中所言，在民法的慈母般的眼里，每一个个人就是整个国家，而传统的监护制度被评价为剥夺公民权利最彻底的民事惩罚制度，完全忽视了被监护人的法律人的地位，这与监护制度设立的初衷是相违背的。传统监护制度的功能在于保护知虑不周之人，从而兼顾交易安全。

纵观意定监护制度的发展，从罗马法中的监护与保佐的简略规定到现代法中新的监护体系的确立，从关注财产监护到关注人身监护，从法律对个人事务的大量干预到帮助决定，这些改变无不反映着对民法"意思自治"理念的推崇。意定监护制度便是"意思自治"在监护领域的体现。与法定监护相比，意定监护平衡了个体的特殊性和监护的僵化性，最大限度地尊重被监护人的个人意愿，使得本人在契约自由的框架下自由选任监护人，充分尊重了当事人的意思自治。如果说法定监护提供的是单一型的保护措施，那么意定监护提供的则是菜单式的可选择型，因其意定性、差异性从而极富弹性，符合"最低干预"原则。

（二）成年意定监护制度应体现公权力的介入，这是国家责任的体现

如上所述，成年意定监护是私法意思自治在民法中具体制度的渗透，它给予当事人最充分的意思表示，然而，这种所谓的"契约"与《合同法》所规制的"契约"是有不同的，因其更多地涉及被监护人的人身利益，如果监护人的职责履行不当，很有可能会侵害被监护人的合法权益，而恰恰成年意定监护的生效又是在被监护人丧失或部分丧失行为能力之后。所以，必要的国家权力介入有助于成年意定监护制度的更好实施。纵观世界发达国家，如德、日等国，在成年意定监护完善的过程中都加入了国家责任，在具体制度设计上，增加了对监护合同的公证、登记以及对监护的监督等，这也是未来完善成年意定监护的立法趋势和指导思想。

三、意定监护制度与相关制度的厘定

在意定监护制度的设计上，有必要厘清意定监护和相近法律制度的区别和联系。

（一）意定监护与委托代理

委托代理在《民法典》"总则编"第七章"代理"第二节做了专门规定，关于委托代理的含义在第 163 条做了明确规定，即"委托代理人按照被代理人的委托行使代理权"。可以看出，委托代理的代理权来自被代理人的授权行为，作用在于扩张私法自治。而意定监护则是"具有完全民事行为能力的成年人，

可以与其近亲属、其他愿意担任监护人的个人或者组织事先协商，以书面形式确定自己的监护人。协商确定的监护人在该成年人丧失或者部分丧失民事行为能力时，履行监护职责"。可以看出，意定监护的实现是通过委托行为实现的，两者的共同之处都是确定处理自己事务的适格当事人，给予其对于法律行为相应的处分权，关于这一点，不得不提的是英美法系国家的持续代理授权制度。该制度在引入代理制度的同时又对其进行了突破和创新。所谓的突破即当被代理人丧失行为能力后，持续性代理权仍然有效，并且此时的代理权受到了监督机关的监督。可以看出，"持续代理授权"已不单单是简单的"代理"，它的立法价值更多地在于实现对弱势群体利益的保护。在这一点上，它与意定监护有着异曲同工之处。所以，尽管意定监护与委托代理都是赋予当事人处分自己事务的权利，但两者仍有如下区别。

（1）价值不同。意定监护制度重在保护老年人等成年弱势群体的利益，其立法宗旨是尊重老年人的自我决定权，使老年人有尊严地度过晚年生活；而委托代理制度，在于实现意思自治的最大化，两个制度设计的目的不同。

（2）主体不同。意定监护中被监护人是完全或部分丧失行为能力的人，监护人则不仅要求具备完全民事行为能力，而且还要满足其他相应的条件；委托代理中的被代理人一般是完全民事行为能力人，但在某些特殊情况下，是不要求为完全民事行为能力的，譬如依德国理论和现行国内民法理论，限制民事行为能力人也可以。

（3）内容不同。意定监护的内容可以是事实行为，也可以是法律行为，而《民法典》第34条规定，"监护人的职责是代理被监护人实施民事法律行为……"，似有不妥，意定监护的内容应是事实行为和法律行为全方位的；委托代理一般仅限于法律行为，且代理的行为更多的是财产性质的行为。

（二）意定监护与委托合同

关于委托合同，《民法典》第919条规定："委托合同是委托人和受托人约定，由受托人处理委托人事务的合同。"从委托合同的功能来看，委托合同在客观上也能实现弥补当事人行为能力欠缺的目的，而意定监护恰恰也是通过被监护成年人的委托来实现监护人在其丧失或部分丧失行为能力后的监护目的的，但两者又有一些不同，委托合同是调整财产流转过程中当事人之间的法律关系的，重点关注的是处理财产性质的行为。所以，委托合同是当事人意思自治最大化的产物，它不需要公证、登记，更无须国家公权力的监督，这就导致仅凭借委托合同是无法完全解决在当事人丧失行为能力后的监护问题，尤其是在缺乏相应监督的情况下，受托人是会很容易侵害委托人的利益的。

（三）意定监护与扶养

扶养有广义和狭义之分，广义的扶养是指一定范围的亲属之间，根据法律的规定，存在互相扶助和供养的权利义务关系的，包括长辈对晚辈的"抚养"、平辈间的"扶养"和晚辈对长辈的"赡养"；狭义的扶养仅指平辈间的扶养。作为亲属法的两项制度，意定监护与扶养在功能设计上有一定的重合，都是实现家庭领域中对需要帮助的人给予一定帮助的法律制度，但在帮扶中的具体制度设计上两者有区别。首先，扶养主要是为了给予生活困难的亲属以经济上的帮助，它和监护人主动照管被监护人的人身、财产关系是不同的，在扶养中缺乏有针对性的内容设计。其次，扶养法律关系的适用前提是亲属关系，没有亲属身份是不能成立扶养关系的，而监护的主体多样化，可以是家庭、社区、政府，也可以是自然人、法人，甚至国家机关。

四、我国意定监护制度的立法现状评析

（一）《老年人权益保障法》之规定

2018 年新修订的《老年人权益保障法》第 26 条规定："具备完全民事行为能力的老年人，可以在近亲属或者其他与自己关系密切、愿意承担监护责任的个人、组织中协商确定自己的监护人。监护人在老年人丧失或者部分丧失民事行为能力时，依法承担监护责任。老年人未事先确定监护人的，其丧失或者部分丧失民事行为能力时，依照有关法律的规定确定监护人。"该条的规定可以说是我国成年意定监护制度的萌芽，但仔细研读会发现，此规定仅仅是在阐述一个法律事实而非构建一套完整的法律关系，存在以下值得商榷的问题。

第一，意定监护的适用对象过于狭窄。该规定将意定监护的被监护人范围限定为老年人。何谓老年人？按照国际规定，65 周岁以上的人确定为老年人，在我国，60 周岁以上的自然人为老年人。在老年人民事行为能力健全的情况下，通过与他人订立意定监护契约而实现行为能力丧失后的监护问题。诚然，无论从理论还是实践，把成年意定监护制度的适用限定为 60 岁以上的人，那么对于像残疾人等其他行为能力不健全的人自然就被排除在意定被监护人的范围，但从私权保障的角度，似乎法律也不应该剥夺其他身心障碍者享有自由选择监护人的权利，这些人也完全可以通过借助监护人和公权力之手回归正常化的生活，

而该法律26条并未表达此意，实为遗憾。

第二，未明确规定监护人的范围。该条在对监护人的范围的理解上存在歧义，确切地说，是对"协商"的理解。法律规定"具备完全民事行为能力的老年人，可以在……中协商确定自己的监护人"，由于"在近亲属或者其他与自己关系密切、愿意承担监护责任的个人、组织中"是一个状语，那么，对该条的理解就存在争议：一种解释是被监护的老年人和"近亲属或者其他与自己关系密切、愿意承担监护责任的个人、组织"协商确定监护人，本身确定何人为监护人的主动权掌握在被监护人手上；另一种解释是这种监护人的产生是在"近亲属或者其他与自己关系密切、愿意承担监护责任的个人、组织"之间协商产生的，监护人没有自由选择权，最多也就是提供了一份监护人的候选人名单，是一种"候选人"之间的协商。当然，这两种解释下产生的法律后果是不一样的。

第三，对监护事务的范围规定不明确。本条只是规定"监护人在老年人丧失或者部分丧失民事行为能力时，依法承担监护责任"，但监护责任或者说监护事项的范围究竟如何，是否包括诸如人身、财产、教育、医疗等诸多方面，是全部还是部分监护，法条并未进行明确规定。

第四，将民事行为能力的丧失作为意定监护开始的条件值得商榷。关于对被监护人何时需要监护的理解，曾有很多观点，譬如有关于其行为能力、意思能力、判断能力、事理辨别能力等的探讨。但在20世纪60年代后，世界各国纷纷掀起了民法典中成年监护制度的修订，逐渐废除了禁治产制度，给予被监护人残存意思能力的自主权已是大势所趋。那么，以民事行为能力的丧失或者部分丧失作为意定监护开始的标志，未免有失妥当。

此外，该条第二款规定："老年人未事先确定监护人的，其丧失或者部分丧失民事行为能力时，依照有关法律的规定确定监护人。"该款所要表明的是，在老年人无意定监护情形下，按照法律的规定来确定监护人，但是未能说明如果老年人已经签订了意定监护合同，但是就监护事务的约定不够全面，有所遗漏，此时应该类推适用该条规定，直接用法定监护代替成年意定监护制度，还是未约定明白的事务单独通过法定监护的方式确定一个监护人而不废止原先存在的任意监护制度？对此问题的理解存在歧义。

（二）《民法典》之规定

《民法典》第33条规定："具有完全民事行为能力的成年人，可以与其近亲属、其他愿意担任监护人的个人或者组织事先协商，以书面形式确定自己的监护人。协商确定的监护人在该成年人丧失或者部分丧失民事行为能力时，履行监护职责。"可见，在传统监护制度中引入意定监护制度，是法律对自然人的自我决定权的尊重。意定监护制度是以自我决定权的理念作为基础的。把基于委托合同的意定代理制度作为事前保护判断能力低下的成年人利益的措施来运用，从尊重自我决定和保护措施灵活化的观点来看，这是必要的。

《民法典》对意定监护制度的规定呈现以下变化。

第一，《民法典》将之前的"老年意定监护"扩大到"成年意定监护"，扩大了意定监护的适用对象，第 33 条的表述是，"具有完全民事行为能力的成年人……"，这样的规定突破了之前立法只对精神障碍和因年龄而致失能的情形适用成年监护，应该说是立法的一大进步。

第二，对意定监护成立的形式做出了明确规定，必须"书面"，即意定监护合同是要式合同，而且在意定监护人的范围上由《老年人权益保障法》的"在……中"的法律用语改为了"与……"，看似是微小的变化，但法律效果是不一样的，《民法典》更强调了被监护人的意思自治，将确定监护人的主动权交由被监护人，这也与成年监护制度改革的理念是一脉相承的。近代成年监护制度侧重于维护交易的安全，而忽略了对欠缺判断能力的成年人利益的保护和自我决定权的尊重，此次规定更加突出了对被监护人自我决定权和残存意思能力的尊重。这是一次从保护"交易安全"到"人权尊重"的革新。

总体来看，《民法典》对意定监护的规定还是相对比较粗糙，譬如，意定监护合同如何成立、生效？其实质要件、形式要件如何？意定监护合同可否撤销、终止？其条件又如何？意定监护合同是否需要公证、登记、监督？诸如此类的关于意定监护的实体问题和程序问题《民法典》并未做出详细规定，这样无论是对于被监护人权益的保障，还是对于交易安全稳定的维护都是不利的。

五、现行法律关于意定监护制度规定存在的问题

（一）意定监护制度相关内容立法的缺失

1. 监护主体资格不合理

（1）监护人范围的规定缺乏实践指导性。《民法典》第 33 条将监护人的范围规定为"其近亲属、其他愿意担任监护人的个人或者组织"，将其他愿意担任监护人的个人或组织纳入监护人的范围内，应该是立法的一大创新，突破了亲

属法中血缘的限制，给予当事人更多的自主选择，但存在的问题是"近亲属"的规定是否有实践价值？所谓近亲属，包括配偶、父母、子女、兄弟姐妹、祖父母、外祖父母、孙子女、外孙子女。具体到意定监护的适用中，其适用对象主要是老年人，而老年人的"配偶、父母、兄弟姐妹、祖父母、外祖父母"在老年人真正需要被监护的时候，其身体机能有的也已经退化，甚至主体资格消亡，而真正有意义的近亲属只有"子女、孙子女、外孙子女"，子女对其父母的监护是其法定义务，从这个意义上来讲，此时法定监护与意定监护存在制度上的重叠。此外，"其他愿意担任监护人的个人或者组织"是否意味着只要有"监护意愿"就具有监护资格。意定监护人履行监护职责，涉及老年人的切身权益，因此，对于其行为能力等条件应有强制性的规定。

（2）缺乏对监护人资格的限制。意定监护制度设立的初衷在于尊重当事人的"自主决定权"，原则上，不应当对监护人有限制，但不容忽视的是，在现实生活中，有些人并不适合担任监护人，比如年老体衰者、没有经济来源者等，而我国现有的老年意定监护仅规定了哪些人可以担任监护人，并没有对监护人的资格进行限制，这样，当意定监护开始后，被监护人又处于行为能力欠缺的状态，其权益就很容易受到损害，这与意定监护制度设立的初衷背道而驰。

（3）对被监护人资格的规定有漏洞。按照现行法律的规定，只有在"丧失或者部分丧失民事行为能力时"意定监护才会生效，也就是说，按照我国现有的民事行为能力的评价标准——年龄和精神状态，只有在未来患有精神病或者痴呆症时，意定监护才开始生效。这种"一刀切"式的以行为能力进行划分的制度，使得包括一部分老年人在内的很多成年人，都无法接受意定监护制度的保护。那些既不属于精神病人，也不属于痴呆症患者的人，他们拥有完全的意思能力，或者尚存残留的意思能力，却因各种原因生活难以自理，他们能够确定自己的监护人，却被排除在意定监护之外。况且，关于行为能力与意思能力的关系，各国立法规定并不相同。我国这种将意思能力和行为能力不做任何区分的做法，极大地限制了意定监护适用的范围，实属不妥。

2. 缺乏意定监护合同的内容

意定监护合同应该说是实现意定监护的载体，意定监护制度从成立到终止都依赖于意定监护合同中对相关内容的具体规制。在英美法系国家中，类似于意定监护制度的是其持续性代理权授予制度，该制度要求本人和代理人首先得签订一个书面的持续性代理权授权书，在该授权书中详细规定授权内容，比如合同的成立、生效、终止等内容。大陆法系国家中，日本也有类似的规定。相比之下，我国对意定监护合同的规定欠缺诸如合同成立、生效、终止等内容，导致意定监护制度在具体操作中可能会有漏洞。

（二）意定监护监督机制的缺失

意定监护制度的确立是民法私法自治理念的体现，给予当事人充分的自由协商，是成年监护制度立法的一大进步。但任何的自由意志如果没有适当的限定，很有可能会被滥用。因为意定监护合同与合同法中所规制的合同是有差异的，前者更多体现的是人身关系，而后者则规范的是财产关系，在意定监护合同中要最大限度地尊重当事人的"自主决定权"，原则上要避免国家公权力的过多介入和干涉。但从保护弱者的角度看，如果对意定监护合同不进行必要的监督，则被监护人的利益很有可能被侵害，最终意定监护制度保护弱势群体的功能可能会被削弱。

遗憾的是，在《老年人权益保障法》修正案征求意见稿第 24 条曾经有过关于意定监护监督制度的条文设计，承担监护责任的"监护人不履行监护职责或者侵害老年人权益的，监护监督人有权要求有关部门处理，或者依法向人民法院提起诉讼"，但在最后立法审查中，却将此内容全部删掉，实为可惜。目前关于监护监督制度的规定完全属于空白。立法之所以未采纳，理由之一就是认为《民法典》第 36 条规定的撤销监护人的监护资格，能够达到这样的效果。该条规定的有权申请人民法院撤销监护人的资格的有关个人或者组织中，意定监护监督人能被概括在"其他依法具有监护资格的人"之中。但笔者认为，如果双方当事人在签订意定监护合同的同时，被监护人又与他人签订了意定监护监督合同，通过该合同确定了意定监护监督人的，那么把意定监护监督人概括在"其他依法具有监护资格的人"之中，当然没有问题。但问题是意定监护监督制度是一个单独的制度，在法律没有明确规定的情况下，一般不会被当事人所使用，这就出现了当意定监护合同生效，意定监护人侵害被监护人的合法权益时，由于缺少切实有效的监督措施，而使被监护人的利益受到侵害。所以，意定监护制度与意定监护监督制度是配套的制度，意定监护监督制度能对意定监护合同进行有效的监督。而"其他依法具有监护资格的人"是否就能够包含有监护监督资格的人，抑或说，意定监护监督人也并非其他有监护资格的人。因此，上述解释还是有疑义的。

意定监护合同作为一种附条件的合同，即"在该成年人丧失或者部分丧失民事行为能力时"合同生效，而如果此时的本人已处于无法监督合同实施的状态，则极易导致监护人滥用权利。所以，大陆法系国家的日本等国规定监护监督人选任之时意定监护合同才开始生效，通过延长意定监护合同的生效时间来达到保护被监护人利益的目的。而世界各国关于意定监护监督的立法模式，基本可以分为两种：一种是以英美法系为代表的司法审查制度的私人监督模式，一种以大陆法系国家为代表的公权力辅助实施监督模式。意定监护与法定监护相比，其"私法自治"的理念意味更强，但在保护被监护人利益上，我们需要在"自治"和"他治"之间寻求平衡，必要的时候允许公权的渗透和介入，这样才能更好地实现意定监护制度设立的初衷。

（三）意定监护制度程序性保障的缺失

从目前相关规定来看，我国的意定监护制度规定得还是比较简单，缺乏程序上的保障措施，譬如对意定监护合同的登记、公证，程序性保障在一定程度上也有利于维护交易的安全，而程序的正义最终也是为了实体的正义。

六、《民法典》中意定监护制度的完善

（一）宏观角度——体系安排之完善

在民法典起草过程中，关于意定监护制度的立法模式存在争议，主要有以下两种观点。一是以王利明教授为代表的学者们认为："我国民法典制定中，应当将监护制度置于民法典总则，将亲权制度置于亲属法。"此观点在王利明教授起草的《中华人民共和国民法典——民法总则专家建议稿》第26条有关"成年协议监护"体现得非常明显。另一种观点是以梁慧星教授为代表的学者们认为："现行制度操作性差，且理念陈旧，与我国国情及当今监护立法发展趋势，均有不符……不采民法通则在自然人一章规定监护制度的模式，而将监护制度作为亲属法的内容，规定为亲属编的一章。"该观点也体现在其起草的民法典草案建议稿中。

本书认为，应当借鉴日本及中国台湾地区的相关立法模式来构建我国的意定监护制度。该模式并不是简单地将意定监护制度置于"总则编"或"亲属编"中，而是将与被监护人的行为能力有关联的事项放在总则编，将意定监护的具体内容放在亲属编中进行详细规定。这样做的好处是，将与行为能力制度相关联的条款放在总则，能起到一般条款的统摄作用，而将具体制度内容放在亲属法中也便于和亲属法的其他制度，如亲权、扶养等衔接，从而使整个意定

监护立法不至于显得"头重脚轻"。

（二）微观角度——制度设计之完善

1. 实体上的完善

（1）监护人资格的限制。在意定监护中，监护人承载着当"被监护人丧失或部分丧失行为能力时"的监护责任，如不对其资格进行必要的限制，极有可能因监护人资格的不当而有损被监护人的利益。目前，认定监护人的监护能力，主要是根据监护人的身体健康状况、经济条件，以及与被监护人在生活上的联系状况等因素确定的。这是一种宏观式的列举规定，在具体操作中，标准不易把握。故笔者建议，在成年意定监护中，应以明确、具体的列举方式对监护人资格做出规定。具体如下，自然人存在以下情况，不得担任意定监护的监护人：

①无民事或限制民事行为能力人。这部分群体属于被监护对象，自然不可担当监护人。

②民事死亡人。即已被法院宣告为死亡之人，不得担任监护人。

③正在接受刑法处罚的人。接受刑法处罚意味着已具有较高的社会危害性，况且，其人身自由在一定程度上是受到限制的，已失去履行监护职责的前提条件。此外，如果属于在履行监护职责过程中受到刑事制裁，则被监护人、其近亲属、有关组织、监护监督人等都可以撤销监护人的资格。

④对被监护人提起诉讼之人，以及该人之配偶、直系亲属。因此类人员与被监护人存在法律纠纷，让其担任监护人，必然会直接或间接侵害被监护人的利益。

⑤曾被法院撤销的监护人。曾被撤销监护资格之监护人，说明其行为曾经有损于被监护人的利益，为防止其二次损害，故被排除在监护人范围之外，但《民法典》第38条规定的除外。

（2）对意定监护合同条款的完善。意定监护合同应是意定监护成立的前提和基础，也是意定监护中贯彻"意思自治"的体现，遗憾的是，现行法律中并无有关意定监护合同的相关规定。意定监护合同虽实质就是委托合同，但委托合同作为《民法典》合同编"典型合同"规制的19个有名合同之一，它是属于调整财产关系的合同，而意定监护合同涉及财产和人身两种法律关系。所以，它在内容、效力等方面与一般的委托合同应有不同，具体可以规定如下内容：

①关于合同内容。

第一，明确必备条款。《民法典》第33条规定："……协商确定的监护人在该成年人丧失或者部分丧失民事行为能力时，履行监护职责。"该条规定了监护人监护职责的开始时间，是否也意味着监护合同的生效？法律并没有明确规定。笔者认为，以行为能力的有无作为意定监护开始的标志，本身就是值得商榷的。无意思或限制意思能力下的被监护人的残余意思能力，并没有得到充分的尊重和保护，而此时，被监护人的行为能力已经没有或受限，那么，监护人极有可能侵害被监护人的利益，所以，我们不妨借鉴日本的做法，日本的《任意监护法》中明确规定，意定监护合同始于监护监督人的选任。依照该法规定，如果缺少合同生效时间的特殊规定，任意监护是不能启动的。美国和英国也有类似的规定。所以，从保护被监护人利益角度出发，应明确规定监护合同生效的特别时间，即监督监护人选任之时。

第二，明确限定事项。意定监护合同虽是当事人意思自治的产物，但由于其涉及被监护人的不仅是财产上的权利，还包括人身的权利。所以，从对被监护人保护角度来看，应对合同中涉及人身权益的条款做出必要的限制，以防监护人滥用监护之权。据此，可借鉴英美法系国家的做法。英国的《意思能力法》第 27 至 29 条，就是对有关身份关系事项、精神卫生事项和政治权利事项的限制。美国也在有关人身照管代理权的授予上，明确规定代理人不得为被代理人做出结婚、离婚、选举投票等的意思表示。所以，在《民法典》中，应规定相关限制条款。一是身份事项的限制。意定监护合同中不能规定结婚、离婚、收养、遗嘱等身份关系事项，目的是保护被监护人的意思自治。二是政治权利事项的限制。被监护人的选举权、投票权等政治权利，监护人不得代为行使。

换言之，对监护事项的限定，实质上折射出了监护理念由"全面监护"到"限定监护"的变化。即由对被监护人的全部人身和财产事务的监护，转变为主要对财产事务的监护，在人身事务监护中，尽可能关注被监护人残存的意思能力，最大限度地尊重被监护人的意思自治，从而实现被监护人的尊严和自由。

②关于合同效力。

第一，有关意定监护合同的生效要件的规定值得商榷。按《民法典》第 33 条规定来看，"协商确定的监护人在该成年人丧失或者部分丧失民事行为能力时，履行监护职责"。这样的规定是否意味着监护合同的生效始于被监护人行为能力的丧失或部分丧失？抑或监护合同何时生效？不容忽视的一个问题是，从监护协议的签订到最终的履行，被监护人的行为能力在逐步全部或部分丧失，而此时的监护人还是被监护人在开始选定的真正"意中人"吗？答案是未必。

所以，从保护被监护人利益角度出发，应推迟意定监护合同的生效时间。借鉴《日本任意监护法》第4条第1款的规定："从选任任意监护监督人时起，任意监护合同开始生效。"

第二，关于意定监护合同效力的内容规定需要完善。主要涉及意定监护的监督、对被监护人行为能力的影响等，尤其是意定监护的监督，因为其对于真正实现意定监护的立法初衷具有重要的意义。

（3）意定监护监督机制的完善。关于意定监护监督制度，世界各国都建立了比较完善的体系。如英国设立了公共监护人和保护法院这两个监督体系，日本则成立了家事法庭和意定监护监督人体制。没有监督体系，很可能会出现老年人的正常权益得不到保障。在古老的法制思想年代，一般传统的思想就是国家公权力的行使不应该对私法有过多的干预，当时的理念用一句话来说就是"干涉最小的政府，是最好的政府"；而在现代思想的大浪潮中，这种思想改变得太多了，变成了"服务最多的政府，是最好的政府"。国家的终极目的是实现个人自由，鉴于个人自由里包含了对其他人自由的威胁，因此在保障自由方面，国家干预是不可放弃的，这即是公民社会权①和国家责任之所在。所以，在某种意义上，老年意定监护监督中允许公权力的介入，不仅是对弱势群体保护的需要，同时也是人权保障的需要，更是政府社会责任的体现。

笔者建议，可以借鉴日本的做法，将意定监护监督分为私权监督和公权监督。私权监督即通过当事人的协商来确定监护监督人，公权监督即国家公权力机关介入的监督。

①私权监督。私权监督的典型代表是美国。为维护其监护的私法性，美国采取了赋予利害关系人向法院提请司法审查的私人监督模式，在2006年的《统一代理权法》第116（a）条对此予以具体规定。但这种监督模式主要是对代理人行为的事后审查，属于事后、消极的监督模式。对此，我国未来立法可以明确规定，被监护人可以通过自由意志在意定监护合同中约定一人或数人为监护监督人，但监护人的配偶、直系亲属不可以担任监督人。同时，对监护监督人的资格做出必要的限制，可参照监护人资格的限制加以确定。

②公权监督。公权监督的典型代表是英国、德国、日本、韩国。英国2005年《意思能力法》创设了公设监护办公室与保护法院两个机构，分别监督意定

---

① 社会权，在宪法学上通常指个人要求国家提供直接的、实体性最低限度的积极作为的权利，从而与传统的要求国家的不作为的自由权相区别。

监护人和法定监护人。同时，法院还有权派出"保护法院专员"，针对特定代理人的行为进行监督。并有权派出"保护法院专员"以监督代理人，① 可见，公权监督模式体现了法院的直接、主动，同时，公权监督也是对私权监督的一种保障，虽然尊重人的自我决定权是意定监护的基本理念，但在一定程度上没有国家公权力的介入，私权监督的滞后性和信息不对称性极易导致侵害被监护人利益的情形发生。所以，公权力机关通过间接的方式适当介入监督当中，更有利于监护人履行其职责。

关于意定监护监督的公权机构，目前立法主要有两种模式。一种是行政监督，如公证机关或基层群众组织。基层群众组织主要指被监护人住所地的居（村）民委员会，因其与被监护人距离较近，更加了解被监护人的具体情况，便于在被监护人的权益受到侵害后及时采取行动。另一种是司法监督，如法院。笔者认为，我国的意定监护监督机构宜采"二合一"模式，即公证机关的事前监督和法院的事后监督相统一，但考虑到法院日常工作的繁忙，可以让基层法院或其派出法庭来履行监督职责。监护监督人的职责有：可以随时要求监护人提交事务报告、随时可以调查监护人监护事务的履行情况和被监护人的财产状况、定期向法院提交报告、紧急情况下在监护人权限内亲自做出处分。

2. 程序上的完善

（1）意定监护合同的公证和登记。意定监护合同必须是当事人真实意思的表示，而公证人的参与，可以确保当事人的意思表示真实有效，并起到担保的作用。经过公证后，再由公证人委任登记机关对合同进行登记。如《日本任意监护法》第 3 条规定："任意监护合同必须以法务省令确定的公证证书形式订立。"英国《持续性代理授予法》第 6 条第 5 款规定："该代理必须具备书面所定方式，且须在保护法院内登记为条件。"笔者认为，由于我国目前没有专门的家事法院，采取公证机关的登记模式，可以有效节省司法资源，并且，可以充分利用当今发达的网络技术，将所有的信息输入网络平台，实现联网查询。所以，宜将公证机关设为登记机关。通过登记，能够达到公示合同，并起到保护交易安全的作用。

---

① 该法规定，当本人欠缺或丧失行为能力时，以下人员可以提请法院就代理人的行为进行司法审查：本人的监护人或其他代理人；本人的人身照管人；本人的配偶、父母或后代；本人的可能继承人；本人财产或信托的受益人；对本人负有保护义务的政府机构；本人的护理人或其他关系本人福利的人；其他与此持续性代理权有关的人。

（2）意定监护监督人的选任。此处的意定监护监督人，指的是法院选任的监督人。在程序启动上，首先要由申请人向法院申请，法院在确定意定监护合同经过公证和登记且不存在选任监督人的阻却事由时，法院来选任监护监督人。当然，启动意定监护监督人选任程序的不限于本人，可以借鉴日本的立法，还可以由本人的配偶、近亲属、意定监护人来提出。

成年意定监护制度在"尊重自我决定权"和"维持生活正常化"理念的指导下，给予当事人充分的意思自治。然而该制度在保障私权的同时，应允许公权力的介入和干预，在完善实体相关规定的同时，也应完善程序保障内容。所以，成年意定监护制度的完善是一项长期的工程，时代的变迁、经济的发展、理念的创新、社会问题的显现、医疗卫生的进步等都将成为成年意定监护制度改革的动因，应结合我国的具体国情，发挥基层组织在成年意定监护中的作用，同时借鉴域外相关立法，真正让意定监护实现保护残障者权益的立法初衷。

第三章

物权法律制度研究

本章以我国新颁布的《民法典》为依据，密切结合我国有关物权的理论与司法实践，针对《民法典》起草过程及颁行之后提出的各种理论和实务问题，并借鉴国外物权立法的先进经验及最新学术研究成果，对我国用益物权、担保物权等法律实务中的相关问题进行了研究和梳理。

第一节　预告登记制度的评析

一、关于预告登记的适用范围

何种请求权可进行不动产预告登记应是创设不动产预告登记制度关注的重点。依《德国民法典》第 883 条第 1 款的规定："为保全目的在于转让或废止一项土地上的物权的请求权，或土地上负担的物权请求权，或者变更这些物权的内容或其顺位的请求权，得在土地登记簿中为预告登记。被保全的请求权附条件或者附期限时，也准许为预告登记。"可以看出，在德国民法上得依预告登记保全的请求权包括：以不动产物权的得丧、变更、消灭为目的的请求权以及附条件或者附期限的请求权。日本《不动产登记法》第 2 条规定了假登记的适用范围：物权变动业已发生，但登记申请所必需的手续上的条件尚未具备；为保全物权的设定、移转、变更或消灭的请求权；为保全附有始期、停止条件或其他可于将来确定的物权变动的请求权。我国台湾地区预告登记的适用范围一般归纳为五条，即为保全土地权利移转之请求权、为保全土地权利使其消灭之请求权、为保全土地权利内容之变更之请求权、为保全土地权利次序之变更之请求权、为保全附条件或期限之请求权。从国外和我国台湾地区的立法比较中可以看出，预告登记的适用范围一般包括两大类。其一，移转或消灭不动产物权的请求权。移转不动产物权既包括不动产所有权的移转，也包括他物权的移转。前者如因买卖合同产生的请求权；后者如因抵押合同产生的抵押权设定请求权等。其二，不动产物权内容变更或顺位变更的请求权。不动产权利内容的变更，如土地使用权存续期间对其用途进行变更，又如抵押权存续期间对其担保的债权的范围进行变更，若变更条件尚未成就可以先进行预告登记。物权顺位的变更，如在同一不动产上已经设立若干个不同顺位的抵押权，前顺位的抵押权人同意将其优先受偿权让于后顺位的抵押权人，而在进行正式变更的条件成就前也可申请预告登记。《民法典》将预告登记的适用范围仅限于移转物权的请求权，对其他物权变动的请求权未做规定，这样规定的范围显然受限。根据我国的现实情况，预告登记的适用范围应包括以下几方面。

一是尚未完成的不动产物权的预告登记。主要包括以下几种情况。

（1）商品房预购及将预购商品房转让的预告登记。商品房预购是指商品房预售方在取得预售许可证具备预售条件时，将尚未完工的商品房售予购房人。此种交易已为我国《城市房地产管理法》等法律法规所认可。预购商品房的转让是指商品房预购人将其已购买但尚未竣工受领的房屋再行转让给第三人的行为。该行为虽在《城市房地产管理法》中没有明确规定，但在最高人民法院的《关于审理房地产管理法施行前房地产开发经营案件若干问题的解答》（第27条）中已经得到认可。由于商品房预购时和预购商品房转让时该房屋尚未完工，不可能在合同订立后马上进行现房交付和办理过户登记手续，因此买受人可以通过预告登记以阻止一房多卖。

（2）以预购商品房或在建工程设定抵押时的预告登记。一般的抵押以抵押物的现实存在为前提，但是基于融资的需要，以尚未竣工的预购商品房或在建工程进行抵押在实践中已相当普遍，《城市房地产抵押管理办法》也对这两种抵押形式予以承认。但由于进行抵押登记时，抵押标的物尚未现实存在，或抵押人还未获得抵押物的所有权，因而此时进行的登记也应是一种预告登记。

（3）房屋联建中的预告登记。房地产开发过程中联建情况也相当普遍，通常由联建一方提供土地使用权，另一方提供资金，双方约定房屋建成后的分配比例。而建设活动通常又仅以一方当事人的名义进行，在此情况下，未参与建设活动的当事人所主张的房屋分配权仅是一种基于联建协议形成的债权，如果实际建设方自行将未参与建设方应分配的房屋处分给第三人，势必影响未参与建设方当事人的合法利益。可见，未参与建设方将自己应分配的房屋进行预告登记将是一项重要的权利保障措施。

二是附条件或附期限不动产物权的预告登记。例如，甲将房屋出租给乙居住，约定乙的租赁期届满时，甲将房屋出卖给乙，此时虽然房屋已经现实存在，但乙要获得房屋所有权进行过户登记尚需等到该租赁期结束，为了防止租期结束后甲又改变决定将房屋转让给第三人，乙可以就将来的房屋所有权移转请求权为预告登记。但并非所有的附有条件或附有期限的请求权均可预告登记，只有为预告登记所保全的请求权，即移转、变更或消灭不动产物权的请求权附条件或附期限时，才可进行预告登记。

三是特殊不动产物权的预告登记，如建筑工程承包人的优先受偿权、优先购买权等。因为我国实行的是社会主义公有制，土地属国家所有或集体所有，不能买卖。尽管土地所有权不能交易，但土地使用权却存在交易。因此，在请求权的范围的规定上，特别是在立法中，有必要将土地使用权的交易列入被保全的对象，对国有土地使用权与农村土地承包经营权的设定、移转、变更或消灭，也应规定可以适用预告登记。

四是特殊动产物权的预告登记。一些与不动产物权一样也以登记为公示方法的特殊动产物权的请求权，如飞机、船舶、汽车等，这类财产请求权与不动产物权的请求权同样具有法律应该优先保护的性质，法律也应通过预告登记制度赋予这些请求权具备物权的效力。

二、关于预告登记的法律效力

预告登记制度的核心问题，在于其效力。由于预告登记的权利是一项物权化的债权，因而它应具有类似物权的排他效力。从各国法律的规定来看，这种排他效力主要包括权利保全、顺位保全和破产保护效力，它们分别体现了预告登记的担保作用、顺位作用和完善作用。

（一）权利保全效力

所谓权利保全效力即保全请求权肯定发生所指定的效果的效力。具体来说，就是排斥后来的其他物权变动的效力。《德国民法典》第883条第2款规定："在预告登记之后对相关土地及权利的处分，如对请求权的实现造成妨碍或者损害者，则属无效。此规定适用于以强制执行、扣押人情形下的处分或者破产管

71

理人的处分。"我国台湾地区所谓"土地法"第79条之一第2款规定："前项预告登记未涂销前，登记名义人就其土地所为之处分，对于所登记的请求权有妨碍者无效。"日本法也有类似规定，"既如此，纵有假登记，作为登记义务人的本登记名义人并不失去处分不动产的权利"。"经由假登记的顺位保全后，与假登记保全的顺位相抵触的本登记，在抵触的范围内即成为无效。"可以说，在预告登记后，本登记前，预告登记的义务人并不因为预告登记的存在而妨害其他权利的处分，只是中间处分行为在权利人具备本登记原因而请求本登记时，在侵害权利的范围内该处分行为无效。

（二）顺位保全效力

所谓顺位保全效力即当预告登记推进到本登记时，不动产权利的顺位不是依本登记的日期确定，而是以预告登记的日期为准加以确定。《德国民法典》第883条第3款规定："以转让某项权利为请求权的标的时，该项权利的顺位按预告登记的日期加以确定。"日本《不动产登记法》第7条第2项规定："已进行假登记时，本登记的顺位依假登记的顺位。"预告登记具有保全本登记顺位的效力，因此预告登记在本登记前对于第三人有预告的意义，第三人不得无视预告登记的存在，不得以善意为由进行抗辩。故日本学者将此效力又称为"警告的效力"。可以看出，预告登记本身并无独立的效力，只是在本登记时，才具有意义。因此，预告登记的命运与效力完全依赖于日后本登记是否可以做成。本登记的效力溯及于预告登记做成之时，这样预告登记便防止了第三人的介入，保全了本登记的顺位，使所有权移转请求权得以顺利实现。

（三）破产保护效力

所谓破产保护效力即在相对人破产，但请求权的履行期限尚未届至或者履行条件并未成就时，权利人可以将作为请求权标的的不动产不列入破产财产，使请求权发生指定的效果。依《德国破产法》第24条的规定："为保全破产人的土地权利，或破产人所为登记的权利让与、消灭，或权利内容、顺位变更请求权，在登记簿内记入预告登记时，债权人对破产管理人得请求履行。"这一效力，同样适用于相对人死亡其财产纳入继承程序的情形，即继承人不得以继承为由要求涤除预告登记。日本也规定，所有权移转的假登记与本登记之间，作为标的的不动产被编入破产财团时，仍无碍于办理本登记。如办理了本登记，得以其所有权的取得对抗破产债权人。

从比较中可以看出，现行立法只规定了权利保全效力，对顺位保全和破产保护效力均未涉及，这一点有待完善。关于权利保全效力，须说明的有两点。一是在预告登记后，义务人可否为处分，所为处分在多大范围内有效或无效。关于这一点，立法例上有多种选择，如禁止其后的登记、禁止登记名义人再为处分或采相对无效主义。本书认为，为兼顾各方当事人利益，保持手段与目的的平衡，我国也应采处分相对无效原则，即在预告登记后，登记义务人仍得就不动产权利为处分，只要其处分不妨害已登记的请求权即为有效，而不必征得权利人的同意，这样有利于加速经济运转，提高交易效率。《民法典》的"预告登记后，未经预告登记的权利人同意，处分该不动产的，不发生物权效力"的规定，似有手段与目的不平衡之嫌，似应做这样规定："预告登记后，登记义务人并不失去处分不动产的权利，但与预告登记保全的权利相抵触的，在抵触范围内无效。"二是预告登记对因公权力的行使而产生的不动产物权变动是否具有排他力的问题。依德国的规定，强制执行或假扣押的方式或有破产管理人所进行的处分如可能损害或妨害请求权时为无效；日本在司法实务上有相关的判例，在所有权移转的预告登记和本登记之间，为强制执行的行为，妨碍预告登记请求权的，亦为无效。判例还确认了假登记具有排除假扣押、假处分等中间处分的效力，但假登记并无排除国家征收的效力；而我国台湾地区所谓"土地法"第79条之一第3款的规定恰好相反，预告登记因征收、法院判决或强制执行而为新登记，无排除的效力。对此，有学者认为这减损了整个预告登记制度的功能，立法政策上是否妥当，容有研究余地。依民法私权神圣和个人本位的精神，德、日的规定更为可取。王泽鉴先生也认为，在不动产双重买卖行为中，后买受人就其移转请求权，取得法院确定的判决或其他执行名义，而对不动产为强制执行时，根据上述规定的文义理解，前买受人即使已经为预告登记似亦无排除之效力，显然，这有违预告登记之目的，故应对该条做目的性限缩，认为后买受人请求移转买卖标的物所有权而为强制执行者，不在该条第3项限制之内。《民法典》对此应加以明确规定。

三、关于预告登记义务人的抗辩权

作为预告登记制度内容之一的义务人的抗辩权，《民法典》却只字未提，任何一种法律制度都是权利与义务的统一，没有无权利的义务。在课以登记义务人义务的同时，有必要明确其应享有的权利。建立预告登记制度的目的，只是对被登记的请求权提供物权层面上的更有力的保障，但并不改变请求权本来的法律关系，义务人享有的针对请求权人的抗辩权，是根据请求权本来的法律关系所产生的权利。抗辩权的行使可以维护义务人根据原来的法律关系享有的权利和利益。至于行使抗辩权能否最终形成消除预告登记的结果，还应当根据请求权进一步的意思而定。《德国民法典》第886条规定，对预告登记所保全的请求权涉及的土地或者物权的享有人，对此项请求权有持续的排除性抗辩权时，可以请求解除保全请求权人权利的预告登记。可见，该法典不仅规定了登记义务人享有抗辩权，同时还规定了当这种抗辩权是持续的排除性抗辩权时，可以请求解除预告登记。不过，德国法的规定并未否认物权变动的区分原则，也没有行使抗辩权可直接达到消除预告登记的效力的意思，而只是表明，登记义务人在具备法定条件时，有权请求登记机关解除预告登记，这样的规定是正确的，《民法典》应该借鉴。

我国以往的民事立法，对于登记制度并未给予足够的重视，这一点在预告登记制度上表现得尤为明显，作为物权法律中一种重要而特殊类型的登记制度，预告登记在保障当事人权利、保护交易安全、维护市场信用等方面具有重要的意义，该制度的入法值得肯定。

第二节　不动产租赁权的登记

一、现行法上不动产租赁权的对抗效力及其公示必要性

学术界以为，并不是所有建立在不动产之上的权利均可纳入登记的范畴。经过登记公示就具有权利推定效力，因此，只有那些具有对抗效力的不动产权利才具有登记能力。凡未被法律承认的物权、债权性权利与债权性约定、个人情况、绝对的处分限制（即对任何人都有效力的绝对性限制）、公法性法律关系与负担等都不具有登记能力。由此，界定不动产租赁权是不是具有对抗效力就显得尤为重要。关于不动产租赁权的性质，学界一直存在着较大争议，如出现了物权说、物权化说、基于债权的有权占有说等，均在一定程度上说明和证成了租赁权的效力基础。无论采取哪种学说，均承认租赁权的对抗效力。本书搁置租赁权性质的争议；仅从现行法上租赁权对抗效力出发，展开其公示必要性

的分析，并进而论证其登记能力。

《民法典》第 725 条规定："租赁物在承租人按照租赁合同占有期限内发生所有权变动的，不影响租赁合同的效力。"通说认为，本条确立了"买卖不破租赁"的规则，租赁物所有权的变动不得对抗承租人的租赁权，或赋予了租赁权以对抗效力，在租赁关系存续期间，承租人对取得租赁物所有权或其他物权的人，可以主张其租赁权，对租赁物继续占有、使用和收益。《最高人民法院关于人民法院民事执行中拍卖、变卖财产的规定》第 31 条第 2 款的"拍卖财产上原有的租赁权及其他用益物权，不因拍卖而消灭……"将这一原则贯彻到执行程序之中。《民法典》第 405 条规定"抵押权设立前，抵押财产已经出租并转移占有的，原租赁关系不受该抵押权的影响"，将租赁权的对抗效力扩大至其后设定的抵押权。但赋予基于租赁合同所产生的债权以对抗效力，是"公权力对人民自治的一种干预"。

权利对于第三人之对抗效力与权利之公示作用应相伴而生，乃法律之基本原则。赋予租赁权以对抗效力会使租赁物的受让人和抵押权人存在潜在的风险，其他国家及地区"多同时搭配一定租赁权公示性之措施"，要求租赁权经公示后，承租人才受到优先保护，以限制租赁权对抗效力的绝对扩张。准此，通过公示外观让第三人知悉，可以使第三人能够预为准备规划，采取必要的措施趋利避害，从而决定自己为某种行为或不为某种行为，最终不致遭受无法预测之损害，保护交易的安全，真正补足了租赁权的对抗效力。否则，第三人无从得知租赁物上是否存在着租赁权利，只能通过自行调查的方式来控制交易风险，或干脆拒绝交易。这将大大地提高交易费用，不利于融通市场交易。我国现行法律对租赁权缺乏公示要求，被执行不动产上的租赁权易于成立且在外观上难辨真伪，致使众多债务人利用法律的漏洞签订虚假租赁合同，已然成为一种典型的规避执行行为。

二、不动产租赁权公示方法的选择

公示方法的选择应减少交易成本，减少交易阻力，同时又要避免交易当事人花费过多的时间搜集资讯，要能提高交易效率和安全。在比较法上，交付（占有）、登记以及具有公示作用的公证均有相应先例。德国和我国台湾地区将交付作为不动产租赁权的公示方式，即出租人交付不动产后，承租人始可享有对抗效力。我国台湾地区更进一步要求出租人交付租赁物后，承租人实际上占有该租赁物。我国大陆也有学者主张，租赁权的对抗效力以"出租人已经将租赁物交付给承租人且承租人必须持续占有租赁物"为条件。目前实务中处理此类问题时，应采目的性限缩的解释方法，排除租赁物未交付及承租人未占有租赁物的情形。审判实践中也有个案明确采用了以占有作为不动产租赁权的公示方法，并以承租人未占有租赁房屋为由，拒绝了其"不破租赁"的诉讼请求。但占有作为不动产权利的公示方法存在明显缺陷，在交易日益频繁的现代社会，登记早已取代占有而成为不动产权利的公示方法，仅仅占有不动产本身已经无法对外公示不动产权利，况且占有本身还需利害关系人去调查，在一定程度上影响到交易的效率。

　　在公证制度比较发达的国家或地区，有的还采取公证作为不动产租赁权的公示方法，如法国和我国台湾地区。法国是成文法国家中公证制度最为完善的国家，其将公证作为租赁权的对抗要件，乃传统使然。在我国台湾地区，其所谓"公证法"第89条允许法律上的利害关系人只要提交了相应的证明即可申请查询，使得台湾地区的公证制度具备了公开查询的特点。基于此，公证制度这一并非传统公示手段的制度却具有了民法上公示手段的功能。但在我国大陆，公证制度并不普及，《公证法》仍以保密为基本原则，并无查询的规定。此际，强制性地要求有关当事人将租赁合同提交公证才赋予对抗效力，与租赁权的公示法理不合。

　　瑞士、奥地利、韩国和加拿大魁北克省等以登记作为不动产租赁权的对抗要件，通过查询登记簿，第三人可以知晓不动产之上是否存在租赁权。租赁权登记与否与租赁权本身的成立与生效无关，只与租赁权能否产生对抗效力有关。在魁北克，租赁权在性质上亦属债权，但仍需登记公示才能对抗第三人。这种避开租赁权性质的争议，只是基于租赁权的对抗效力所产生的公示需求而规定租赁权的登记能力的做法，颇值得借鉴。在我国，也并不是只有不动产物权才具有登记能力。《民法典》所规定的预告登记制度，实际上就是为了保全一项请求权而为的不动产登记，其实质上也是债权登记；《民用航空法》所规定的融资租赁和其他租赁中的民用航空器占有权的登记，在性质上即属承租人基于租赁合同所生的租赁权的登记；《船舶登记条例》和《渔业船舶登记办法》规定的光船租赁登记，实际上也是基于光船租赁合同所生的租赁权的登记。值得注意的是，日本就不动产租赁权原本也采取登记对抗主义，但因登记需出租人协力为之，承租人自身无法单独申请登记，由此出现承租人因无从登记而遭受恶意出租人借虚假买卖击破租赁关系的情形。日本民法上的不动产租赁登记对抗已被特别法和司法判例改变，租赁的不动产经交付后，即取得对抗第三人的效力，而无须登记。此种情形在采取双方申请登记主义的我国也可能出现，但规定单方申请的例外情形即可解决这一问题。

在我国实定法上，关于土地租赁权的登记能力，《土地登记规则》（1989年11月8日颁布，1995年12月28日修正）曾经明确规定"承租权"可以作为土地他项权利之一种予以登记（第2条第2款）。《土地登记办法》没有赋予"承租权"以登记能力，主要理由在于"土地承租权是一种债权，而不是物权。这种权利应通过出租合同去调整规范，不需要进行物权意义上的登记"。关于房屋租赁权的登记能力，《城市房地产管理办法》原第53条（现第54条）规定了房屋租赁登记备案制度，但登记备案并不是房屋租赁合同成立的要件，而是一种管理手段，以规范房屋租赁市场秩序，完备房屋租赁税收监管体制，加强流动人口管理，实现社会治安的稳定。这一理解已为最高人民法院相关司法解释所肯定。应值得注意的是，上海市将登记备案作为房屋租赁合同对抗第三人的要件，《上海市房地产登记条例》和《上海市房屋租赁条例》均规定，房屋租赁合同未经登记备案的，不得对抗第三人。《上海市高级人民法院关于处理房屋租赁登记纠纷若干法律适用问题的解答（三）》（沪高法民一〔2005〕16号）第30条规定："未经登记的租赁合同，当房屋所有权发生变化时，承租人不能以'买卖不破租赁'为由向新的所有人主张继续履行合同，但如果可以证明买受人明知的除外。"天津、重庆、山西大同、西藏拉萨、江西南昌和吉安等地也都有类似规定。

不动产租赁公示制度与租赁权的对抗效力实乃一体两面的关系。在政策考量之下，赋予租赁权对抗效力的目的，在于使承租人拥有一定地位，得以应对权利冲突，但赋予此种对抗效力，又须有最适宜于实践需求的权利表征，第三人可及时、准确地获悉权利负担情况，以有效预防潜在的交易风险。在日益频繁的交易背景下，登记就成了最佳选择。在电子化的登记系统中，登记申请与查询至为便捷，当事人一方即可办理，统一登记制之下的交易成本尚在可控之列。故《民法典》完全可以规定不动产租赁权的登记能力。至于由此而引发的短期租赁是否应予登记的问题，完全可以交由当事人参酌具体情况自由处理，这也是登记对抗主义的本意。

第三节　物权法定原则下的地役权制度之发展

一、《民法典》中的用益物权制度①

2020 年 5 月 28 日，第十三届全国人民代表大会第三次会议通过的《民法典》是一部立足于中国转型经济的法律。中国的政治、经济中有许多概念、制度在世界上都是独创的，如集体经济、土地承包经营权、宅基地使用权、房产七十年使用权制度等。它们不仅是中国的创造，更体现了中国的特色。该法典在第二编"物权"中第三分编，对用益物权制度做了较为详尽的规定，有许多值得肯定之处，但同时其中也不可避免地存在一些需改进和完善之处。

（一）《民法典》中用益物权制度值得肯定之处

《民法典》中有关用益物权制度的内容在"物权编"第三分编第十至十五章中有所体现，涉及了用益物权的"一般规定"和几种用益物权形式。可以看出，《民法典》对用益物权制度的规定体现了一个"精简"的原则，"在反复征求意见之后，基本上采取了比较保守，比较稳定的立法"，其值得肯定之处有以下几点。

1. 用益物权的概念有所突破，这是对传统用益物权理论的重新认识。传统用益物权制度将权利的客体局限于不动产，认为"用益物权是不动产物权，用益物权的标的物只限于不动产"，但不容否认的是，随着社会经济的日益发展，他物权人利用所有人之物的范围已不仅仅再局限于不动产，而有向动产扩大之趋势。对不动产之使用、收益可谓之用益物权，那么，对动产之使用、收益为何不可呢？从用益物权的角度来看，二者应具同等地位，应给予同等保护。所以，《民法典》在第 323 条就明确规定："用益物权人对他人所有的不动产或者动产，依法享有占有、使用和收益的权利。"这样的规定有利于现实生活中充分保障用益物权人的合法权利，不至于将动产用益物权人的合法权利排除在法律保护之外。

---

① 刘慧兰. 对《物权法》中用益物权制度的评析［J］. 山西高等学校社会科学学报，2009，21（9）：77 - 79. 本书在撰写之际，正值《民法典》的颁布，文中观点已做调整。

2. 首次将海域使用权纳入用益物权的保护范围之内，这是我国物权制度立法方面的重大制度创新。《民法典》第329条对此做了明确规定，依法取得的海域使用权受法律保护。作为规制一国基本财产的物权法律制度在规定海域属于国有的同时，进一步规定了海域使用权，实则为立法的一大进步。海域作为一种重要的不动产，对其进行规定是非常必要的，这体现了海域使用权已由单纯的公法管理上升到了一种私法权利。近现代以来，人们大大丰富了对海洋的利用方式，除捕捞海洋生物以外，还包括养殖、开采石油及建设观光休闲设施等。而且，由于科技的发展，人们已经能够将海洋的一部分与其他部分加以区分，并使排他性支配成为可能。有了必要性与可能性，海域使用权便应运而生了。

3. 探矿权等准物权正式纳入了用益物权体系，这是对这些权利性质的进一步明确。一直以来，探矿权、采矿权、取水权等权利的规定各自独立，互不融合甚至互相抵触，加之法学界对该权利的性质也一直存在争论，造成对该物权迟迟没有可以统一使用的规则。有学者就认为，它属于特别法上的用益物权，应由特别法予以规定。人大王利明教授曾根据《民法通则》的规定，明确将自然资源使用权纳入用益物权，但后来又认为自然资源使用权是一种概括了各种财产权利的集合性权利，主张对其加以分类，有的归入用益物权的范畴，有的由特别法调整。虽然早在2000年人大的物权法草案中曾将准物权单独作为一章进行规定，但后来的几个草案都将其删掉了。不过此次《民法典》对该类权利性质的争论终于有了一个较为圆满的答案，即同样在第329条明确规定了探矿权等准物权的性质是用益物权，应将其纳入用益物权体系。

从《民法典》"物权编"中"一般规定"的这些变化，我们可以得出如下结论：民法是商品经济的基本法，商品经济的每一次发展都会在民法中留下不可磨灭的印迹。现代商品经济对传统民法物权体系的巨大影响是必须正视的。传统民法物权体系是缜密、完善的，然而却不是墨守成规、故步自封的。从以上这些值得肯定之处我们可以看出，用益物权制度也从封闭逐渐走向了开放。因为在社会发展的进程中，必然会出现与传统民法对用益物权进行定位时所不同的经济、文化、科学背景，我们就应当顺应时代的潮流，确立与时代精神一致的新型用益物权体系，海域使用权、特许物权的出现便印证了这一点。

此外，《民法典》将用益物权的客体从不动产扩大至动产，其实就是对物权法定原则的一个挑战。以往民法学界对于物权体系立法构建问题的探讨基本上都是在物权法定原则的框架内进行的，因为有效的物权仅限于法律明确规定的那些类型，所以在立法时就必须反复地探讨哪些现实存在的或将来可能出现的物权应该被纳入民法中的物权体系。这实际上体现了立法者的"傲慢与偏见"。立法者只把几种在他们所处的那个时代比较常见的而且他们认为值得保护的物权类型纳入物权法，把其他物权一律排除在外，而且还自以为这种做法是有效率的。这种"傲慢与偏见"剥夺了财产所有权人创设新型物权的自由，使得私法自治在物权法领域受到很大的限制，导致物权法走向僵化、保守。不过，这种僵化、保守在《民法典》中得到了一定的突破，该法典虽没有明确动产用益物权的具体类型，但明确了动产可以成为该权利的客体，这就可以为实践中出现的大量使用、收益动产的情形找到法律依据，而不必再局限于"物权法定"。

4. 从制度内容设计上来看，《民法典》对各个具体的用益物权形态的内涵、设立、变更、转让、消灭等都做了较为详细的规定，而这些也正是各项用益物权形态的核心内容，值得肯定之处在于以下几点。

第一，土地承包经营权和宅基地使用权的规定体现了对农民权益的保护。土地承包经营权和宅基地使用权是广大农民的安身立命之本。《民法典》第330～343条，第362～365条对此的详细规定，给广大农民提供了坚实的法律保障，这也是落实保护农民利益，关注"三农"问题的法律对策，非常值得肯定。

第二，在土地承包经营权的抵押和宅基地使用权的转让问题上采取了原则性与灵活性相结合的原则。在土地承包经营权的抵押和宅基地使用权的转让问题上，为了最大限度地保护农民的利益，法律原则上是禁止其抵押、转让的。但任何事物又都不是绝对的，《民法典》第334条规定"土地承包经营权人依照法律规定，有权将土地承包经营权互换、转让。未经依法批准，不得将承包地用于非农建设"，第339条规定"土地承包经营权人可以自主决定依法采取出租、入股或者其他方式向他人流转土地经营权"。在宅基地的流转方面，将"禁止城镇居民在农村购置宅基地"改为"宅基地使用权的取得、行使和转让，适用土地管理的法律和国家有关规定"（第363条）。可以说，《民法典》体现了最大限度的包容性，一方面它以法律的形式公开允许土地承包经营权和宅基地使用权转让，但另一方面在如何转让上则适用农村土地承包法或土地管理法等法律和国家有关规定，这样的规定保持了很好的原则性和灵活度，也为今后修改有关法律或者调整有关政策留有了余地，这样的弹性规定是值得肯定的。

第三，首次对空间权做出规定，具有重要的理论意义和现实意义。《民法典》第345条规定："建设用地使用权可以在土地的地表、地上或者地下分别设立。"可见，《民法典》承认了空间可以作为独立的权利客体，这是其重大突破。空间不是有形物，它难以被实际控制或占有，但它仍然可以作为物权的客体而存在，这是因为它是客观存在的资源，可以为人类所支配和控制，并能够满足人类的需要。近代以来，经济与科技的飞速发展，使得地上地下空间的利用成为可能，从而使空间开始权利化。而且由于空间有了脱离于地表的可支配性与经济价值，空间利益逐步物权化。再加之在现代社会，由于土地资源相对不足，城市人口稠密，生产和生活空间都极其短缺，因而对空间的利用也越来越重要。

第四，关于住宅建设用地使用权满七十年后自动续期的问题，一方面给老百姓吃了一颗"定心丸"。在《民法典》的制定过程中，这个问题一直备受社会的高度关注。住房制度改革以来，城镇居民或者参与单位房改低价购房，或者购买安居工程低价房产、或者购买商品房。无论是以什么方式购买自己的房产，都是一笔集中、大额的支出，都要面临七十年续期的问题。所以，《民法典》第359条就明确规定："住宅建设用地使用权期限届满的，自动续期。续期费用的缴纳或者减免，依照法律、行政法规的规定办理。"这一规定否定了"申请续期"的提案，做出了"自动续期"的规定，解决了人们对住宅建设用地使用权期间届满后能否继续使用住宅用地的问题，对于稳定物权关系具有积极作用。但也有人强调，所谓"自动续期"延续的只是建筑物使用权的权限，并不是土地所有权，因此，业主要好好保护物业，该交的物业费要积极交，好好养护自己的房子，七十年以后只要建筑物还健康，那么建筑物还是你的。但不管怎样，这样的规定多少给人些欣慰，是值得肯定的。因为法律的作用在于对现实生活发生影响。对于未来的生活，法律会去规定吗，如果是未来几年，如三年、五年之内会出现的问题，法律也许还有必要对之进行规定。但对于过于遥远的问题，一般来说法律是无法进行预料的，即使规定了也没多大意义。例如本条的规定，七十年期满后的中国又会是什么样的呢，这个谁也无法预料，况且现代社会一个普通的建筑物能有那么长的寿命吗，这个也不得而知。所以说，某些问题尽管在立法中作为一种要求提了出来，但它未必就完全具有合理性。

（二）《民法典》中用益物权制度需予以完善之处

1. 承包经营权的期限应统一规定。《民法典》第332条规定："耕地的承包期为三十年。草地的承包期为三十年至五十年。林地的承包期为三十年至七十年。本条所要规定的是"承包经营权的期限"，而不是"承包期"，两者是完全不同的概念：前者是"用益物权"的存在期限；后者是"合同"的有效期限。

《民法典》称之为"承包期"是欠妥的。本条的问题不仅在于误用"承包期"概念,还在于针对土地的不同用途规定不同的期限,使农用土地法律关系和法律秩序复杂化。

原则上,承包经营权人可以自主地选择将土地用于耕地、养殖、畜牧抑或栽种林木,并且还可以根据自然条件和市场条件的变化适当做出改变,例如将耕地改为林地,耕地改为草地,草地改为林地等。但是,本条却要依据所种植的草或树的种类从而决定不同的承包经营权期限,这样的规定显然是不合理的。同是土地承包经营权人,其权利期限却有如此大的不同,这是否符合平等、公平的原则呢?种什么草,栽什么树,属于农民的生产经营自主权,法律为何要予以干涉呢?这种用不同的承包经营权期限去损害农民积极性的立法,又会产生怎样的社会效果?出于农用土地法律秩序统一的要求,出于维护农民生产经营自主权和农村经济稳定发展的要求,承包经营权的期限应当统一,以保障农业经济的长期稳定发展。

2. 关于住宅建设用地使用权七十年后自动续期的规定,虽然满足了老百姓对财产满足感的需求,但对于续期是否缴纳相关费用的问题,比如说续期的费用如何缴纳,缴纳多少等问题则未在法典中加以明确规定,这有待于将来的立法中加以论证和解决,并制定具体的法律法规来予以规范。

3. 用"不动产役权"代替"地役权",能更好地诠释地役权的内涵。要想理解好这一问题,就必须理解好空间权与建设用地使用权的关系。关于两者的关系,在学理上历来存在着"一体说"和"分离说"两种观点。"一体说"认为,空间权和建设用地使用权是一体的、不可分离的。所谓空间权实际上就是空间地上权或建设用地使用权的组成部分。根据这种观点,建设用地使用权不仅仅是地表的权利,它还包含对地上地下空间利用的权利。所以,建设用地使用权可以分层使用。对空间的利用,属于建设用地使用权的组成部分。换言之,空间权和建设用地使用权之间其实并不存在本质的差异。王泽鉴也认为:"无论是普通地上权或区分地上权,均以'土地'为客体,以土地的'上下'为其范围,仅有量的差异,并无质的不同。故区分地上权并非系物权的新种类,除有特殊规定外,应适用关于地上权的规定。"①"分离说"则认为,空间权和建设用地使用权是可以分离的。也就是说,尽管空间权和

---

① 王泽鉴. 民法物权 2:用益物权占有 [M]. 北京:中国政法大学出版社,2001:58.

建设用地使用权之间具有密切的联系，但两者是不同的用益物权类型，在物权法上应当分别规定。"分离说"的核心实际上就是要承认空间权是一种独立的用益物权，应予以单独规定。

上述两种观点均有一定道理，但《民法典》从我国的立法和实际出发，尤其是考虑到我国长期以来实践中的做法是将空间权包含在建设用地使用权之中，没有承认独立的空间权，采纳的是"一体说"。可见，《民法典》承认可以对建设用地使用权进行分层，将土地区分为地表、地上、地下，并在此基础上允许权利人可以分别设定不同的建设用地使用权。《民法典》的规定试图通过对建设用地使用权的分层来解决空间权问题，其特点在于以下方面。首先，它实际上承认了空间的存在价值和经济意义。其次，基于对空间的重要性的认识，有必要将建设用地使用权进行分层。实际上就是将空间权的概念包含在建设用地使用权的概念之中。将空间权包含在建设用地使用权中，其实也大大方便了有关机关对地上地下空间的管理。因为空间权一旦独立出来成为独立的物权，就需要单独公示，就管理机关而言，它要针对多个不同的主体进行管理。毫无疑问，这就会产生更多的管理成本。如果将空间权包含在建设用地使用权之中，显然管理起来更加方便。最后，该规定以建设用地使用权取代空间权，没有承认独立的空间权。因为空间权大多是基于建设用地使用权和土地所有权的分离而产生的，所以在建设用地使用权中包含空间权，且通过对土地进行分层，可以解决大多数情形下的空间利用问题。这种模式实际上是希望在不改变建设用地使用权的一般规则和现行登记制度的前提下，使得空间权也能够作为一项权利而存在。

传统民法上通常只存在"空间地上权"和"空间役权"的概念。"空间地上权"其实就是"空间建设用地使用权"，但"空间役权"是不是就一定有规定的必要呢？在此笔者想借用一位学者的一句话："实际上，空间与空间之间不可能产生提供便宜的问题，空间地役权的实质是解决地上或地下空间的建筑物之间的提供便利的问题。因此，使用不动产役权的概念，就完全涵盖了所谓的空间地役权问题。"由此可见，"空间地上权"已涵盖在了"建设用地使用权"中，而"空间役权"又可被"不动产役权"包含，所以用"不动产役权"代替"地役权"这样不仅可以节约立法成本，也可不必再为是否有必要单独规定空间权而争论不休了。

二、物权法定原则下的地役权制度之发展

（一）地役权制度的规定是对物权法定原则的挑战

《民法典》第 116 条明确规定："物权的种类和内容，由法律规定。"由此可见，我国民法典对此问题尽管徘徊过，但还是遵循了传统的物权法定原则。不过，通读《民法典》可以发现，尽管"总则编"中明确规定了这一原则，但在具体条文中它的适用却不是僵化的。

首先，《民法典》将用益物权的客体从不动产扩大至动产，本身就是对物权法定原则的一个挑战。以往民法学界对于物权体系立法构建问题的探讨基本上都是在物权法定原则的框架内进行的，因为有效的物权仅限于法律明确规定的那些类型，所以在立法时就必须反复地探讨哪些现实存在的或将来可能出现的物权应该被纳入民法中的物权体系。这实际上体现了立法者的"傲慢与偏见"。立法者只把几种在他们所处的那个时代比较常见的而且他们认为值得保护的物权类型纳入物权法，把其他物权一律排除在外，而且还自以为这种做法是有效率的。这种"傲慢与偏见"剥夺了财产所有权人创设新型物权的自由，使得私法自治在物权法领域受到很大的限制，导致物权法走向僵化、保守。不过，这种僵化、保守在《民法典》中得到了一定的突破，法律虽没有明确动产用益物权的具体类型，但明确了动产可以成为该权利的客体，这就可以为实践中出现的大量使用、收益动产的情形找到法律依据，而不必再局限于"物权法定"。

其次，地役权制度的确定也为严格的物权法定主义带来一丝缓和。《民法典》第 372 条第 1 款规定："地役权人有权按照合同约定，利用他人的不动产，以提高自己的不动产的效益。"第 373 条第 1 款规定："设立地役权，当事人应当采取书面形式订立地役权合同。"而对于地役权的定义和种类，法典并没有做出很明确的规定。这就意味着关于地役权的内容及种类，当事人可以根据不动产之间关系的多样性，按照意思自治的原则通过合同来约定。地役权的这种一定程度的不确定性和意定性，带来了其设定和运用上的极大灵活性，凡是出于自己土地等不动产利益的需要，当事人均可以协议的方式设立地役权，以满足土地等不动产的需要，充分实现对不动产资源的最大利用，同时也可满足人们对更高层次生活的追求。《民法典》中规定的地役权制度，既是对物权法定原则的挑战，又是对物权法定原则僵硬化的一种补充。

以往针对物权法定原则的漏洞，各国司法界及理论界展开过广泛的讨论，

提出了很多观点。比如，有主张"合意变更说"，即物权法并非全部都是强行性规定，因此对于这些非强行性规定的条文，可以对照物权的性质和目的将它解释为依据合意可以变更的任意规定。又有主张"类推适用旧说"，即为了使新的物权种类能在物权法定原则下得以生存，将旧物权种类做扩大解释以适用于新生的物权形式。又有主张"习惯法包含说"，即对法律未规定事项之习惯，承认其法律效力，认为习惯作为法律渊源当与法律具有同一效力，因此习惯自然包含在物权法定主义的"法"之中。更有学者提出物权自由创设原则，主张全面否定物权法定原则，要求开放他物权体系，重构物权法体系的建议。

然而这些学说或已突破、否定物权法定主义原则，或仅仅是种权宜之计，或造成立法成本的不经济。因此，我们必须转而寻求更科学、更合理、更经济的漏洞补充方法。本书认为，通过在原有物权类型下增加次类型权利的方法，既可以很好地坚持物权法定主义，又可以经济的方式来拾遗补阙；既坚持了原则性，又不乏一定的灵活性。而地役权便是以其特性通过这种方式来对物权法定主义进行漏洞补充的。

（二）地役权制度的规定是对物权法定原则的补充

1. 地役权制度是对传统用益物权实体主义局限性的补充

用益物权是一种实体性物权。但是，在很多情况下，民事主体对他人之物的利益享有并不需占有他人之物便可实现，比如，在他人土地上的通行。因此，在传统用益物权实体主义的框架下，民事主体的这种利益得不到法律保护。另一方面，由于用益物权的实体性决定了其具有独占性、排他性，一物不能同时满足多个民事主体的需要，这样便大大降低了资源的利用价值。而地役权的设定并不要求需役地人必须对供役地占有，比如远景眺望权，需役地人并不占有供役地，而只需通过协议设定地役权来禁止供役地为高层建筑即可得到满足。同时地役权并不排除多主体在同一供役地上为共同利用，供役地人可和需役地人共同使用，且在不冲突的情况下，多个需役地人可同时役使同一供役地。这样，通过地役权的设定一方面可以满足民事主体的需要，另一方面又可充分发挥不动产资源的利用价值，有利于实现社会的可持续发展。

2. 地役权制度起到了对相邻权的排除适用，填补其局限性的作用

相邻权是一种法定权利，是不动产所有权或使用权的自动延伸，其产生不需当事人的设定，只要自己的不动产和他人的不动产相毗邻，他人的相邻权便自动成为自己不动产上的负担。但是，在某些情况下，相邻权的存在和行使可

能会给相毗邻人带来更大的不利益。如果不允许毗邻人可以通过其他方式加以处理、排除，那么相邻权的存在便会违背其设立的初衷。地役权具有意定性，民事主体间可根据自己的利益需要自由处理关于利用相互不动产间的关系。因此，它允许相毗邻当事人之间以地役权的形式约定行使或不行使相邻权人的不动产，从而变相地排除了相邻权的负担。这样不仅贯彻了当事人"私法自治"，而且有利于均衡当事人间的具体利益。另一方面，相邻权是法定权利，是关于为便宜自己之不动产而使用毗邻不动产的最低限度的权利，随着相邻不动产关系的复杂化，这种"最低限度"已难以满足人们的需要。而地役权则允许毗邻人根据自己不动产使用之需要自由设定特定的权利，从而能做到"随心所动"。

3. 地役权制度是对债权物权化趋势的质疑及解救

债权是权利人请求他人为一定行为或不为一定行为的财产权利。债权具有相对性，债权人仅能请求特定主体为一定行为或不为一定行为，即使与债权的实现有直接利害关系的人，债权人也不得对其主张；债权具有暂时性，一旦债权得到满足，债权便消灭，如若债权人想再得此权利，他必须再另行设定。由于债权的这种相对性和暂时性给行为人带来了极大的不便和不经济，因此，现在各国立法纷纷创设和承认债权物权化的种种例外，以满足权利人的多元需要，租赁权的设定即是。但是，本书认为，在现有的法律框架下，通过债权物权化的手段来满足社会需要并不是最科学、最合理、最经济的，盲目地创设债权物权化的例外，不仅容易混淆债物二分的概念体系，而且破坏交易安全，长期而言将消耗更高的社会成本。在这种情况下，倒不如及时修法，引进新类型的物权或通过物权法中的任意性条文或弹性概念增加次类型的物权，而地役权就是其中一种。地役权作为物权的一种，当然具有对世性和长期性，就此点而言，它能很好地填补债权的局限性，另一方面，地役权又具有意定性，当事人可依自己的意志自由创设，因此地役权除了具有债权所没有的特征，又具备了债权"意思自治"的优势，从而能够充分发挥债权、物权两者的优势。而相对债权物权化来讲，地役权纯粹是在物权框架下所设的权利，不会混淆债物二分体系，而且通过登记制度能够保障交易安全。

4. 地役权制度除规范传统内容外，还可用于规范环境保护及营业竞争等权利

环境地役权是指为某种环境利益而利用他人土地的权利。在环境保护问题凸显的时代，环境地役权是对传统地役权的拓展与升华。对物权而言，是物权

生态化的集中体现；对环境权而言，为环境权的实施提供了物权法的保障和"契约自治"的法律空间，是实现环境保护的新途径，是环境保护公众参与的新形式。由此可见，地役权制度不仅为新出现的权利预留了一席之地，更为其他部门法的发展与创新提供了可借鉴的方法。

（三）物权法定原则下的地役权制度之完善

第一，明确地役权制度的主体。传统理论认为，所有权人、地上权人、永佃权人、典权人甚至土地承租人都可以成为地役权的主体。而我国《民法典》中对此只有比较模糊的规定。第 377 条规定"地役权期限由当事人约定；但是，不得超过土地承包经营权、建设用地使用权等用益物权的剩余期限"。第 379 条规定"土地上已经设立土地承包经营权、建设用地使用权、宅基地使用权等用益物权的，未经用益物权人同意，土地所有权人不得设立地役权"。从中可以推测出土地承包经营、建设用地等用益权人有权设立地役权，对此不如明确规定"地役权人，包括不动产的所有权人、用益物权人和占有人"。

第二，扩大地役权制度的客体。《民法典》第 372 条第 1 款对地役权客体已界定为"不动产"，所以，地役权应不仅适用于土地之间，也应适用于建筑物之间。在罗马法上，将地役权分为适用于土地的田野地役权和适用于地上建筑物的城市地役权。罗马法之所以将这两种情形都以地役权概括，其原因在于罗马法对土地与地上建筑物的关系采取了附合原则，即地上建筑物归属于土地所有人。所以，地役权适用于土地，自然也就适用于地上建筑物。这样，即使称为地役权，在其适用范围上也不产生问题。在德国、瑞士等采取附合原则的国家，地役权的适用也不成问题。但是，就采取土地与地上建筑物分离的国家而言，由于土地与地上建筑物属于各自独立的不动产，因此，地役权能否适用于地上建筑物就很成问题。在我国，按照现行法的规定，土地与地上建筑物也采取了分离原则，它们属于独立的不动产。因此，使用地役权的概念，也就表明该权利仅适用于土地，而不能及于建筑物。这显然不能完全概括不动产利用的全部情形，缺乏概括性。

第三，随着城市化的发展，建筑物之间、建筑物与土地之间提供便利的可能性越来越多，如果将建筑物之间以及建筑物与土地之间设定役权的情况排除于役权的法律调整之外，显然是无法满足现代生活要求的，也会减少许多合理的交易机会。可见，若将地役权适用于地上建筑物，在分离的原则下，以不动产役权代替地役权就是较为适宜的选择。按学者的看法，所谓空间地役权，是指以他人土地之特定空间供自己或自己土地（空间）便宜之用的权利。实际上，空间与空间之间不可能产生提供便宜的问题，空间地役权的实质是解决地上或地下空间的建筑物之间的提供便利的问题。因此，使用不动产役权的概念，就完全涵盖了所谓的空间地役权问题。因为不动产的范围包括土地和建筑物，而建筑物的范围相当广泛，地上、地下建筑物均包括在内。

此外，《民法典》"地役权"章乃至整个"用益物权"编的起草过程中，其实存在着一种土地定式思维——"不动产即土地"。在立法上还停留在土地吸收建筑物的古典民法理念上，没有将建筑物作为用益物权的设立对象考量。这一点从各章的名称就可以看出，如"土地承包经营权""建设用地使用权""宅基地使用权""地役权"。事实上，在《民法典》的起草过程中，有学者曾提出过物权法定缓和的立法方案，但最终还是被否决了。这样的后果是，一方面会使法院在面对这些物权纠纷案件时无法可依，另一个副作用是将我国的用益物权适用的范围局限在土地和空间上。而通过上文的分析，只有将建筑物纳入地役权的客体，才能够缓解《民法典》第 382 条和第 383 条带来的解释上的困境。我国土地实行公有，允许建筑物私有，这种客体制度与权利种类设计的反差，造成了用益物权的适用范围大大缩小。特别是典权制度，作为我国现行法律承认和实务中允许在房产证上注明的他项权，承载着使用收益和资金融通双重功能，具有其他用益物权和担保物权所不及的优点，是我国传统民法制度的优秀遗产，没有重大理由，不应该放弃。故我国建筑物用益物权制度的构建，应该以典权制度为基础，逐步补充完善，建立建筑物用益权制度。所以，从这一点上，以"不动产役权"取代"地役权"更科学、合理。

第四节　抵押物转让规则探析

在抵押担保法律制度中，关于抵押物的转让一直以来都是备受人们关注的问题，尤其在实践中，也非常容易引发争议。原因在于：抵押物的转让关系涉及抵押人、抵押权人和受让人三者之间的利益。抵押人作为抵押物的所有人，在其以抵押物提供担保期间，不免对自己之物负担抵押心存忧虑，想竭尽之所能发挥物之最大效用，为自己带来最大利益，如果此时又恰值合适的买方，这种买卖也就必然顺理成章。但问题是，物上之抵押权人的利益该如何兼顾呢？

如果抵押权人依照物权的追及效力而行使追及权的时候，此时，买方的利益又该如何保护呢？所以说，在这样一个流转关系中，这三方如何能够达到利益均衡的最大化，成为立法者在制度设计时不得不考虑的一个问题。可喜的是，《民法典》在对以往相关规定"去粗取精"的基础上，在第406条对此问题作出了明确的规定："抵押期间，抵押人可以转让抵押财产。当事人另有约定的，按照其约定。抵押财产转让的，抵押权不受影响。抵押人转让抵押财产的，应当及时通知抵押权人。抵押权人能够证明抵押财产转让可能损害抵押权的，可以请求抵押人将转让所得的价款向抵押权人提前清偿债务或者提存。转让的价款超过债权数额的部分归抵押人所有，不足部分由债务人清偿。"此条被认为是我国目前法律关于抵押物转让的最新规定。笔者在此对抵押物的转让规则提出自己的浅薄看法。

一、我国对抵押物转让规则的立法演变分析

（一）《民法通则意见》之规定

我国关于抵押物转让的最早规定是在1988年最高人民法院《关于贯彻执行〈中华人民共和国民法通则〉若干问题的意见》（以下简称《民法通则意见》）第151条。该条规定："抵押物如由抵押人自己占有并负责保管，在抵押期间，非经债权人同意，抵押人将同一抵押物转让他人，或者就抵押物价值已设置抵押部分再作抵押的，其行为无效。"《民法通则意见》的规定采取了保守的立法态度，即抵押物转让的命运在债权人（抵押权人）手里，"非经债权人同意"的转让行为是绝对无效的，抵押物转让的主动权在于抵押权人。可以说，这与当时的计划经济体制不无关系，对商品的流通，交易的鼓励在那一时期还没有被真正提上议事日程，财富只有在流通当中才能增值的理念也并未真正深入人心。所以，对抵押物的转让采取了绝对无效的态度。但问题是，这种无效究竟是指转让合同本身无效呢，还是指受让人不能取得相应的物权呢？还是两者的内涵都兼具呢？立法没有给出明确的答案。究其原因，笔者认为，让一个20世纪80年代的法律对该问题做出如此详尽的规定似乎不太可能，一是当时的经济体制尚不完善，计划经济时代，人们的法律意识还比较淡薄，二是立法技术也不够成熟。所以，这样尚不成熟的规定必然为日后的进一步完善留有空间和余地。

(二)《担保法》之规定

1995 年颁布的《担保法》第 49 条对抵押物的转让规则是这样规定的:"抵押期间,抵押人转让已办理登记的抵押物的,应当通知抵押权人并告知受让人转让物已经抵押的情况;抵押人未通知抵押权人或者未告知受让人的,转让行为无效。转让抵押物的价款明显低于其价值的,抵押权人可以要求抵押人提供相应的担保;抵押人不提供的,不得转让抵押物。抵押人转让抵押物所得的价款,应当向抵押权人提前清偿所担保的债权或者向与抵押权人约定的第三人提存。超过债权数额的部分,归抵押人所有,不足部分由债务人清偿。"可以看出,较之《民法通则意见》,《担保法》对此问题的规定向前迈进了一步,抵押人转让抵押物时,只需要"通知抵押权人"即可,而非必须经抵押权人同意,这样的立法转折也正契合了当时社会主义市场经济体制建设的需求,搞活市场经济就应推动商品流通,促进商品交易,但是,站在法律层面,尤其是"在民法慈母般的眼神中,每个人就是整个国家",立法对抵押人处分抵押物赋予一定空间自由的同时,仍不忘抵押权人利益的平衡,也就是当"转让抵押物的价款明显低于其价值"时,威胁到抵押权人的利益时,"抵押权人可以要求抵押人提供相应的担保;抵押人不提供的,不得转让抵押物"。这种情况下,赋予了抵押权人一定的反对权。但是,如果抵押人转让的价款高于抵押物价值的,抵押权人是无权阻止抵押人对抵押物的转让,在此抵押权人仅享有对转让价款的优先受偿权。在《担保法》对抵押物转让的规定中,对抵押人和抵押权人的利益做到了较好的平衡与兼顾,但同样的问题是,对条文中的"无效"如何准确理解,在理论上仍存有一定争议。

(三)《担保法司法解释》的规定

2000 年颁布的《最高人民法院关于适用〈中华人民共和国担保法〉若干问题的解释》(以下简称《担保法司法解释》)第 67 条在以往相关规定的基础上,对抵押物的转让又做了进一步的规定:"抵押权存续期间,抵押人转让抵押物未通知抵押权人或者未告知受让人的,如果抵押物已经登记的,抵押权人仍可以行使抵押权;取得抵押物所有权的受让人,可以代替债务人清偿其全部债务,使抵押权消灭。受让人清偿债务后可以向抵押人追偿。如果抵押物未经登记的,抵押权不得对抗受让人,因此给抵押权人造成损失的,由抵押人承担赔偿责任。"笔者认为,本条规定的亮点在于以下方面。

第一,抵押人在转让抵押物时即使在没有通知抵押权人的情况下,该转让行为也是有效的，相较于必须征得抵押权人的"同意"，必须"通知"抵押权人来说是立法的一次进步，只不过是，在未通知抵押权人的前提下，"如果抵押物已经登记的，抵押权人仍可以行使抵押权"。这是物权的公示公信原则和物权追及效力使然。

第二，这是我国立法上首次对买受人的涤除权给予了明确的肯定，这是该条的最大亮点。在抵押人转让抵押物未能征得抵押权人同意的前提下，法律对抵押人的处分又多了一个保障途径，此时，如果买受人愿意替债务人清偿全部债务，而依据民法主从权利理论，主债权消灭，依附于主债权的从权利——抵押权也就随之消灭，抵押人的处分行为也就没有任何后顾之忧了。换言之，买受人行使涤除权后，为抵押人"赎回"了抵押物的处分权。但该《担保法司法解释》规定的涤除权的行使有一个前提条件是"取得抵押物所有权"，这就说明，如果受让人没有取得抵押物的所有权，抵押人和受让人仅有抵押物转让的买卖合同时，此"受让人"是无权行使涤除权的，其实该司法解释的规定在某种意义上已经区分了物权行为和债权行为了。

（四）《物权法》之规定

2007 年制定的《物权法》在关于抵押物转让的问题上，在其第 191 条做出了更为详细的规定："抵押期间，抵押人经抵押权人同意转让抵押财产的，应当将转让所得的价款向抵押权人提前清偿债务或者提存。转让的价款超过债权数额的部分归抵押人所有，不足部分由债务人清偿。抵押期间，抵押人未经抵押权人同意，不得转让抵押财产，但受让人代为清偿债务消灭抵押权的除外。"该条沿袭了《担保法司法解释》的规定，对涤除权仍给予肯定和保留，只是在实现条件上发生了质的变化，对"受让人"没有再限制为"取得抵押物所有权"，依据《物权法》第 15 条的规定，"未办理物权登记的，不影响合同效力"。即使受让人没有取得抵押物的所有权，但其与抵押人的转让合同效力是有效的，此时的"受让人"依然可以行使涤除权。

从我国立法对抵押期间抵押物转让的不同规定的发展演变过程来看，可以以下结论。

第一，抵押物的转让从严格禁止到逐渐放宽的变化，体现了立法目的与立法精神的改变，这与我国经济体制的改革是密切相关的。在抵押物的转让过程中，立法也在逐渐鼓励交易，保护交易，让即使是处于抵押期间的标的物也能在符合立法规定的前提下自由流通，从而达到物尽其用的目的，这也是物权法的立法目的所在。

第二，抵押物转让规则的设计，体现了利益衡量法在法条设计中的灵活应用，这是非常值得肯定的。因为在抵押物转让过程中，涉及了抵押人、抵押权人和受让人这三方的利益，尤其是抵押权人的担保利益和受让人的转让利益如何平衡，就成为评价该制度设计是否合法合理的一个重要指标，《物权法》第191条的规定在某种程度上就是应用了利益衡量法赋予抵押人的价金代位权，抵押权人的追及权和受让人的涤除权来达到三者利益的均衡。

（五）《民法典》之规定

2020年颁布的《民法典》第406条规定："抵押期间，抵押人可以转让抵押财产。当事人另有约定的，按照其约定。抵押财产转让的，抵押权不受影响。抵押人转让抵押财产的，应当及时通知抵押权人。抵押权人能够证明抵押财产转让可能损害抵押权的，可以请求抵押人将转让所得的价款向抵押权人提前清偿债务或者提存。转让的价款超过债权数额的部分归抵押人所有，不足部分由债务人清偿。"该条的规定可谓是《民法典》"物权编"中关于抵押物转让规则的一大亮点，该条确认的是抵押人对抵押物的处分权，它赋予了抵押人完全自由的处分权，意味着抵押人对抵押物的所有权更加完整（占有、使用、收益、处分）。与原《物权法》第191条相比，《民法典》采取了从宽的原则。

关于抵押物的转让，原则上抵押期间抵押人有权转让抵押物，不论是否经过抵押权人同意，仅在抵押权人能够证明抵押财产转让可能损害抵押权的，可以请求抵押人将转让所得的价款向抵押权人提前清偿债务或者提存。并且，抵押物转让的，抵押权不受影响。

《民法典》第406条的规定是出于促进生产要素流动之考量，事实上，对抵押权人而言，不论抵押物在谁手中，只要抵押权存在即可，这样的规定更有利于抵押物流通，发挥抵押物的担保功能，促进资金融通。此一改变，顺应时代发展之潮流，一方面维护了善意第三人的权益，另一方面在抵押人拥有足够多的财产从而不可能损害抵押权人的利益时，维护抵押人的财产自由。同时，也可以避免部分抵押权人恶意阻止抵押人转让财产，促进公平。

二、抵押物转让过程中的利益衡量与价值选择

抵押物的转让规则之所以经历多次立法演变，就在于该转让行为涉及了三方——抵押人、受让人和抵押权人的利益，关乎抵押物的使用价值、受让人的物权利益和抵押权人的债权实现，如何平衡三方利益是该制度设计的核心问题。

（一）应允许抵押物自由转让

从 2007 年《物权法》第 191 条的规定可以看出，当时立法对抵押物的转让采取的是有选择、有保留的允许转让态度，并没有真正放手抵押物的自由处分，即抵押人在转让抵押物时，要么经过抵押权人的同意，即使在其不同意转让的情况下，由受让人行使"涤除权"后方可转让。这里存在的问题就是抵押权人不同意转让，受让人也不"涤除"，那是否意味着抵押人就不能转让抵押物？所以，笔者曾提出应允许抵押人在提供相应担保后，便可自由处分抵押财产。这是因为，首先，物尽其用是物权法的功能之一，抵押物的自由处分有利于在最大限度上发挥物的最大效能，而财富也只有在流通中才能增值。其次，允许抵押物自由转让符合抵押人的利益。抵押物在设定担保物权之际，只让渡了其交换价值，而抵押物的所有权仍属于抵押人所有，既然归其所有，那么行使所有权的处分权能便是所有权的题中应有之义。最后，借鉴国外立法例，几乎大部分国家，如日本、意大利、法国等都认同了抵押物的自由转让。所以，抵押物自由转让已成为国际立法之趋势，物权法规定抵押物转让要经抵押权人的同意，实属没有必要，而《民法典》的做法更值得肯定，赋予了抵押人处分权。

（二）抵押权人的担保利益必须优先得到保护

抵押物转让规则的制度设计应在抵押权成立的前提下来探讨，而抵押权设立的最终目的是要充分保护抵押权人（债权人）利益的，如果抵押人因其自由处分抵押物而危及抵押权，甚至使抵押权的目的落空，那么，这样的自由处分法律必要干预和调整。所以，从《民法典》第 406 条的规定来看，只要在处分抵押物时，兼顾了抵押权人的利益足矣，而无须抵押权人的同意，只要法律给予足够的制度保障，是能够达到充分保护抵押权人利益的目的。

综上，从对我国关于抵押物转让的立法演变分析，可以得出这样的结论：第一，允许抵押物转让是立法的趋势，只是转让的前提应该是充分自由的转让；第二，利益衡量是权衡抵押物转让最终是否合法有效的重要标志。对抵押权人和受让人分设不同的制度保障，从而让抵押物转让制度的运行达到"三赢"，这才是立法应追求的最终目的。

第五节　质权的善意取得

一、善意取得的理论基础

善意取得制度，是指无权处分人不法将他人财产转让相对人或在财产上设定他物权时，若相对人取得权利时出于善意，则该善意第三人即可取得财产所有权或他物权。善意取得制度是以日耳曼法中的"以手护手"原则为其主要设计基础，同时导入罗马法取得时效制度中的善意要件而产生发展起来的。善意取得制度从实质上说是一种对所有权的限制，是通过对财产静态交易安全的一定牺牲来换取对动态交易安全的更完善的保护。

法律所称交易安全可分为静态交易安全与动态交易安全。前者是指法律保护权利人占有和所有的财产权益的安全，禁止他人非法占有，又称为"享有的安全"或"所有的安全"。静态交易安全强调的是交易应以交易者拥有的权利为限，超过权利范围的交易应属无效。根据对静态交易安全的保护，所有权不因他人无权处分行为而消灭，所有人得向买受人请求返还其物，买受人则可依相应法律关系（如买卖等）寻求救济，故其保护重点在于所有权人。后者则是指法律保护交易当事人基于交易行为所取得的利益，又称"交易的安全"，着眼于通过保护善意买受人对让与人占有其物的信赖来保证交易的便捷，保护重点在于善意买受人。

虽然一般情况下，法律对这两种安全的保护是一致的，但在无权处分情况下，则往往容易发生冲突。在此情形下，立法者必须在两者间进行利益权衡，以确定法律保护的重点。若严格强调对静态交易安全的保护，则可能产生明显的消极后果，买受人因无从了解出卖人对其出卖物有无所有权，必然会担心自己购买的财产因出卖人的无权处分行为而被他人追夺从而给自己造成损失，人人自危，这无疑会影响交易的开展。与之相反，动态交易安全保护重点在于善意买受人，认为特定场合，应牺牲真正权利人利益来保护善意交易者利益，以此消除其交易时的顾虑，促使其放心大胆地从事交易，以维护交易秩序，促进交易开展，提高交易效率。而这正是市场经济发展的客观要求，也更加符合社会效益原则。因此在市场经济条件下，对于两种交易安全间的冲突，应该首先考虑对动态交易安全的保护。善意取得制度有利于维护商品交换的正常秩序，促进市场经济的健康有序发展；有利于充分发挥财物的经济效用；有利于保护现存财产占有关系，及时解决民事纠纷，促进社会稳定。至于善意取得制度何以产生此种效果，此即善意取得制度的理论基础问题，对此争论颇多，主要观点有：即时取得说、权利外象说、法律赋权说（法律特别规定说）、占有保护说。

善意取得制度的适用范围是否包括动产质权？对此问题，一种观点认为，出质人只能是出质财产的所有人或者有权处分的人，以自己不享有所有权或无处分权的财产设定质权，为无权处分，质权不能成立。另一种观点认为，动产质权是以动产为质权标的物，而动产上的权利除法律另有规定，以占有为公示方式，出质以自己占有的动产设定质权的，只要质权人不知出质人无处分权的，可以善意取得质权，因而给质物所有人造成损失的，只能由出质人负责赔偿。在现代市场交易中，物与主的分离广泛存在。出质人对出质财产无所有权时，质权人能否取得质物的质权，质物的所有人能否向质权人追索？质权的善意取得和动产所有权善意取得一样，存在质权人和动产所有人两个主体利益的冲突和两种价值的选择。如果肯定或者保护质权的善意取得，就会使所有人的权益置于风险之中；如果否定或者不保护质权的善意取得，则会造成质权的不安全。所有权和质权互相排斥，对一种权利的支持必然导致对另一种权利的损害，法律只能选择一种价值。应当说，动产质权善意取得与动产所有权善意取得，具有共通的基础，二者均是占有公信力的体现，占有公信力的理论根基，即是动产质权善意取得的制度基础。为保护善意取得动产质权的质权人和维护交易安全，大陆法系的一些立法例承认质权的善意取得。《德国民法典》第1207条规定，物不属于出质人的，对设定质权准用动产所有权善意取得的规定。《瑞士民法典》第884条规定，质物的善意取得人，即使出质人无处分质物的权利，仍取得质权。我国台湾地区"民法"第886条规定，质权人占有动产，而受关于占有规定之保护者，纵出质人无处分其质物之权利，质权人仍取得质权。而日本民法中，规定即时取得的第192条，未区分即时取得的是所有权还是他物权，只是概括地规定为即时取得行使于该动产上的权利，所以，其第192条也是动产质权善意取得的依据。

关于动产质权的善意取得的性质究竟是基于法律行为而取得还是法定取得，存在争论。一种观点认为，动产质权的善意取得表面上虽然是基于当事人之间的法律行为，但由于出质人原无处分权，系因法律的规定而赋予质权人取得质权的效果，因此本质上非因当事人之设定行为，而系基于法律的特别规定而取得质权。另一种观点认为，动产质权的善意取得属于基于法律行为的取得。

二、善意取得的构成要件

在司法实践中，动产质权的善意取得应当具备以下条件：

第一，善意取得的标的物限于动产。以下几类动产不适用善意取得：一是登记为对抗要件的特殊动产，例如以航空器、船舶、车辆，或以企业的设备和其他动产抵押的，质权人误信出质人有处分权缺乏合理根据；二是货币，因为货币所有与占有合而为一，货币的占有人视为货币的所有人；三是记名有价证券，因为记名有价证券依背书设定质押，不会发生误认出质人为所有人的情形；四是法律禁止流通的物品，例如毒品、枪械等；五是依法被查封、扣押、监管的财产；六是遗失物和盗赃物。

第二，质权人取得动产的占有。具体包括三种占有方式：一是现实交付，现实交付可以由质权人自己占有，也可以由质权人的代理人占有；二是简易交付，即质权人已经占有动产，质押合同成立时，视为交付成立；三是指示交付，即动产由第三人占有时，出质人将其对第三人的返还请求权让与质权人，以代替交付。但不包括占有改定，即出质人与质权人特别约定，标的物不移交于质权人，仍由出质人继续占有使用。占有改定在质权设定中不具有物权的公示效应，不能依占有改定的发生设定质权，因此实务中当事人约定由出质人或者出质人的代理人代为占有质押财产的，不构成设定质权意义上的有效交付，质权不生效。

第三，须以设定质权为目的。即出质人将动产移交债权人占有，须有设定质权、担保债权的意图和目的。

第四，质权人须为善意。善意是指质权人不知出质人无处分权，且无重大过失。因为动产质权的善意取得在于兼顾质权人与所有人的利益和交易安全，应当使质权人承担一定程度的注意义务。因重大过失而不知出质人为无处分权人的，应认定为非善意。对于过失的判断，凭借交易经验即可做出的判断作为衡量善意与否的客观标准。例如，质权人与出质人之间的担保交易足以使一个正常人生疑，应推定为恶意。善意的举证责任，对质权人应当采取推定为善意，而由主张恶意的人负举证责任。

三、基于案例的分析

（一）案情

2010 年 9 月 6 日，甲某将 1000 公斤的苄磺胺（农药中间体原料）提供给乙某加工。2010 年 9 月 21 日，乙某因需购进一批加工设备而向丙某借款 10 万元，借款期限为 1 个月。在丙某要求提供担保的情况下，乙某未经甲某同意即将甲某提供的原料加工成的半成品苄磺隆质押给丙某。丙某不知此苄磺隆为甲某提供给乙某加工的。合同签订当日，丙某将 10 万元借款支付给了乙某，乙某亦将全部半成品苄磺隆移交丙某占有。2010 年 11 月 19 日，甲某到乙某处提取苄磺隆，得知该货物已质押给丙某，随即提出异议，直接向丙某追要。丙某认为该货物已作为其债权的担保，在乙某偿还借款之前拒绝返还。后来，丙某、甲某、乙某多次共同协商，但未能取得一致意见。故甲某以乙某和丙某为被告向法院提起诉讼，要求确认丙某与乙某之间的质押合同无效。

（二）问题

1. 何谓动产质权的善意取得制度？其构成要件包括哪些？

2. 乙某与丙某之间的质押合同是否有效？理由是什么？

3. 本案将如何处理？

（三）分析

第一，质权的善意取得，是指出质人以无权处分的第三人财产而设定的质权，质权人系处于善意取得占有质物。动产质权的善意取得的确立，必然导致对质物的原所有人权益保护的相对削弱，善意取得动产的质权人则取得了担保物权，因此动产质权的善意取得应当符合下列要件。一是出质人的主体资格受到限制，且必须是无处分权人。二是质权人已经占有了质物，且必须是出于善意。所谓善意，就是质权人在设定质权时，不知道或不应当知道出质人无权设定质押担保。三是动产质权的善意取得的质物必须为法律允许流转的动产。四是须以设定担保为目的。

第二，乙某与丙某之间的质押合同是有效的。本案中，甲某与乙某之间是承揽合同关系，双方未签订书面合同，也未明确约定所有权的转移。甲某将原料苄磺胺提供给乙某加工，虽是一种交付行为，但该原料的所有权并未发生转移，因而其所有权人仍系甲某。乙某加工后该原料苄磺胺的性质已发生改变，形成了一种新的物质即半成品苄磺隆。在加工过程中，乙某也提供了其他一些材料，那么，该半成品苄磺隆的所有权应归谁所有？应当认为甲某提供了加工物的基底（即原料），而乙某也提供了部分其他材料，这时，乙某提供的材料为甲某提供的基底附合，基底（即原料）可视为主物，材料为从物，因为甲某为主物的所有权人，所以其取得合成物的所有权，故半成品苄磺隆仍属甲某所有。因乙某不具有该苄磺隆的所有权，但是由于丙某不知道乙某不具有所有权而设定质权，不仅符合动产善意取得的规定，而且并没有其他导致质押合同无效的情形，因此乙某与丙某之间的质押合同是有效的。

第三，由上述分析得知，甲某的诉讼请求不能得到法院的支持。相反，在乙某届期未能偿还其对丙某的债务时，丙某可以就质物行使其质权。而甲某则可以依据承揽合同要求乙某承担违约责任。

第四章

合同法律制度研究

合同法作为现代私法领域的重要分支，其在市场交易、资本积累等方面发挥着重要的作用。本章将从债的表达与解释，合同基本理论研究等方面对合同法进行深入研究。

第一节　债的表达与解释

一、债的内涵

债是按照合同的约定或者依照法律的规定，在当事人之间产生的特定的权利和义务关系。享有权利的人是债权人，负有义务的人是债务人。

这种特定的权利义务关系就是债的关系。债的关系可分为狭义的债的关系和广义的债的关系。前者是指个别的给付关系。以房屋买卖合同（买卖之债）为例，出卖人交付房屋、转移房屋的所有权，买受人受领房屋，属于一种狭义债的关系。买受人支付价款，出卖人受领价款，属于另一狭义的债的关系。此外，还有告知义务、瑕疵担保义务，甚至有费用偿还、利息支付等义务。这些狭义债的关系的总和，构成买卖合同关系这种广义的债的关系。在该买卖房屋合同关系中，出卖人交付了房屋且转移所有权，其债的关系（狭义）消灭了，但是支付价款的狭义债的关系仍继续存在，当买卖双方都履行了各自的全部义务，买卖之债的关系（广义）才消灭。本书债的分论讲的买卖、租赁等各种债的关系，属于广义的债的关系。

与狭义债的关系相比，广义债的关系至少具有两个特点：（1）它是一个极其复杂的架构，由众多的债权债务以及权能、限制等组成；（2）它并非静态地凝固于一个一成不变的状态之中，而是随着时间的推移不断地以多种形态发生变化。它犹如一个"有机体"，存在着出生、成长、衰老，直至最后死亡的现象。广义的债的概念，对于债法理论的发展，具有重大的影响。

在民法上，债的概念源自罗马法。罗马法上的债（oblatio），既指债权、债务，也指债权债务关系，有时并称之为"法锁"（juris vinculum）。

民法上债的概念不同于民间所谓的债，也不同于我国固有法上的债。我国民间所称之债，专指债务，且专指金钱债务，如借债、欠债、还债等。在我国固有法上，债的含义也很狭窄，指借贷等。自汉律以来，债的概念一直未见扩大，仍仅指欠人财物。至清末《大清民律草案》，西方民法中债的概念才首次被引入我国。① 在我国现行法上，债的概念不仅指债务，而且包括债权，表示的是以债权债务为内容的民事法律关系。债的主体、债的内容和债的客体是构成债所必须具备的因素。

二、债的性质

（一）债为特定当事人之间的民事法律关系

债的当事人双方都是特定的人。《民法典》第 118 条第 2 款规定："债权是因合同、侵权行为、无因管理、不当得利以及法律的其他规定，权利人请求特定义务人为或者不为一定行为的权利。"因为债权具有依附或者归属于某一特定当事人的固有性质，当它归属某一当事人时，势必使该人特定化。而且债权乃一种对人的请求权，请求必须有对象才不至于落空，这就要求债务人必须特定。尤其是债权的实现一般须有债务人履行债务的积极行为，债务履行的结果是使债务人蒙受不利益。因此，唯有与债权人有特别结合关系的特定之人，才能成为向债权人履行义务的债务人。其他人因与债权人无上述关系，不对债权人负担义务，被排除于债的关系之外。

虽然权利人在物权关系、人身权关系和知识产权关系中是特定的，但义务人是不特定的。在这些民事法律关系中，因权利人的权利只需要他人消极地不加侵害即可实现，而且立法者也难以预料权利人的权利在何时、何种情况下会受到侵犯，所以法律赋予这些权利以排除他人侵害的效力，使不特定的一切他人负担消极义务。这明显地与债务人须特定化这一债的特征不同。虽然现代法

---

① 佟柔. 民法原理［M］. 北京：法律出版社，1983：179 – 182.

已经有条件地承认行为人在特定场合下负有社会安全义务，或曰安全保障义务，使人格权、物权等绝对权于特定场合具有要求行为人负有积极作为的义务之效力，但这毕竟属于特例，尚未从根本上动摇绝对权与相对权的分类。

需要特别说明的是，债的当事人特定化不是债权人和债务人的僵化，仅具有债权人和债务人之间形成相对关系的意义。债权人的更换，债务人的替代，并不与债的当事人特定化相矛盾。

（二）债为当事人之间的特别结合关系

债权人和债务人结合在一起形成债的关系，或者是基于彼此间的信赖，或者是立法者出于某种社会政策的考虑。在债的关系中，当事人双方之间结合密切，任何一方的疏忽或者不注意，都易于给对方造成损害，因此法律对当事人课以的注意义务高于物权关系、人身权关系中的注意义务。在物权关系、人身权关系中，一般情况下义务人只要不作为就算尽到了注意义务；而在债的关系中，当事人仅仅停留于不作为的状态并不足够，只有互负通知、协助、保密等项义务，才算达到要求。

（三）债是有存续期限的民事法律关系

与所有权具有永久性不同，债的关系自始即以完全满足债权人的给付利益为目的，"债权系法律世界中的动态因素，含有死亡的基因，目的已达，即归消灭"①。可见，债是有存续期限的民事法律关系。

三、债法在民法中的地位及其体系

（一）债法在民法中的地位

民法以人身关系法和财产关系法为其主要内容。财产关系法以物权法和债权法为其主要组成部分。物权法因其体现着一个国家的所有制，系一个社会中的生产和生活的法律前提，旨在维护财产的"静的安全"乃至一定程度的"动的安全"而不可或缺；债权法作为规范、保护和促进财产流转、维护财产的"动的安全"的法，在近代法和现代法中更显出优越地位。其原因在于，人类在仅依物权形成财产关系、仅以物权作为财产客体的时代，可以说只能生活在过去和现在。但是承认了债权制度，就可以使将来的给付预约，变为现在的给付

---

① 崔建远. 崔建远债法［EB/OL］. http：//www. doc88. com/p - 373487276206. html.

对价价值。人类在经济生活中，除了过去和现在的财产外，还可以增加将来的财产。① 在现代社会，债权财产化，不动产因抵押权具有流通性和与证券的结合而债权化，动产借助于让与担保等制度也债权化了，通过债权达到对经济组织的维持。② "债权的权利及利息的享益如今是所有经济的目的。债权不复是旨在物权和物之享益的手段，而本身就是法律生活的目的。" "经济价值在从一个债权向另一个债权转移中始终存在，而在物权法中任何时候都不会有较久的平静。"③

（二）《民法典》中的债法体系

债法作为《民法典》中相对独立的部分，就其实质而言，理论上应当包含债法总则、合同法、侵权行为法、不当得利法和无因管理制度，以及单方允诺等制度；就其形式来讲，上述各个债法分支不一定全部集中在一编当中，合同法和侵权行为法因其内容丰富，可以独立成编。

我国民法采取了抽象概括式的法律体系，使用抽象化的概念，对概念进行严格的界定。在这种背景下，体系具有特别重要的意义。在《民法典》的编纂过程中，关于债法总则的存废问题就经历了学界的数次讨论，认为《民法典》不需要规定债法总则的理由是：（1）法典草案中有合同法和侵权责任法的一般规定，只需进一步完善有关无因管理、不当得利的规定，债法的各类一般规定基本上就得以解决，没有必要再设债法总则；（2）债法总则的内容如债的效力、履行、担保等与合同法总则同质化较高，不能进行明显区分，因此债法总则的设立必然会导致法条的重复；（3）对设立债法总则的实际效用存疑。债法总则应该是为所有的债权提供共同适用的规则，但在侵权行为、无因管理和不当得利上，债的履行、担保、移转等一般性规定的适用会大打折扣。

本书认为，从维系法典体系的完整性和逻辑性上来看，《民法典》中规定债法总则的理由如下。

（1）从法典的体系化角度看，法典化反映了各个条文之间的独立统一。若

---

① 〔日〕我妻荣. 债权在近代法中的优越地位 [M]. 王书江，译. 北京：中国大百科全书出版社，1999：6.
② 〔日〕我妻荣. 债权在近代法中的优越地位 [M]. 王书江，译. 北京：中国大百科全书出版社，1999：20-216.
③ 〔德〕拉德布鲁赫. 法学导论 [M]. 米健，朱林，译. 北京：中国大百科全书出版社，1997：64.

民法典缺失债法总则，则合同法、侵权责任法制度被完全割裂，没有抽象的共性内容，不利于总体上进行把握。而债法总则有助于维持具体债权制度的协调统一。另外，完善财产权制度和民事权利体系的需要。物权法制度和债权法制度体现了财产的归属关系和流转关系。从民事权利体系架构来说，债权编和物权编的大体设置应该等同，否则民法典总则之中"债权"的概念就难以与民法典分则中的相应编章对应，从而会影响到整个民法典体系的和谐和体系化程度。

（2）虽然合同法的规则很多都转化为了债法总则，但相比合同法总则，债法总则有着更高抽象性的规定，不能用合同规则代替债法规则。从合同法与债权法的相互关系来看，在功能上债法总则对合同法具有重要指导作用，在内容上合同也只是债的组成部分，应当适用民法关于债法总则的规定。总则其适用范围不仅仅限制在合同法律关系，还应适用在侵权关系、无因管理、不当得利等。

（3）对于债法总则的实效功能批判，我们不能孤立地去分析、看待债法总则对债权编其他章节的指引作用，应当对比债法总则与物权总则的各自特点，进而判断。为何物权总则对于物权编其他章节有着高度的适用性？物的定义，物权的产生，物权的效力，物权的权能，这些在总则出现的概念能够完全地在其他章节的具体物权中适用，是因为总则本身就反映了各个具体物权的高度一致性。而物权的高度一致性我们可以从物权的性质——对世权角度进行理解，由于物权是对世权，是基于"法定"原则认可和创设的权利，因此其权利的特点，权利的性质，权利的发生、存续、终止，权利的效力相对统一和固定，即使各个具体物权之间有区别，也可以看作基于对物权各个权能的分割和组合。而债权是对人权，其产生、存续、终止，其权利内容、效力都具有相当的"意定性"，例如合同法的意思自治原则决定了合同种类和内容的多样性。即使是针对合同债权本身的总结——合同法总则，也不能苛求总则的每一个条文都能适用到具体合同债权之中。因此，对于总结侵权法、合同法、无因管理和不当得利行为进行抽象概括的债法总则，其难度之大，可见一斑。对比债权和物权，我们可以发现，因为二者本身就有较大的区别，故不能苛求债法总则和物权总则有着同样程度的高度适用。

债法总则，即适用于各种类型的债的共同规则，具有多方面的优点。（1）设立债法总则可以使民法典简约，避免许多不必要的重复规定。（2）债的共同规则本应适用于合同之债、无因管理之债、不当得利之债等相应领域，但若不设债法总则，只好把它们规定于某类债中，或者分而置之。如此，时常会出现准用的现象。这种人为地错用立法技术导致本为"适用"却不得不"准用"的现象，显然应予避免。（3）设立债法总则可以使某些制度及规则更为清晰、准确。例如，把债权让与、债务承担规定于债法总则，没有双务合同等形成的数个狭义债的关系组成的广义债的关系等因素的困扰，就比较明确地传递给人们这样的信息和规则：债权让与就是债权的个别转让，只是原债权人退出该狭义的债的关系，如果该原债权人对债务人仍负有债务的话，这一狭义债的关系并不消灭。在该债的关系基于合同而生的情况下，该合同关系自然不会因债权让与而消灭，决定合同消灭的解除权、终止权自然不得轻易地随着债权的让与而移转。债务承担场合，问题也同样如此。（4）债的总则所蕴含的原理、原则不仅适用于各种明文规定的债，而且适用于或者类推适用于尚无明文规定的非典型之债，乃至各种有关商事关系，使实际生活有法可依。（5）适用债法，需要目光反复巡视于债法总则和分则，掌握了债的总则，面对复杂的债的关系，就能执简驭繁，驰骋纵横。

第二节　合同基本理论研究

合同是当事人或当事双方之间设立、变更、终止民事关系的协议。依法成立的合同，受法律保护。广义的合同指所有法律部门中确定权利、义务关系的协议。狭义的合同指一切民事合同。合同法是我国民法典体系的重要组成部分，是保护合同当事人的合法权益、维护社会经济秩序的重要手段，研究合同法是进一步完善法律体系的重要前提。

一、合同成立的法律解释及含义

（一）合同成立与合同生效的具体含义

合同的成立与生效就是指合同成立后在当事人之间产生了一定的法律约束力，就是通常所说的法律效力。但是法律效力并不是合同中所具有的约束力，并没有像法律一样，合同本身并不是法律，而是当事人的意愿，并不能像法律那样具有效力。

合同中的法律效力，就是制定出的合同对当事人具有一定的约束力。但是合同中的约束力是来自法律，并不是当事人所赋予的。当事人的意志符合国家的意志与社会的利益，所以国家赋予当事人一定的约束力，制定合同的当事人必须要严格履行。

《民法典》第465条第1款规定："依法成立的合同，对当事人具有法律约束力。当事人应当按照约定履行自己的义务，不得擅自变更或者解除合同。"可见，合同的约束力主要体现在对当事人的约束力上，具体体现为权利和义务两方面。

（二）合同生效的基本条件

1. 行为人具有相应的民事行为能力

当事人订立合同，应当具有相应的民事权利能力和民事行为能力，这对于保护当事人的利益、维护社会经济秩序，是十分必要的。因此，自然人订立合同，应当具有相应的民事行为能力。法人的行为能力是特殊的行为能力。

法人要核准登记的生产经营和业务的范围，要在这个范围内进行活动，法人如果涉及越权经营，不仅会涉及法人本身，也会涉及法人与相对人的交易问题。一旦法人的行为已经造成越权发生了，相对人不知道或不应当知道法人的行为越权，则会因为超越经营范围而宣告无效，会使第三人直接受到损失。但是这种损失也是无法向法人要求补偿，这对相对人是不公平的，同时也不利于交易秩序的维护。

关于法人超越经营范围订立合同的行为是否无效的问题，《民法典》第505条规定："当事人超越经营范围订立的合同的效力，应当依照本法第一编第六章第三节和本编的有关规定确定，不得仅以超越经营范围确认合同无效。"这也可以表明，合同中所设立的经营范围如果被超越了一般认定为是有效的，但是一旦违反了国家限制经营、特许经营以及法律、行政法规禁止经营规定，并与他人订立合同，则应当认定合同无效。

2. 意思表示真实

意思表示指的是行为人使用外部的行为来表示其所设立、变更、终止的民事权利义务。意思表示所传达的是表意人内心深处最真实的想法。即意思表示真实要求表示行为应当与效果意思相一致。

合同的本质其实就是当事人之间的一种合意，是具有一定的法律约束力，符合法律的规定。而当事人的意思表示能否产生此种约束力，关键是由意思表示能否与人的真实意思相符合来决定的，即在意思的表示过程中是否具有真实性。因此，意思表示真实是合同生效的重要构成要件。

当意思表示不够真实的情况下，一方面，不能以行为的态度来表示外部的意思，同时要考虑行为人的内心意思。如行为人是否遭到了威胁、欺诈，在这些情况下所做出的意思表示，是与行为人的真实意思不符合的。如果没有考虑到行为人的真实意志，就认为行为人外部的意思有效，即可认为行为人在受到欺诈和胁迫的情况下做出的合同是有效的，这种情况下，所做出的合同不利于保护行为人的意思，同时包庇了一些违法的行为，破坏法律秩序。另一方面，在考虑行为人意思的过程中，也不能只考虑行为人的内心意思，而不考虑行为人的外部表示，一般行为人的内心是别人所无法进行考察和判断的，一旦行为人觉得合同中的条例与自己的真实意思不符合，就会使合同的效力受到影响，使相对方的利益受到损害。因此，在成立合同的过程中，任何当事人都不得以自己考虑不周、不了解市场发展、业务能力差等为借口来推翻合同。

一旦合同成立，就会在当事人之间产生约束力。如果当事人是在被胁迫、受欺诈以及重大误解等法律固定的情况下做出与自己真实意思不符合的意思表示，就可以根据相关的法律规定，由人民法院或者是仲裁机构来撤销该行为，并根据具体情况追究有过错的一方或者双方当事人的责任。

3. 不违反法律和社会公共利益

合同不违反法律就是指合同在制定的过程中不得违反法律的强行性规定。强行性规定指的是必须要由当事人来遵守规定，是不得以其他的协议来进行改变的。在合同法中还包括了大量的任意性规定，这些规定的作用是为了指导当事人，当事人可以实施合法的行为来改变这些规范。

通常，法律条文中用"可以"做什么来表示任意性规范，当事人并非要执行，而是一种行为标准。对于出现"必须""不得"等词语时，就有一定的强制性，要求当事人必须严格地遵守，不得通过协商等途径来改变。

合同不违反法律，主要是指合同的内容具有合法性，即合同中所制定的各项条款都要符合法律的规定。合同违法并不是只有合同内容违法，同时还有形式违法，所以在制定合同的过程中形式要件要在法定的情况下施行。

合同在制定的过程中不仅要符合法律规定，同时在内容上不得违反社会公共利益。在合同制定的过程中不得违反社会公共利益，这样有助于弥补法律中的一些缺陷。对于那些表面上虽然没有违法现行的立法规定，但是在实际行使的过程中却损害了全体人民的共同利益，也破坏了社会经济生活秩序的，都应认为是违反了社会公共利益。

社会公共利益也可以作为衡量合同生效的主要条件，也有利于维护社会公共道德，因为社会公共利益本身包含了很多符合社会公共道德的要求。

4. 合同必须具备法律所要求的形式

《民法典》第 502 条规定："依法成立的合同，自成立时生效，但是法律另有规定或者当事人另有约定的除外。依照法律、行政法规的规定，合同应当办理批准等手续的，依照其规定。未办理批准等手续影响合同生效的，不影响合同中履行报批等义务条款以及相关条款的效力。应当办理申请批准等手续的当事人未履行义务的，对方可以请求其承担违反该义务的责任。依照法律、行政法规的规定，合同的变更、转让、解除等情形应当办理批准等手续的，适用前款规定。"

二、合同的保障范围与责任范围

（一）合同保障——债权人债权保障

1. 合同保全的内涵

（1）合同保全的概念。合同的保全实际上就是债的对外效力，是指法律为防止债务人财产的不当减少给债权人的债权带来损害而设置的债的保障形式，是债权法的一项重要制度，对于债权的保障具有重要作用，包括债权人代位权和债权人撤销权。

（2）合同保全的地位。合同的保全制度是相对于合同的一般效力而言的，因此其被称为合同的对外效力。一般来说，合同的效力是仅针对当事人而言的，对合同关系以外的第三人并不发生效力。合同的这种约束力就是其对内效力，即对当事人的效力。合同保全的对外效力，是当事人一方在合同的存续期间，实施削弱其作为履行债务的一般担保资力的财产，损害债权或者有害及债权的可能，债权人即可对债务人与第三人实施的行为行使代位或者撤销的权利，使债务人与第三人之间的积极或者消极处分财产的行为归于无效，以保证实现自己的债权。这种权利的行使，既不是对合同的关系的效力，又不是对合同关系以外的第三人的一般效力，而是直接向第三人行使的权利，因而称为合同的对外效力，也被视为债权相对性的突破的内容之一。简言之，合同的保全就是债权人为确保债权实现，用以防止债务人减少财产的权能。

2. 合同担保的内涵

（1）合同担保的概念。合同担保的本质是对债权人的合法保护，是指债权人为了保证其债权的实现，以债务人的财产或者第三人的特定财产或一般财产设定优先权利，在债务人不履行债务时优先受偿的保障债权实现的法律手段。

在担保中，担是指负担、承担；保是指负责、保证。合同担保实际上是为了扩大用于清偿债务的财产范围或使其特定化，克服债权平等原则对特定合同实现的障碍，使特定债权人的债权享有优先受偿的权利，以保障其合同的实现。

（2）合同担保的特征。①合同担保的目的是保障债务履行、债权实现。合同担保的本质目的在于保障债务人履行债务，使债权人的债权实现得到保障。不是以保障债权实现、债务履行为目的的担保，不是合同的担保，而是非债担保，例如出国担保、犯罪嫌疑人的保释等，都不是合同担保。②合同担保是对债的效力的强化和补充。合同担保使特定债权摆脱了债权平等的局限，取得了更为充分、确实的保障，使从债支持主债，补充主债的效力；债权人对债务人或第三人取得担保物权，以物权的效力来保障特定合同债权的实现。因此，合同担保的意义正是为了强化债务人清偿特定债务的能力和打破债权平等原则，以使特定的债权能够优先于其他债权受偿或者从第三人处得到清偿。

（二）合同责任——合同履行保障

1. 合同责任的内涵

（1）合同责任的概念。合同责任是指合同当事人或者缔约人违反合同义务以及先契约义务、后契约义务时应当承担的法律后果。合同责任的概念有广义和狭义之分。上述界定的合同责任是广义的合同责任概念。狭义的合同责任概念仅指合同的违约责任。

（2）合同责任的法律特征。①合同责任是指违反合同义务的法律后果。按照法律规定，当事主体违反义务则需要承担相应的法律后果，而这就是责任，合同责任则是当事人违反合同义务需要承担的法律后果。当事人违反的合同义务，既有约定义务也有法定义务。在违约责任中，当事人违反的合同义务主要是约定义务；在其他的合同责任中，特别是违反附随义务引起的合同责任主要是因违反法定义务。②合同责任违反的义务包括先契约义务、后契约义务和合同主义务。需要注意的是，合同责任当事人违反的是广义层面上的合同义务，这包含的内容十分广泛，在这些义务中主要是作为合同本体的合同主义务；其他的还有先契约义务、后契约义务以及附随义务。违反这些合同义务都发生合同责任。所以，合同责任不仅仅是违约责任，还包括其他合同责任。③合同责任的责任人既有合同当事人也有缔约人。合同责任违反的是广义层面的合同义务，既包括合同主义务，还包括其他附随义务；既然合同责任不仅仅是违约责任，还包括其他合同责任，因此，承担合同责任的主体就不仅仅是合同当事人，还包括缔结合同的缔约人，以及合同消灭之后的承担后契约义务的后契约义务人。④合同责任既包括约定责任又包括法定责任。合同责任包括两部分内容，即约定责任和法定责任。其中主要的是约定责任，这是指当事人在订立合同时约定的违约责任。合同法准许当事人自行约定合同责任，支持对于违约人予以约定的合同责任制裁。合同责任也是法定的责任，具体表现是：一方面，合同法规定违约责任，尽管是任意性法律规范，但如果当事人没有约定违约责任，或者约定的违约责任没有效力，这种法律规定的违约责任就会约束合同当事人；另一方面，有一些合同责任是法律规定的强制性责任，例如，在先契约阶段发生的缔约过失责任、在合同履行中发生的预期违约责任，都是法定合同责任。

2. 确定合同责任范围的基础

由于对合同的概念没有充分理解，有人将合同责任限定为违约责任，这是对合同概念理解狭隘的表现。我国对于合同概念的理解也并不统一。之所以对合同的概念产生不同的意见，根本在于对合同概念的界定标准认识存在一定差异。以狭义概念作为标准，按照后一种意见界定合同概念并无不当，应当限定为生效的合同才是真正意义上的合同。但如果按照广义的标准界定合同概念，将合同概念仅仅限定在有效合同上，是不适当的。合同概念不仅应当包括有效合同，而且应当包括无效合同，以及合同缔结前的先契约和合同消灭后的后契约阶段。这就是将有效合同作为合同概念的基干，向前延伸，将合同无效和合同缔结的先契约阶段概括进去；向后延伸，将后契约阶段也视为合同概念，也作为合同的范围。这样，广义的合同概念就是非常宽泛的概念，将整个缔结、成立、生效、履行以及后契约义务的履行过程都包括在内。

从不同国家的法律实践中就可以看出这一差别，德国法和法国法的基本分歧之一就体现在二者对合同概念的理解差异上。法国法采用狭义合同概念，认为只有有效成立的合同才是合同，缔结合同的行为不属于合同行为，发生的责任也不是合同责任，而是认定缔约过失责任为侵权责任。德国法认为，缔约人为缔结合同而进行的行为当然是合同行为，应当受合同法的调整，因而合同的缔约阶段以及合同消灭之后的后契约阶段都是合同概念的外延，都属于广义的合同概念。我国《民法典》是采德国法立场，也就是采用广义合同概念，故在合同责任的规范上对缔约过失责任（第 500 条）和违约责任（第三编"合同"第一分编第八章）做了明确规定。

三、合同变更与转让的解析

（一）合同变更的内涵解析

1. 合同变更的意义

合同变更的本质是债的变更，一般情况下，大陆法系其他国家或地区在立法上并不使用合同变更这一概念，但从学说角度来看却又承认债之变更及合同之变更概念。债之变更，是指债之关系在不失其同一性的前提下发生的主体与客体的变易。所谓债之主体的变易，是指债权让与、债务承担和合同承担；债之客体的变易，也就是债之内容的改变。由此不难看出，债之变更实质上是关于债之关系于成立后所发生的构成要素变易的总称。在立法上普遍受到重视的债权让与和债务承担，只不过是债之变更的两种形态。因而，可以说，大陆法系其他国家或地区的民法典虽未使用债之变更概念，但对于重要的债之变更类型均做出了明文规定。

合同的变更是指合同在未失其同一性的前提下所发生的内容变易。所谓合同的同一性，主要表现在两个方面：一是抗辩关系维持不变，如同时履行抗辩权不受影响；二是合同之担保不受影响。合同当事人对合同所做的修改，是否属于合同的变更，属于解释问题。解释的标准，首先是当事人的意思表示，其次是当事人订立合同所欲实现的经济目的，最后才考虑被修改的合同构成要素的重要性。因此，即使是合同的标的发生了改变，并不必然意味着当然属于合同的变更。

2. 合同的变更与合同的更改

（1）合同更改的意义。合同更改也可以称作合同的更新，是指变更合同的要素，以新债而消灭旧债。变更合同的要素，指新债可以用来变更旧债的性质、当事人、给付的标的与条件、期限等。更改渊源于罗马法，罗马法之所以创设该制度，在于想以此补救不承认债权让与和债务承担制度的缺陷。20 世纪以来，债的更改制度显现了明显退出民法典的趋势。《德国民法典》只字未提债的更改，《瑞士债法典》仅仅设立了不得推定为更改的两条规定（第 116 条与第 117 条）。《德国民法典》不单独规定债的更改的原因，在于更改既然应以当事人的协议为基础，根据合同自由原则，当事人如欲利用更改合同，则法律上并无禁止之理由。

（2）合同的变更与更改的区别。①合同被改变的范畴不同。合同的更改，可以对合同的主体、内容、性质、合同所附条件或所附期限做出改变；合同的变更，仅为合同内容的改变。②合同被改变的程度不同。合同的更改的本质在于旧合同的废除和新合同的建立，也就是合同的废旧立新，更改之结果为旧合同的彻底消灭、新合同的产生。合同的变更，是既存合同关系在不失其同一性的前提下所发生的内容变化，变更之后，合同关系继续存在，其原来所附利益及瑕疵，保持不变。另外，合同的变更，一般也不改变债权之担保及抗辩。不过，对于债务之扩张，非经保证人或物上担保人之同意，对他们不生效力。③法律效果不同。合同的更改会消灭原合同相关的旧债，合同的更改因而一般被规定为债消灭的原因之一；合同的变更仅致使合同的内容发生某种变化，与合同的消灭无关，《民法典》在合同的权利义务终止之外，对合同的变更单独做了规定。

当事人通过协议方式改变合同内容时，需要法的解释该协议是属于合同的变更，还是属于合同的更改。解释之依据，在于当事人的意思及合同内容所做改变的经济意义。一般情况下，合同关系虽经改变，而依社会生活观念，仍可认为属于原有合同的，则应认为该种改变属合同的变更。如当事人的意思表示不明确时，则应依双方的利益关系及其约定的全部内容，以判定其合同的法律意义。对于更改，应注视其保证及担保等随之消失的结果；对于变更，应注视其保证及担保等被维持的结果。单纯的给付义务扩张或以其他同种之物，代替给付物，一概属于合同的变更。如以其他种类之物，代替给付物，则为更改，例如，买卖合同变为租赁合同，各个物租赁债务变为全体财产之租赁债务，购地砖债务变为购地板债务，皆为更改。但金钱之对待给付改成以实物给付，或实物之对待给付改变成以金钱给付的，属于代物清偿，不可混淆为合同的更改。我国民法典虽然未规定合同的更改，但应将更改看作债之消灭的原因之一。

3. 合同变更的形式及内容

（1）变更协议。合同的变更必须采取协议形式，这点与合同内容的法定改变有一定区别。《民法典》第543条所谓"当事人协商一致，可以变更合同"，即为此意。

变更既然是一种协议，那么关于合同的订立与有效性的规定，自然可适用于变更协议。除法律、行政法规规定变更合同应当办理批准、登记等手续之外，变更协议可采取书面形式、口头形式或其他形式。变更协议如果是由于一方对另一方的欺诈、胁迫，或者变更协议是在重大误解、显失公平及乘人之危之下成立的，受害一方可撤销变更协议。当变更协议具有民事法律行为无效的情形时无效。

需要注意的是，合同变更涉及的变更协议并不属于独立的合同类型，这只是对某一类型合同内容进行修改得到的结果，因此，变更协议不具有独立存在的价值，其一旦成立，即成为原合同的组成部分，并与原有合同共命运。当原合同采取书面形式时，变更协议通常也采取书面形式，为反映合同的连续性，当事人时常将变更协议黏附于原合同之后。

变更协议自成立时生效，法律、行政法规规定变更合同应当办理批准、登记等手续的，依照其规定。变更协议可以附条件及期限。

（2）变更协议的确定性。变更协议属于合同，因此变更协议的成立也要满足合同成立必须具备的确定性标准，即标的与数量的确定。当事人对合同变更的内容约定不明确的，推定为未变更（《民法典》第 544 条）。

4. 合同变更的效力

合同变更协议生效后，原合同内容在变更协议所及范围内被修正，如标的物数量的增或减、履行期限的延长或缩短、履行地点的改变等，变更协议未涉及的内容仍维持其原有效力。另外，合同变更只对未履行部分发生效力，对已履行部分无溯及力。

（二）合同权利转让的内涵解析

1. 合同权利转让的含义

合同权利的转让，是指合同债权人通过协议将其债权全部或部分地转让给第三人的行为。

首先，合同权利转让的主体是债权人和第三人，债务人不是也不可能是合同权利转让的当事人。尽管权利转让时债权人应当及时通知债务人，但这并不意味着债务人成为合同权利转让的当事人。不过，转让的合同权利必须是有效的权利，无效的权利是不能转让的。

其次，合同权利转让的对象是合同债权。债权是一种财产权，因此可作为转让的标的。合同法是调整交易关系的法律，所以，不论是物权的流转关系，还是债权的流转关系，都应当受合同法的调整。但是，由于物权具有特殊性，整个物权的处分行为还要受到物权法的调整。

最后，权利的转让既可以是全部的转让，也可以是部分的转让。在权利全部转让时，受让人将完全取代转让人的地位而成为合同当事人，原合同关系消灭，一个新的合同关系产生。在权利部分转让的情况下，受让人作为第三人将加入原合同关系之中，与原债权人共同享有债权。

不管采取何种方式转让，都不得因权利的转让而增加债务人的负担，否则，应由转让人或者受让人承担费用或损失。

2. 合同权利转让的法律效力

只有满足了合同权利转让合同的成立，同时债权人将权利转让的事实通知债务人以后，且债务人未对这两个条件表示异议，才意味着合同权利转让的生效。在符合这两个条件的情况下，合同权利转让将会产生一定的法律效力，这种效力包括对内效力和对外效力。

（1）合同权利转让的对外效力。对外效力的生效对象为债务人，也就是合同权利转让中债务人受到的法律约束。合同权利转让按照法律规定生效后，债务人享有相应的权利，同时需要承担相应职责。第一，债务人不得再向转让人即原债权人履行债务。合同权利转让生效后，债务人向原债权人履行债务不属于履行合同行为，更不可以终止合同。在债务人向原债权人履行合同的过程中造成受让人损害的，债务人必须针对其造成的损害承担相应的赔偿责任。同时，原债权人在合同权利转让后仍接受债务人履行并构成不当得利的，债务人和受让人均有权要求原债权人返还其不当得利。第二，债务人必须按照合同规定向受让人履行义务，同时，债务人不再需要向原债权人履行义务。转让合同如果在债务人向新债权人履行义务后宣告无效或被撤销，如果债务人出于善意，那么受让人可接受债务人的履行，已经履行的义务仍然有效。第三，合同权利转让后，债务人仍然享有其对抗原债权人的抗辩权，该权利可以随着合同转让而转移至债权人。具体来说，包括同时履行抗辩、时效完成的抗辩、债权业已消灭的抗辩、债权从未发生的抗辩、债权无效的抗辩等。必须保障债务人享有抗辩权，这是他们维护自身合法利益的重要基础。第四，合同转让通知到达债务人时，债务人对让与人享有债权，如果债务人在合同债权转让前已经履行完成或者债权或合同已经到期的，债务人有权向受让人主张抵销。

（2）合同权利转让的对内效力。对内效力是针对转让人和受让人的法律效力，因为是发生在合同转让双方的效力，所以称为对内效力。第一，合同权利转让是由让与人将相应的权利转让给受让人。全部权利转让是指转让人将所有合同权利转让给受让人，受让人代替转让人成为新债权人，即受让人为新的合同权利主体，权利转让后，转让人脱离原合同关系。部分权利转让的情况下，受让人作为共同债权人加入合同关系，转让人仍然为合同债权人。第二，合同权利转让中，从属于主债权的从权利会随主债权的转移而转移，从权利主要包括抵押权、利息债权、定金债权、违约金债权及损害赔偿请求权等，需要注意的是，那些专属于债权人的从权利并不会随主权利的转移而发生转移。第三，转让人在转让合同权利时，需要保证其转让的权利有效存在且不存在权利瑕疵。受让人如果因为接受转让的权利存在瑕疵而承担损失的，转让人需要针对造成的损害承担相应的损害赔偿责任。需要注意的是，在转让人明确告知受让人其转让的权利存在瑕疵的情况下，即使受让人造成损失的也无权向转让人索取赔偿。第四，转让人对同一权利只可以转让以此，即转让给他人后不可以针对相关权利再次转让。重复转让权利涉及受让人不清的问题。一旦出现了重复转让问题，会按照一定规则确定受让人，有偿转让的受让人优先于无偿转让的受让人获得相应权利；全部让与中的受让人应当优先于部分让与中的受让人取得权利。此外，在这种情况下，受让人认定还遵循"先来后到"的规则，即先接受让与的受让人优先获得权利。

(三) 合同义务移转的内涵解析

1. 合同义务移转的含义

合同义务的移转，顾名思义就是实现合同中相关义务内容的转移，因此这也可以称作债务承担，是指基于债权人、债务人与第三人之间达成的协议将债务移转给第三人承担。

合同义务的移转可因法律的直接规定而发生，也可因法律行为而发生，但后者最为常见。因此，一般所指的合同义务移转，仅指依当事人之间的合同将债务人的债务转移给第三人承担。合同义务的移转包括两种情况：一是债务人将合同义务全部转移给第三人，由该第三人取代债务人的地位，成为新的债务人。这种移转称为免责的债务承担；二是债务人将合同义务部分转移给第三人，由债务人和第三人共同承担债务，原债务人并不退出合同关系。这种移转称为并存的债务承担。

同义务的移转与第三人代为履行很相似，但两者是不同的制度。

2. 合同义务移转的条件

（1）须有有效合同义务存在。合同义务转移最基本的条件是保证发生转移的义务是存在且有效的。也就是要保证债务实际存在，在合同订立后没有宣告无效或被撤销，否则无法发生义务转移的后果。从理论上而言，未来发生的债务可以由第三人承担，但是债务转移的前提是债务生效，只有这样债务承担合同才能发生效力。

（2）转让的合同义务须具有可让与性。合同义务移转伴随着合同义务主体的变化，因此，可让与性是合同义务转移的重要前提。对于那些法律规定不可以转移的义务，以及合同约定不可转移的义务，不可以发生义务转移后果，如因扶养请求权而发生的债务就属于不可转移义务。

（3）须存在合同义务移转的协议。合同义务的移转，必须在当事人达成转移协议的基础上，才可以实现合同义务的转移。债权人和债务人都有权与第三方签订合同义务移转协议。第一，对于债务人与第三人订立合同义务转移协议的情况。债务人与第三人签订债务承担协议后，第三人替代原债务人成为合同债务承担人，承担相应的债务。第二，对于债权人与第三人订立合同义务转移协议的情况。对于这种情况，默认债权人同意第三方替代其履行债务，也就是说，债权人与第三人之间订立的合同义务移转的协议，一旦成立便生效。

（4）须经过债权人的同意。一般情况下，债务人的合法权益并不会因为债权转让而遭受损害，但在一定情形下，债权人的合法利益可能因为债务转让而遭受损害。对于债权人而言，债务转让存在一定风险，因为新债务人是否具有履行债务的能力，是否在债务履行上做到诚实守信等都是未知条件。一旦债务已经转让，但是新债务人没有能力履行债务，或者有能力却主观上不履行债务，那么债权人的合法权益会遭受侵害，债权人的债权将无法实现。为了保障债权人的合法权益，《民法典》明确规定，只有在债权人同意的情况下，债务人才有权将合同的义务转移给第三人，不论是全部转移还是部分转移都是如此。在没有经过债权人同意下进行的合同义务转移属于无效转移，原债务人仍然需要按照合同向债权人履行义务，债权人可以选择不接受第三人的债务履行，同时还有权追究债务人延迟履行或不履行的责任。

（5）须依法办理有关手续。对于一些特定情形，法律、行政法规规定需要进行合同义务转移时办理批准、登记等手续的，相关人员需要按照规定的具体要求办理相应手续。

3. 合同义务移转的效力

第一，对于合同义务全部移转的，新债务人会直接替代原债务人的地位，成为这一合同的当事人，债务人将不再作为债的一方当事人。如果新债务人不履行或不适当履行债务，债权人只能向新债务人而不能向原债务人请求履行债务或要求其承担违约责任。合同义务部分移转的，第三人加入合同关系，与原债务人共同承担合同义务，原债务人与新债务人之间应承担的债务份额应依移转协议确定。如果当事人没有明确约定义务移转的份额，则原债务人与新债务人应负连带责任。

第二，合同义务移转后，新债务人可以主张原债务人对债权人的抗辩。新债务人享有的抗辩权包括同时履行抗辩权、合同被撤销和无效的抗辩权、合同不成立的抗辩权、诉讼时效已过的抗辩权等。当然，这些抗辩事由必须是在合同义务移转时就已经存在的。不过，专属于合同当事人的合同的解除权和撤销权非经原合同当事人的同意，不能移转给新的债务人享有。

第三，合同义务移转生效后，新债务人需要按照合同约定承担与主债务相关的各种从债务。从债务与主债务是密切联系在一起的，不能与主债务相互分离而单独存在。所以，当主债务发生移转以后，从债务也要发生转移，新债务人应当承担与主债务有关的从债务。值得注意的是，主债务移转后，专属于原债务人自身的从债务不得移转。

（四）合同权利和义务概括移转的内涵解析

《民法典》第555条规定："当事人一方经对方同意，可以将自己在合同中的权利和义务一并转让给第三人。"这就是对合同权利和义务的概括移转的规定。

合同权利和义务的概括移转，顾名思义就是同时转移合同权利及义务，也就是说，原合同当事人一方将相关合同中的债权债务一并移转给第三人，接受转移的第三人概括地继受这些债权债务。这种移转与前面所说的权利转让和义务移转的不同之处在于，它不是单纯地移转债权或债务，而是概括地移转债权债务。由于移转的是全部债权债务，如与原债务人利益不可分离的解除权和撤销权，也将因概括的权利和义务的移转而移转给第三人。

需要注意的是，合同权利义务的概括移转不仅可以依据当事人之间订立的合同而发生，还可以因法律的规定而发生在法律规定的移转中，主要包括如下情况。

1. 企业合并和分立的内涵

所谓企业合并，是指两个以上的企业合并在一起成立一个新的企业，由新的企业承担原先的两个企业的债权债务，或者一个企业被撤销之后，将其债权债务一并移转给另一个企业。在实践中，企业合并常常采取吸收合并或新设合并两种方式，但都会引起债权债务的概括移转。所谓企业分立，是指依照法定程序，将原企业分离为两个或两个以上的新企业。企业的分立引起的债权债务移转，是指在撤销一个企业的基础上，成立一个或数个新的企业，被撤销企业的债权债务移转给新的企业承担。可见，在企业合并的情况下，因为由多个企业合并成一个企业，所以由合并后的企业行使合同权利履行合同义务。如果由一个企业分立为数个企业的，由分立后的企业对合同的权利和义务享有连带债权，承担连带债务。如果债权人和债务人另有约定，则可以不适用上述规定。

2. 合同移转的内涵

合同移转也称为合同承担，是指一方当事人与第三人之间订立合同并经原合同的另一方当事人同意，由第三人承担合同方当事人在合同中的全部权利和义务。例如，在房屋租赁合同签订之后，承租人经出租人的同意，将承租人的地位全部转让给第三人，承租人不再成为合同当事人，而由第三人取代其在合同中的地位。第三人需要承担承租人所负的债务（如交付租金），同时也可享受承租人所享有的权利（如使用房屋）。在合同当事人一方与第三人达成概括移转权利义务的协议后，必须经另一方当事人同意后方可生效。

四、合同的法律风险及防范

（一）合同法律风险的界定

合同管理是企业管理的核心内容，企业只有开展切实有效的合同管理才可以保证企业的规范发展，实现企业的可持续发展，才可以提升自身的市场竞争力，对于企业而言，合同管理是一项必须加以重视的核心工作。合同管理是一个复杂而系统的工作，是一个包括了很多环节的过程，其中包括对合同文本的拟定、合作双方的协商洽谈、对合同进行内部讨论及审批合同等环节。公司必须加强合同的规范管理。首先，这样可以有效提升企业信誉，在当前社会，信誉对于企业的生存发展起着至关重要的作用，企业只有具有实事求是、诚实守信的良好形象，才能从根本上赢得客户的认同和信任；其次，这样做可以最大程度上保证合同规范，企业加强合同的规范管理可以帮助它们更好地认识相关法律风险，从而使其在履行合同的过程中有意识地规避法律风险，以此维护自身的合法权益不受侵害。

合同的法律风险，实际上就是指出现事实情况与合同所规定出现背离的现象，在合同履行过程中引发意外，使得企业不能达到它所预期的目标，致使企业的权益得不到保障。因此，我们对合同中发生的法律风险界定为从开始预备合同到合同的解决与救济的这一过程。合同是否规范，合同中的事项都有可能对企业的利益带来影响。

（二）合同法律风险的类型

1. 签订合同时存在的法律风险类型

（1）不完善的条款。在签订合同时，必须检查合同中是否存在不完善的条款，合同条款是否存在模糊和漏洞，这是导致合同法律风险发生的风险因素。因此，在合同的拟定上必须清晰详细地列明条款，将合同双方的条款都加入其中，保证不省略任何条款，也不忽略违约条款，否则，一旦出现问题就可能因某个条款争执不休，严重时，可引发合同纠纷。因此，在签订合同时必须尽可能地保证条款的完善和详尽，明确各自的责任与义务，以免产生合同违约风险。

（2）不规范的内容。合同的拟定十分重要，为了规范合同文本，我国采用统一的合同规范文本。合同直接关系到当事双方的经济利益，因此必须保证合同足够严谨，不明确的文字表达、语句表达都可能造成合同纠纷，因此需要规范合同的内容，使用统一的合同文本，充分结合双方企业的实际情况来撰写合同，以免产生不必要的纠纷。

（3）不具备资格。合同签订涉及当事双方，因此合同的生效必须经过双方当事人的一致同意，但需要注意的是，签署合同是需要相应的资格的，不具备签订合约资格的当事人签订的合同并不具备法律效力。为了保证合同的法律效力，当事人必须在签订合同前准备并提供一些材料，以此获取相应的签约资格，符合签约资格的才可以签约。一般而言，企业中一些重要合同的签订，只有企业的法人才具备签约资格。

（4）没有建立健全合同管理制度。企业管理存在风险，企业风险控制和管理对于企业发展而言具有重要意义，而实现这一目标的基础是建立科学有效的管理制度。合同风险控制是企业管理的重要组成部分，而想要切实有效地控制合同风险，必须建立健全合同管理制度，实现合理化制度管理，这有助于促使企业在最大程度上遵循法律法规，使其受到法律的保护。而一些企业不具备这种意识，没有对合同管理中的制度充分地调研，致使企业所制定的一系列规章制度有违相关法律的规定，风险就相伴而来了。

2. 履行合同时存在的法律风险类型

（1）对相关权利的行使不合理。需要注意的是，合同不仅规定了当事双方的权利，还规定了双方必须承担的义务和责任。在合同履行的过程中，一方当事人行使权利不合理，或者没有承担其需要承担的法律责任，就可能造成一定法律纠纷。为了避免这一清形的发生，当事人要认真履行合约上的条款，在履行的过程中若发现问题，需及时与对方联系，对合同的相关内容进行修改。

（2）对程序不重视。合同签订后，双方不可以放松警惕，因为不关注合同的实际执行情况会使问题无法及时发现，这就可能导致法律风险的发生。所以，双方当事人必须充分观察合同的执行情况，及时发现问题，解决问题。当一方当事人发现问题后，应及时与对方进行联系，要形成规避风险的意识，以免承受不必要的损失。

（3）发现问题时，变更合同不及时。在合同签订完成后，合同有时会存在一定的不足与缺失，这时双方当事人很容易不当一回事，没有及时联系对方，并对合同加以修改和补充。虽然双方发现了问题，但没有进行及时的沟通，并将合同进行变更，这就致使其出现错误，企业也因此而遭受损失。基于此，一旦双方发现了问题，应该进行协商，达成一致要求后，依照法律程序及时对合同进行变更。

（三）企业合同管理法律风险的识别

1. 合同管理的程序

我国的法律形式主要有两种，即程序法与实体法。程序法是指一项制度在执行中的一个标准，并且具有一定的理论导向性。合同管理是企业的重要工作，企业合同管理人员应该加强合同管理程序的管理，以此提升合同的规范性与务实性。企业必须保证合同管理程序毫无纰漏，只有这样才能保证合同执行过程中没有漏洞，才能保证合同的顺利执行。一旦合同管理程序不规范，就可能导致后期执行缺乏正确可靠的管理方向与管理指导，从而使企业遭受合同管理法律风险。因此，企业在进行合同管理时，必须制定一个有效的、科学的、完善的管理程序，并且在合同管理的每个环节都严格执行。

2. 合同管理风险的识别

企业经营管理的一个重要组成部分就是合同管理，高水平高质量的合同管理，是高质量高水平的企业经营活动的重要前提。在实践中，企业可以利用相关法律保障自身的合法权益，企业在经营管理中必须加强运用法律手段的能力和水平。高质量的合同管理对于企业经营管理而言具有重要意义，合同管理直接关系到企业的整体管理制度，前者偏差会引起后者偏差，也就是说，企业合同管理出现问题可能导致企业无法按照原定计划发展，严重的甚至会导致企业发展脱离法律轨道，各种影响企业正常运行和发展的风险都可能发生。由此可以看出，企业必须重视合同管理，保证合同管理具有法律效应。实际上，企业规章制度可以在一定程度上识别合同中存在的风险。

（四）合同法律风险防范的措施

1. 企业签订合同之前的法律风险防范措施

面对企业在签订合同之前所蕴含的法律风险，企业可以通过以下三种措施进行防范。

（1）企业要对合同主体资格进行严格审查。为了保护自身利益，合同签订当事人应该仔细检查合同主体方的营业执照、组织机构代码证、税务登记证等证件，并且要检查这些证件是否有效，如是否在有效期内、是否经过年检等。此外，还要严格审查合同项目企业相对人的实际情况，包括生产许可证、相关资质证书以及特殊产品经营许可证等。

（2）要对合同主体信誉情况进行严格调查。企业应该审查对方企业的注册成本，检查对方企业是否存在不低于合同标之中的额度等情况。同时，企业还需要对对方企业的经营情况进行全面了解，审查其资产负债率、违约行为和信誉情况等。

（3）对合同主体的另一方的履约能力进行评估。企业需要审查合同对方是否具备相应的民事行为能力，避免由于对方不具备民事行为能力而造成合同效力不足的情况发生。同时，充分了解对方企业的实际能力，可以有效避免由于实际生产能力无法满足合同的要求标准而造成合同无法按要求履行的情况发生。

2. 企业签订合同过程中的法律风险防范措施

面对企业在签订合同过程中所蕴含的法律风险，企业可以通过以下三种措施进行防范。

（1）要加强合同的文本管理工作。签订合同的过程中就要做好合同风险防范工作，企业应该按照一定标准归纳总结自身在日常运营过程中最常使用的合同文本，以此为基础进一步完善合同的条款内容，最终制定出一个对于企业来说最合适的合同规范文本，企业签订合同时应该尽可能优先使用经过自身完善的合同文本。

（2）建立内部合同文本使用规范。企业要在内部建立一个合同文本使用的规定，借此对具体事项、金额、应使用的文本类型以及风险规避条款等多方面的内容进行明确。

（3）加强印信的管理工作。一般情况，企业会有专门的合同专用章，为了规范管理，企业应该制定相应的合同专用章使用和保管的规章制度，并建立使用台账，同时要加强合同专用章使用的记录登记工作。企业应该明确规定合同专用章的管理部门，并且加强对合同专用章使用的检查与监管，针对相关工作制定科学完善的责任追究制度，按照制度规定严厉处罚企业内部的不规范合同专用章行为。同时，企业要注意严格防止保留、保存盖好合同专用章的空白合同文本，企业要对该有合同专用章的合同文本进行销毁登记操作，防止他人利用盖好合同专用章的空白合同文本进行违法操作，从而造成法律风险。

3. 企业合同履行过程中防范法律风险的方法措施

企业进行合同管理，最核心的部分就是对合同的履行进行管理，这是一个动态过程，合同的签订、交货、验收以及结算等环节的管理都涵盖在内。因此，合同当事人必须充分掌握合同涉及的各种权利及义务，在此基础上推进合同的顺利履行，也只有这样才能保证合同当事人在实际履行合同条款内容的过程中及时发现对方当事人是否出现了违约行为，从而依法保障自身的合法权益，同时能在合同无法履行或者不存在履行可能的情况下，及时采取相应的补救措施，有效减小企业自身的经济损失。

（1）加强合同履行管理能力与水平。首先，企业必须进一步完善和加强自身的合同履行管理工作，还应该加强对对方当事人合同履约情况的实时监测。在企业内部，需要建立科学有效的合同履约管理制度，并且建立相应的合同履行台账，通过这些手段从意识层面保证相关企业员工可以遵守合同条款并切实履行。此外，企业还应该加强协同工作，这样可以全方位推动合同条款内容的切实履行。同时对合同主体另一方的合同履行情况进行密切关注，对抗辩权进行正确、及时的行使，从而有效保障自身的合法权益。

（2）加强合同变更过程中涉及的法律风险防范工作。在实践中，很可能在合同履行的过程中出现变动合同内容的情况。一旦合同出现变化，企业必须及时对发生变化的内容签订变化协议，必须对原合同中发生变化的条款内容进行充分说明和明确规定，此外还要对没有变化的条款内容进行有效检测，以此保证合同的整体有效性。

（3）及时有效地处理违约情况。企业对于合同主体另一方的违约情况要及时采取法律措施。在履行合同条款内容的过程中，当对方出现违约情况时，企业要及时提出意见并采取相应的措施来维护自身的合法权益。当企业在履行合同的过程中发现对方出现怠惰行为，那么企业可以提前中止合同。当对方已经出现违约现象或者在合同履行期限届满之前出现预期违约情况时，企业要及时对对方的违约责任进行追究。

（五）合同法律风险防范的策略

1. 合同信息化

随着时代的发展和社会的进步，合同形式也发生了变化，但是合同管理效率却没有随之提升，也就是说合同管理与企业发展之间出现了断层，对于现代企业而言这是一个普遍存在的问题，但同时这也是一个急需解决的问题。通常企业会将明确发展方向和制定发展计划作为其重点关注对象，但是却没有意识到合同管理在企业发展中的重要作用。当前，信息化和智能化已经成为时代发展的符号，这也会影响合同形式，影响合同管理，企业进行合同管理必须充分利用信息化手段。

首先，企业可以利用信息数据监管合同风险内容，利用技术手段对合同进行高效统一的内部管理，实现传统合同的电子化，这样一方面可以防止合同的损坏，另一方面还可以帮助企业更好地对合同进行流程化管理。例如，企业想要分析市场走势，只需要调取相关数据进行分析就可以得出结论。此外，实现合同信息化管理可以在很大程度上降低合同管理的人力投入，减少相关工作人员的工作压力，提高管理效率。对合同进行信息化管理可以方便企业进行整体规划，从而有效提升其整体工作质量与工作效率，还可以帮助企业更准确有效地预防合同管理的法律风险，这已经成为企业合同法律风险管理的发展趋势。

2. 管理体系的优化

企业还应该从优化管理体系的角度实现加强合同法律风险防范的目标，这主要体现在合同本身性质与综合管理模式的构建方面。企业制定并签订合同是为了获取一定经济利益，同时，企业还需要承担相应的法律责任，合同决定了企业的生产内容和管理模式。因此，制定并完善企业管理体系，首先要保证管理体系的合法性，推进企业管理从专业性管理逐渐转变为综合性管理，也就是说，企业应该建立一个综合管理部门专门处理合同相关事项，由一个部门完成合同周期内需要完成的所有事项。对于合同的签订和履行，企业业务部门和法律部门仍然要根据实际需要履行自身职责，但加强综合管理意味着企业综合管理部门可以获取合同所涉及所有事项的资料，这样可以保证合同的统一调度，使企业更方便获取有价值的战略信息，促进企业的战略性发展。就目前我国企业发展而言，很多企业实现综合管理模式的难度较大，但不可否认的是，这种管理模式必然会成为未来一种全新的管理趋势。

3. 战略性管控制度

企业开展合同法律风险管理工作，是为了实现稳定可持续发展，而战略性管控制度可以帮助企业进行科学的风险管理。企业制定战略性管控制度，需要遵循合法性、明确合同的价值及提升企业的管理效率这几个基本原则。合同是企业经营活动的理论依据，也是外部活动的重要载体，无论是对于企业的决策还是信息统计分析，所包含的管理信息与财务信息都可以发挥显著的效果。例如在合同的订立方面，合同内容需要保证合法性，例如是否属于禁止性交易，标的物本身是否拥有合法的权属证明。因此，一定要和对方界定清楚合同标的，这样可以避免出现差错。此外，关于产品或服务是否会存在质量标准问题，除了强制性的国家标准以外，还应该采用推荐性标准，强化对合同的约束力。特别是在企业出现争议或纠纷时，要结合合同内容进行诉讼或仲裁，在违约问题等多项条款方面进行细化处理，例如损失范围、金额、具体比例等，要综合考虑举证成本、法院或仲裁机构认可程度等因素。

第三节　电子合同法律问题探析

——基于证据视角

近年来，信息网络的快速发展带动了互联网商业群体的大量涌现，电子商务的发展也在互联网的推动下愈发繁荣，现代生活离不开交易，所以说交易是整个电子商务活动的基础。而现实生活中，当事人交易会通过协商双方的条件达成合意签订合同。通过合同来约定和约束双方的交易行为，不仅为双方从事电子交易行为明确了条件，更为其提供了法律保障。但是由于互联网环境自身的特点，互联网环境的电子商务相关信息存在着数据可能被篡改、使用者身份可能不真实、网络行为可能难以被承认、数据电文可能难以作为诉讼证据等诸多问题，而在法律实践中也存在着大量的网络法律纠纷，因而给电子商务合同的证据的效力带来极大困难。

一、电子合同的基础概论

（一）电子合同的概念

电子合同多应用于电子商务领域，顾名思义，电子合同以普通合同为基础，即当事人以电子手段进行协商、签订和终止民事关系的协议。同时有以独特的交易方式通过互联网为媒介等各种手段进行订立。通过以上概念可以发现电子合同拥有更多选择交易的方式，可以更加便捷地协商交流，提高了交易的效率。

（二）电子合同的特点

合同成立的条件是权利义务达成一致，合同成立并不代表着它一定生效，如果合同是附期限或是附条件的，那么只有期限或条件达到时合同才生效，抑或是它自始至终无效。各种情况决定着合同效力的复杂性，如主体之间协商是否一致、是否符合法律的规定或是社会公共利益，当事人是否具备行为能力以及当事人订立合同的目的和形式，等等。传统合同主要针对其书面效力，而电子合同因其订立的方式和环境不同更应该分析其特点。

1. 电子合同主体的隐蔽性

普通的合同以当事人双方约定特定的地点进行签订，这样有利于了解彼此的身份状况和经济能力。而电子合同的订立不同于普通的合同，在复杂的网络环境下，合同订立的过程以及形式是不受约束的，并且有可能标的物在签订完合同后会实现自动交易，因此整个交易的过程当事人只需要在网络的两端进行操作，通过在网上注册账号，绑定身份信息来辨别对方的身份和考核其信用等级，由此确保交易顺利完成。但即便如此，辨别当事人仍存在着一定的隐蔽性。

2. 电子合同内容的无形性

传统合同的订立是双方当事人会保留一份合同原件，除非当事人约定要修改合同，否则没有特殊的情况传统的合同是不会被轻易篡改和销毁的。而电子合同的签订是以网络信息为基础进行交换的，它与传统合同最大的区别是无纸化，其数据内容在各种应用设备中存在，这些文件可能因为其无形性而造成其可靠性需进一步考察，所谓的当事人之间的要约和承诺无法考证，极大地改变了证据的运作方式。

3. 电子合同的可复制性

电子合同相较于传统合同最大的特点是电子交易信息的原件可以被以现代的各种方式复制，而且复制品和原件无任何差异。其复制的原件可以作为电子证据来使用，电子合同在交易过程中涉及当事人的协商记录、约定平台以及传送方法都可以被作为证据提供。因此电子合同因其可复制而成为证明的重要证据。

二、电子合同的立法现状

（一）我国电子商务合同的立法现状

我国电子商务的发展始于 20 世纪，在发展的过程中电子商务的交易规模日渐增大，为此国家予以高度重视并制定和修订了一系列法律法规，这些法律法规作为调整电子商务法律关系的法律依据发挥了很大的作用。随着现代信息网络的加速，电子商务的发展已经成为推动我国经济增长的重要因素，同时立法部门也应该完善电子合同的相关法律，为我国电子商务的发展构建一个和平稳定的环境。因为电子网络通信技术不够发达，我国最早关于电子合同的相关法律的规定是比较欠缺的。之后合同法就在电子商务发展迅猛的同时不断采纳了新的法律情形。而合同法的部分法条规定了以数据电文形式签订的合同成立的法律条件以及效力。尽管只是在性质上做出了相对宽松的规定，对于现实司法实践欠缺相应的操作性，但是对于电子商务的推广具有一定的前瞻性，同时也为电子合同相关法律的应用打下了基础。

2004 年我国出台了《电子签名法》，并于 2005 年 4 月 1 日正式实施，这是电子合同立法领域颁布实施的一项重要法律制度。该法通过参考国外相关经验而制定，明确了电子合同以网络为媒介的发送和接受方式在法律上的效力，确立了电子签名这一合理化保障方式。它解决了电商发展面临的阻碍，为我国数据电文方面提供了立法保障，进一步巩固了电子合同的法律效力，消除了电子交易的安全问题，维护了当事人的合法权益，同时也奠定了我国电子合同交易的法律基础。

2019 年我国《电子商务法》应运而生。该法对电商交易的当事人做出了法律约束，对其权利和义务做出了法律规定，并为电商交易过程中遇到的各种问题提供了法律依据，规范了电子商务平台的环境，明确了当事人的法律责任，保障了电商交易的合法运行。

从全国人大以及全国人大常委会制定的相关法规到地方性法规再到政府规章制度，其中有关调整电子商务法律关系的有：《全国人大常委会关于维护互联网安全的决定》《计算机软件保护条例》《互联网信息管理办法》《互联网电子公告服务管理规定》《中国互联网络域名注册暂行管理办法》《关于审理涉及计算机网络纠纷案件适用法律若干问题解释》等。我国电子商务立法有了更加全面、更加规范的发展。

（二）国外电子商务合同的立法现状

电子商务的发展在全球范围内存在着许多不同。全球体系下，各国人均消费情况和管理体制的差异，导致不管是国际电子贸易还是各国内的发展情况都存在着难题，只有完善电子商务体系，健全电商各个方面的法律规定，才能促进各国在大环境下良好发展。联合国因为要调解各国的贸易纠纷，统一国际交易的范围和规则，于是出台了《电子示范法》。该法作为示范法开放型的立法模式，为各国电子商务立法提供了参考和借鉴。

1. 美国

美国由于其自身雄厚的经济实力和高度密集的商业贸易，电子商务的应用领域和规模都远远领先于其他国家，美国电子商务立法始于州立法，传统的合同法在美国属于州立法的范围，于是犹他州率先颁布了《数字签名法》，该法明确了法律条文的形式并规定了电子签名所具有的法律效力。美国的电子商务立法因为州立法的原因，其制定的法律具有很大的开放与自由，便于构建一个统一规范的电子贸易框架。

2. 欧洲

欧盟委员会则提出了"欧盟电子商务动议"，该文件主张国家与国家之间协调电子商贸的统一与规范。并随后在两年内先后出台了《关于内部市场中与电子商务有关的若干法律问题的指令》《电子商务指令》《电子签章指令》。欧盟立法的特点是加强认证机构对于电子合同出现问题的证明力，高度重视和关注电子合同双方当事人的正当权益，同时以国家的宏观调控为手段维护电子交易的安全，增强电子消费的信心。

3. 亚洲

亚洲各国家和地区关于电子合同相关法律的制定与欧美国家相比较为落后。

亚洲最先制定相关法律的当属新加坡于 1988 年颁布了《电子交易法》，作为先行的商务示范法，为亚洲国家制定电子商务立法提供了规范体系，促进了电子商务的快速发展。该法重点约束和规范了电子合同的效力、电子签名的认定以及双方当事人应该承担的责任等法律问题。

三、电子合同订立的形式

（一）电子合同订立方式的类型

1. 以电子数据交换订立的合同

电子数据交换的是一种国际间交易惯用的模式，它是将双方的经济信息通过网络进行数据间的交换和处理。因为减少与传统合同间的书面环节也被叫作无纸交易。通常是企业、公司间进行贸易的业务过程，同时它也具有一套国际间交易的标准格式。它的出现极大地提高了工作的效率，使人力和物力资源得到充分利用，促进了电子商贸的发展，也提高了各企业的竞争力。但是，此类商业交易往往数额较大，在签订电子合同时需要寻求更安全的专业交易平台，所以费用较高。同时还需要专业的操作人员，并且要求交易双方当事人具备一定的技术操作能力以及安全保障能力。

2. 以电子信息交换订立的合同

以电子信息订立的合同是以网络间当事人订立的合同协议为基础，从所谓的电子设备输入有关交易的文件信息或图片等，最后通过各种通信软件将其传送到另一端当事人的设备上的信息。它是现代电子交易应用最为常见的方式，以其速度较快、交易方式便捷而区别于传统的交易模式。生活中常见的方式有微信、短信、电子邮件等，它的优势在于不受时间、地点的束缚，可以及时有效地了解交易的信息，但在传送的过程中可能缺乏一定的安全性，所以要求使用可靠的认证方式，以确保电子合同的真实性。

（二）电子合同订立主体的分类

1. 当事人亲自订立的合同

当事人亲自订立的合同顾名思义是当事人一方以其约定的传送平台和方式为前提，与合同的另一方当事人进行协商，并且当事人认定要约要件真实合法从而签订的合同。此类合同只要合同双方主体都是完全民事行为能力签订并且双方意思表示真实，合同即合法有效。

2. 电子代理人订立的合同

电子代理人通常指不需要双方通过所谓的电子信息进行协商约定签订的合同，而是一方以其固定的交易模式系统为基准，而另一方当事人只需遵循该指令，自己完成操作订立。而这种模式被称为网上自动交易系统。生活中的网上购物、网上银行就是网络交易中比较常见的电子代理人订立合同模式，此类合同的最大优势在于操作简单，一般以自己的意思表示为主，签订合同的当事人法律关系明确，便于协商。如当事人想要在网上进行购物，此时当事人选择了心仪的商品，并点击选择交易时，电商平台的系统会自动接收当事人的购物信息，并自动下达订单，而不是像传统合同般需要当事人面对面验证。而一旦电商平台下达交易信息签订买卖合同，当事人就可以利用网上银行来进行转账支付，而此时的网上银行同样根据其自身的系统来处理当事人的交易信息，并自动为其转账。

（三）电子合同订立关系的分类

电子合同的订立是买卖双方交易的过程，在此过程中，电子合同买卖的主体可能会在交易过程中与所谓的第三方的交易中心产生业务上的关系，这些交易关系是一连串的并且是相互联系和彼此参与的。电子合同的交易是合同的买卖主体、网银系统和认证平台相互参与的行为，进一步可分为B—C模式、B—B模式和C—C模式。其中B代表的是商家，C代表的是消费者。而所谓B—C模式就是我们常用的购物模式，这种电子合同模式是近几年比较新兴的方式，这种合同是当事人以自己的需求为主选择自己心仪的电商网络交易平台，例如国内知名的淘宝、京东等商城，通过这些电商平台交易首先必须在此平台上注册账号，注册的过程需要对信息的真实性进行核实，例如手机绑定、身份证绑定等这些基本的信息登记，最后通过支付宝或者微信等支付手段与商家进行交易，从而订立合同。B—B模式是电子采购商与供应商之间以合同的形式发出要约、协商并完成履行的活动。C—C模式是消费者个人与个人之间的电子商务，卖家将商品放在交易平台上，买卖双方通过该平台完成各自的订单，并进行收付款交易，然后卖方将货品送达给买方。

四、电子合同证据证明存在的问题

表1 电子合同的证据类型

证据类型	主体身份	证据内容	举证形式	具体案件
电子邮件	用户名、密码、绑定的手机发送人，接收人	发送时间，接收时间，传送过程中的安全性，邮件的内容	下载电子邮件并打印纸质版	北京××××技术服务有限公司上海分公司诉许某劳动合同纠纷案
聊天记录	用户名、密码、发送人、接收人	发送和接收时间，聊天记录的保密性，信息传输过程中的安全性、聊天内容等	电子信息储存介质的载体以及聊天信息的复制情况	上海××网络科技有限公司与北京××××网络科技有限公司计算机软件合同纠纷
手机短信	手机号码的登记姓名，手机号码的使用人，短信接收人和发送人	短信发送和接收时间，发送手机位置变动，短信内容完整性	相关信息的摘录以及电信运营商提供的短信清单	上海××广告有限公司与沈阳××××展览有限公司广告服务合同纠纷上诉案
支付宝	用户、密码、登录方式，用户认证方式	发布时间、签字的步骤	支付宝转账凭证及借款电子回单	刘某诉陈某借款合同纠纷案

从以上的案例可以得出电子合同的证据证明主要有三方面的争议。第一，电子合同的证据原件效力性问题，由于现代网络技术的发展，电子合同的签订方式也存在多样性，对于以上证据的类型其原件的举证方式有别于普通合同的证据形式，所以其效力也值得商榷。第二，电子合同的电子数据来源是否真实，以上案例中考虑到电子证据的完整性，网络系统的安全性以及第三方存证、公正的合法性都需要研究。第三，电子合同中电子证据的主体问题，以上案例中电子邮件的操控人、聊天记录的使用人、手机短信的实际发送人还有支付宝用户的认证人这些证据的当事人的签订方式不同于普通合同，因此这些软件的主体具有隐蔽性，这些证据如何来进行举证是一个问题。

（一）我国电子合同证据信息采纳性问题

1. 证据类型不明确

尽管我国对电子证据有太多详细的法律规定，但我国《民事诉讼案法》规定了七种可采纳的证据形式。对于当前电子合同的证据形式是属于视听资料还是书证，其证据类型不够明确。电子合同的储存媒介与视听资料都是无纸化的，其载体表现形式之间没有多大区别，同时《最高人民法院关于民事诉讼证据的若干规定》也规定了对计算机以及录音等视频资料证据的收集，肯定了视听资料的复制件的法律效力，而电子证据无法呈现其原件只能以复制的形式存在，故而电子合同证据原件属于视听资料的范畴。但是《民法典》第469条规定了数据交换和电子邮件签订的合同符合书证中能以各种形式证明其内容的法律效力，因此电子合同可视为书面形式。

2. 证据判断不统一

《最高人民法院关于民事诉讼证据的若干规定》对电子证据原件的采纳做出约束，只有最初形成的数据信息才被视为证据的原件，其他情况下都是复制件，其复制件与原件的效力不同。而《电子签名法》对于证据原件的规定是：数据内容真实，在存储、传送的过程中不会被篡改，并可以被随时提取而不影响其完整性。因此两者对于电子证据原件的认证角度有所不同，前者是从载体的角度来判断，后者是从内容的角度来判断。

（二）我国电子合同证据内容真实性问题

电子合同交易的合法性是建立在法官对于合同内容是否真实地判断的基础上，目前虽然我国对于电子证据的保障方式做出了相应的法律规定，但是只有《民法典》《民事诉讼法》《电子签名法》等较少的法律规定。这些规定在一定程度上保障了电商交易平台的信息安全性，对于证据保全的认证机构也日渐增多。但是从以上案例可以看出电子交易信息在当事人的储存、网络交易传送以及另一方当事人接收过程中都会存在数据的缺失以及篡改等问题，这就对电子合同内容的真实合法性带来了证明问题，而现实生活中由于技术的快速发展以及技术本身存在的缺陷，对于电子合同证据的真实性不仅要考虑电子证据的生成、传输、储存的整个过程，还与计算机系统、运营商网络、传输网络密切相关。这就造成了法官对于电子合同的证据难以做出合理的判断。

（三）我国电子合同证据主体认定性问题

通过案例分析可以发现，争议焦点往往在于当事人通过电子设备来签订合同，其背景是虚拟的网络环境，即使当事人通过邮箱、手机注册账号成为合法的用户，大多数情况下仍旧无法确认当事人的身份。而在实际当中也常常会存在第三人利用当事人的账号和密码，以当事人的身份发出要约，签订虚假合同，抑或是当事人存在被胁迫而做出的虚假表示而签订合同。这就是电子合同订立双方必须要解决的当事人主体认定问题。

在电商领域，对于当事人身份进行辨认难度较大。在互联网时代许多电子交易都会有通过手机验证或身份证注册账号来进行交易，尽管电商平台会有保密服务，但是现实生活中还是会出现用户的信息被泄露的情况。此时常常因为电商缺乏真实有效的保护机制，而无法证明自己尽到了保护义务。而当事人基于此情况也常常会在注册账号时使用虚假信息而保障自己的真实身份不被泄露，这就对电子合同的主体认定带来了极大的困难。

对于当事人身份的确认，为了避免事后否认，电子签名是比较普遍的身份认证制度。根据《电子签名法》第14条的规定，电子签名必须是当事人签订合同时独有，并且其自身的签名以及合同信息内容的改动能被有形式地记录发现。虽然以上法条对于电子证据的主体的认定有一定的帮助，但是现实生活中，进行电子交易时当事人对于《电子签名法》所要求举证的条件常常难以达到，尤其是现代电子交易方式众多，电子证据的类型也不尽相同。对于当前电邮、短信、微信等方式的电子签名认证的标准不够统一，对于主体信息的推定，则需要更多的证据来互相举证。

五、保障电子合同证据证明的方式

（一）加强电子合同证据证明的合法性

1. 明确电子证据的法律定位

直接证据与间接证据最大的区别在于对案件的证明力，对于同一案件中直接证据能直观、有效地证明其真实而间接证据证明过程相对复杂，需要结合其他关联性较强的证明进行辅证。由于电子合同与传统证据中的视听资料一样都是以电子形式作为证据信息储存，并且在传输过程中容易出现缺少，而且其载体都是无纸化，因此把其作为视听资料归入间接证据中，但是对于证据单一的情形，法官会因此没有其他证据的证明而不能定案，所以电子证据又不能这样分类。与此同时电子证据又能以电子合同交易方式有形地表现所载的内容，与书面证据中能以各种形式表现出来的内容其与主体表达的意思真实的规定相一致。但是书面证据的复制件与原件具有同等的效力，而把电子证据作为书面证据又不能更好解决其原件的效力，所以关于电子证据信息归属问题还是有别于传统形式的。

2. 完善电子证据的法律适用

根据《最高人民法院关于民事诉讼证据的若干规定》电子证据作为立案的关键会因为保存问题而无法提供数据的来源。在现实生活中电子证据以复制件的形式进行保存并向法庭予以提供，如果要求证明数据来源的真实有效性，其原件效力与复制件效力是不同的。因此，从载体方面考虑，电子证据的原件是不能实现的，并且《电子签名法》是专业针对电子合同出台的法律，其更具有效力，同时，基于新法优于旧法、上位法优于下位法的规则，应该按照《电子签名法》的规定来判断数据电文是否符合原件形式的要求。

（二）加强电子合同证据来源的关联性

合同成立的前提是双方当事人意思表示真实，但在电子合同中，双方当事人的意思表示是否真实是无从考量的，这一点很难鉴定，订立双方都是通过电子软件来操作自己的意思表示的，如果当事人当时的意思表示一致，互相据此做出承诺并把信息发送到要约方，而此时要约方又以电子合同上出现的证据并非真实意思表示而拒绝履行合同的内容，另一方又无证据表明，这就很难判断了。这样也会使电子合同的效力处于可变更和可撤销的状态。因此，对于电子证据本身内容是否真实，还需要从多方面来考查。

1. 电子设备系统

电子设备系统产生的记录与信息功能是否正常对于电子合同内容是否无误至关重要。如生成电子合同的常规系统程序是网上自动交易系统还是当事人人工订立的合同；当事人的操作规则是否正常；当事人双方的系统是否匹配；电子设备的运行状况是否健康；是否在签订合同完成之后系统受到更新；等等。

2. 电子证据的储存

如电子证据的存储平台是否是多方认证的；电子证据储存的方法是否合理；

电子证据的存储是否遭受过不合法的改动；电子证据在储存时是否是除当事人以外还有其他知情情况；电子证据是否存储在多个以外的应用载体。

3. 电子证据的传送

如电子证据在传输过程中的平台是否合法；传送的时间是否在该平台上有所记录；传送的过程是否受法律保护；当事人约定传送的手段是否统一；传送的证据是否与当事人所协商的内容一致；当事人传送的信息是否系当事人亲自所为，对于庭审前证据的严密性是否得到保障，对于证据的考查是否得到相关法律的许可。

4. 电子证据的收集

电子证据的种类繁多，对于电子证据的收集要分情况提取，要考察相关证据的收集是否合法；相关技术人员的手段是否经过授权；电子证据在收集的过程中是否会被篡改；安全性是否得到保障；证据的收集是否得到当事人的一致同意和认可。

（三）加强电子合同主体对证据的举证责任

由于电子证据的生成、存储、传输以及提取等环节会出现事实不清、手段不合法、内容不完整、形式不规范的情形，而这些否定性情形对于当事人来说其证明难度可想而知，所以对于电子证据的判断应该以当事人提供主要依据的同时也应该加强其举证责任。我国《电子签名法》明确约定，如果要确定电子信息的主体，需从当事人是否授权、信息是否自动发送、收件人认证的方法是否合理进行举证。并且对于这些举证可能会成为法官对于合同主体认证的重要依据。

同时鉴于电子证据的举证形式比普通的证据举证更加困难，所以对于电子证据的来源真实度以及区分对象的不同，实行有条件的情况下谁反驳、谁证明的规则，加大被告的抗辩权，增强对认证公证平台以及当事人保管义务的举证。而电子证据的举证责任规则是谁持有、谁举证，持有者通过电子证据的书面形式结合数据电文、内容信息以及对当事人主体的身份、行为、时间、地点的关联痕迹等证据分析，一方需要举证证明其合同的成立以及合同的内容真实有效，其次通过举证操作的平台是否合法规范同时说明借款人用户的名称和身份证等信息是否真实可靠。另一方提出抗辩应证明妥善履行保管该平台的用户名以及绑定的银行卡、身份证的信息义务，要充分地证明排除自己操作错误的原因，同时证明损失产生的原因可能是该平台出现了漏洞，或是有他人冒用其名订立协议盗用其用户的可能。

　　总之，电子合同是互联网时代科技发展的产物，随着社会生活的进步电子合同的订立随处可见，对于新兴起的电子合同其与传统合同既有联系又有冲突，因此在现实应用中也出现了许多法律问题，对于目前电子合同证据的效力仍应该加强相关的立法措施，维护当事人的合法权益，提高司法效率。

第五章

婚姻家庭法律制度研究

以调整两性关系和血缘关系为表征的婚姻家庭法植根于具有普遍意义的微观社会生活，对其规范亦带有鲜明的"私人利益关系"取向，并具体表现为两个方面：一是源于婚姻家庭自然属性的人的自然需要和利益，此乃人格化的本质性利益而非目的性利益；二是由婚姻家庭社会机制所衍生的人的身份利益及其伴随的财产利益，可谓伦理化的法权利益。近现代婚姻家庭法的价值定向集中于确认这种利益，调整该利益在主体间的互动关系，通过保障此类"私益"的最佳满足达到婚姻家庭社会功能的有效实现。本章基于婚姻家庭法中的结婚、离婚、扶养等制度，并对其理论和实务问题进行了剖析。

第一节　同性婚姻合法化问题

同性恋是指性成熟的个体在心理上和生理上只对同性具有性兴奋的反应。同性恋者，是指具有同性恋性取向的主体，无论是否已经有过同性恋行为，都是同性恋者。我国《民法典》第1046条关于"结婚应当男女双方完全自愿"的规定，排除了同性恋者进入婚姻家庭生活的可能性。

无论是在西方世界还是东方国家，婚姻是基于男女两性的自由结合这一事实，从古至今一直牢固地埋根于人们心中。可现在，这一众所周知的事实却被迫面对一个巨大的挑战。有关同性恋权利的保护，在欧美人权界已成为一个热门的话题。而当中争辩得最激烈的便是——争取"同性婚姻合法化"。在全球，同性婚姻已经得到若干国家的法律认可，但同时也遭到许多国家乃至几大宗教势力的竭力反对。在中国，有关同性恋者权利的保护尚未成为一个突出的社会问题。但是，同性恋问题作为一种独特的社会现象，已经开始引起人们广泛的关注，同性婚姻合法化问题也已在国内引起了热烈的争论。

一、对同性恋的基本认识

"同性恋"（homosexuality）一词最早是由德国医生 Benkert 于 1869 年提出的。同性恋行为是一种对于同性的其他人表现出来的亲密行为。顾名思义，同性恋就是指发生在同性间的恋爱，它是指对异性不能做出性反应，却被与自己同一性别的人所吸引并希望与之发生性关系的一种性态。在 Benkert 创造这个医学名词之前，同性性行为曾被基督教会谴责为罪恶，并在一些欧洲国家，包括英国，被定性为违法，如一百年前英国的奥斯卡·王尔德就曾因为介入同性性行为而受到监禁。波斯纳指出，西方文化对同性恋的社会政策史俨然就是一部强烈反对、频频流放、社会以及法律予以严酷惩罚的历史。那些有着同性性行为的人被当作越轨者、堕落者、倒错者，换言之，他（她）们变成了"同性恋"。直到 20 世纪的性革命中同性恋的命运才有所改观，先是在北欧的一些国家，尤其在瑞典、丹麦和荷兰，同性恋者在很大程度上已经争取到与异性恋相当的权利，其中包括缔结婚姻的权利。中国已于 1997 年的《刑法》中删除了过去被用于惩处某些同性恋性行为的流氓罪，这被认为是中国同性恋非刑事化的一个标志。

从本质上看，同性恋属于一种对异性不能产生性要求和性满足的自然生理现象。1973 年，美国精神病学会率先做出将同性恋剔除出疾病分类的决定，次年美国心理学会也做出了类似决定。世界卫生组织也于 1992 年确认：同性恋是属于少数人的自然现象，并不再将其列为心理障碍（性变态）。2001 年，中国精神病学会颁布第三版《中国精神障碍分类与诊断标准》，同样将同性恋从疾病分类中剔除，这就意味着同性恋不再被视为一种疾病，同性恋在我国首次不再被划为心理异常的病态了。因此，同性恋不过是与异性恋的性倾向不同，而性倾向的差异并不能成为一个理性社会不去尊重和保护同性恋合法权益的理由。

二、同性婚姻之争论

（一）赞成的观点

李银河教授认为，同性恋者同异性恋者一样，在法律面前是平等的个体，不能因为他们的性倾向不同就歧视他们。用婚姻形式束缚和保障同性伴侣之间的关系，还可以减少性病传播的可能性。并且，对同性恋这个弱势群体持宽容态度，允许其结婚，也可以使我国人权保护跻身世界先进行列。社会学家、人类性文化研究专家王红旗先生认为，人们对婚姻主要有四个方面的需求：心理上的需求、情感上的需求、生理上的需求、生活上的需求。同性恋已被证明非医学疾病，它作为人类情感的一部分，与异性恋同样存在上述四个方面的需求，所以应当受到法律的保护。国内一些知名律师也认为，同性婚姻只是对主体做出不同选择，不再局限于异性之间，使婚姻主体在选择上得到了解放。

（二）反对的观点

几千年来，婚姻制度就是一男一女结合而设的。如果同性也可以结为夫妇，婚姻就不是现在的婚姻。有学者认为，婚姻法不会为同性婚姻单独设置新的规则，因为对社会成员财产权利或者人身权利的保护，在不同的法律中都有规定。如法定继承人以外的其他人对被继承人尽过较多的照顾义务，可以适当分割一部分遗产，这就解决了继承问题。田秀云教授则是从婚姻的自然属性方面提出反对意见，她认为，婚姻家庭关系是自然规律和社会规律合力作用的产物，只有这种两性的结合才能被社会制度和法律制度确认为夫妻关系。那种同性恋的结合，是违背自然规律和社会法则的，是不会被确认为婚姻关系。我国目前大多数学者都对同性婚姻持反对观点。

（三）本书观点

目前中国可以理解和接受这个群体的人在渐渐增加，但是整个社会的排斥和歧视依然存在，法律对他们的保护更是一片空白。在同性婚姻方面，本书认为同性婚姻应当合法化，即对同性恋婚姻进行立法保护和规范。

第一，从法理上讲，"法律面前人人平等"要求同性恋者的权利必须得到法律的平等保护。我国宪法规定中国公民不分性别、年龄、种族、宗教信仰等平等地受到法律保护，不受任何歧视。法律允许每个人自由选择自己生活的模式，自由选择生活伴侣，同性恋者只是在这个模式里换了一个性别的伴侣而已。法律既然给予了公民同等的自由选择权，就应该对他们选择的结果给予同等的对待。因而如果法律给予异性恋婚姻以承认和保护，也就应同等地保护同性恋者婚姻，不可以以性取向为标准划分人群来区别对待。

第二，从现实上看，法律能以自身独特作用维护同性恋群体在内部关系和对外关系中的权益。同性恋伴侣间虽然缺少婚姻形式，但是实质的伴侣关系一直存在。另一方面，虽然现在很多的同性恋伴侣共同生活，但在同居期间当他们有了财产的纠纷、继承问题时，却没有法律可以适用。这种权益空白急需法律的强制保障力去规范、去填补。在对外关系中，因为社会的歧视和排斥行为，同性恋者受到种种不公的待遇，造成了一开始所说的实质权益和精神上的损害。现代科学已证明同性恋也是一种自然现象，社会的歧视纯粹源于僵化的道德观念氛围，是不正确的价值观。对于道德糟粕我们应摒弃，更不应以此为借口对他人施加不公正待遇。在这方面，法律拥有最权威的价值判断和导向力，应努力推动整个社会理性化，引导大众正确对待同性恋人群。

第三，从社会角度看，法律承认同性恋婚姻对社会有益无害。现在由于同性伴侣间的结合关系没有法定婚姻形式加以保障和束缚，容易造成部分同性恋者交友随意，加剧群体的不稳定性和性病传播概率。相反，法律若承认了同性婚姻，那么双方以结合关系产生的合法身份权可以使部分同性恋者建立相对稳定关系，有效解决群体内部和对外的矛盾，促进社会安定融洽。

同性婚姻在中国目前还不被承认，同性婚姻合法化首先面临着法律上的障碍，而这种障碍，实际上剥夺了同性恋者的同性婚姻权，显然这是不公平的。同性婚姻合法化的法理基础是我国宪法上的平等权，它体现着一个社会的文明与宽容度，是社会的现实要求，更是时代发展的趋势。相信随着中国经济的快速发展及社会的文明和人们观念的进步，同性婚姻合法化的时机将越来越成熟。

第二节　合同视角下的离婚时彩礼返还新问题

一、案情介绍与评析

张某（女方）与王某（男方）于 2010 年 4 月 14 日登记结婚，在婚前（2010 年 4 月 8 日），王某承诺给张某家 4 万元彩礼，由于当时王某手头紧俏，便给女方写下一纸承诺："我答应给张某家的四万彩礼，现因为坝陵桥的平房还没有过户成我的名字，无法卖掉，先把婚礼举行，等房子过户成我的名字，我马上卖掉，一定把四万彩礼给齐，绝不食言。"按照王某的这一承诺，以及基于张某对其的信任，双方在登记结婚后的 2010 年 5 月 1 日如期举行了婚礼，而属于王某的房产（王某继承其父的遗产，王某之母、之妹通过公证放弃继承，现房产权属于王某一人）也于 2010 年 11 月过户在其名下，但王某一直没有兑现当初的承诺，而此事也成为双方日后感情破裂的一个导火索，再加之双方经常因为一些琐碎小事而吵闹，最终导致感情破裂，张某于2014年6月向当地法院起诉离婚。在诉讼请求中，张某要求王某给付婚前所承诺的四万元彩礼。这项请求能否得到法院的支持，需要在法律上梳理如下问题。

（一）现行法律关于彩礼给付的法律定性及相关规定

从古代的"三书六礼"到现代的婚姻，彩礼的给付似乎已经成为婚嫁的一道必经程序，不论这种给付是否是当事人真实的意愿，但在某种意义上应该视为是在婚姻中对女方家的尊重和缔结婚姻诚意的体现，也即彩礼的给付与买卖婚姻是性质截然不同的行为。尽管如此，在法律当中对给付彩礼的定性仍然是有争议的，存在普通赠与说、附条件赠与说、附义务赠与说、目的性赠与说、婚约定金说等观点。笔者认为，将彩礼的给付定性为目的赠与、附解除条件之赠与为妥。也就是说，在目的已成就或解除条件（离婚）成就前，彩礼的所有权属于女方，但如果目的未成就或解除条件（离婚）已成就，由于彩礼存在的基础已不复存在，"皮之不存，毛将焉附？"依照相关法律规定，女方应依不当得利返还。

关于结婚彩礼的返还，最高人民法院发布的《婚姻法司法解释（二）》第10条进行了明确规定："当事人请求返还按照习俗给付的彩礼的，如果查明属于以下情形，人民法院应当予以支持：（一）双方未办理结婚登记手续的；（二）双方办理结婚登记手续但确未共同生活的；（三）婚前给付并导致给付人生活困难的。"这样的规定为实践中解决彩礼返还纠纷确实提供了法律依据，也给欲借婚姻敛财的当事人敲响了法律警钟。

（二）个案的剖析折射出的法律盲点

《婚姻法司法解释（二）》第10条的规定在某种程度上确实为实践中解决彩礼返还纠纷提供了制度保障和法律依据，但就本案所反映出来的问题，这条规定似乎显得捉襟见肘。《婚姻法司法解释（二）》第10条适用的前提是在缔结婚姻过程中，依照习俗，男方已将彩礼给付女方，如果双方未登记结婚或在离婚时，符合法律规定的这三种情形，女方是应该返还的，至于是全部返还还是部分返还，得依个案而定，用证据说明。法律之所以这样规定，就是为了将借婚姻敛财的风险降到最低。但综观此案，不难发现，该案中男方在婚前并没有给付女方彩礼，没有给付的原因是当时给付彩礼的标的物的所有权还不属于男方，但男方为此专门写下保证，承诺标的物一旦过户到其名下，立即兑现彩礼，而女方基于婚姻中对对方最基本的信任，和男方如期办理结婚登记并举行婚礼，婚后共同生活且育有一子，在离婚时，女方主张婚前的彩礼，可否？现行的婚姻法及其相关司法解释并没有明确规定该情形下的彩礼返还（给付）。据此，可以得出这样的结论：婚前男方给付女方彩礼了，女方如符合法定的三种情形，就应返还男方彩礼，反之，婚前男方承诺给付女方彩礼，并且"白纸黑字"写明，女方和男方踏踏实实过日子，离婚时，索要这部分彩礼的法律依据却"无影无踪"，这样的规定应该是有违民法平等保护的原则的。

在婚姻法及其相关司法解释中找不到本案的法律依据，那民法的其他部门分支会有相关规定吗？对这个问题的回答，离不开对彩礼给付的定性，彩礼属于目的赠与、附解除条件的赠与，现在本案的关键是男方在婚前并未给付女方，而双方结婚之目的又已实现，这明显与附解除条件的赠与在逻辑上是矛盾的。附解除条件的赠与说明在解除条件成就前法律行为已生效，当条件成就了，法律行为归于无效，而本案恰恰由于男方婚前并未给付，也就是这个赠与并未生效，自然谈不上女方的返还问题。

综上分析，将彩礼定性为附解除条件的赠与与《婚姻法司法解释（二）》第10条的规定在逻辑和体系上能够自足，但对本案的解决似乎走进了盲区，最终无奈的选择就是《民法典》第658条第一款的规定①，男方似乎有充分的法律依据支持自己的"出尔反尔"，而女方的索要恰恰于法无据。

本书认为，在理论上本案中女方的诉求应该得到法律的保护，理由如下。第一，保护女方期待利益说。婚姻的缔结是以双方的自愿为前提，这种身份性质的法律行为显然与等价有偿原则下交易的自愿不能一概而论，婚姻中的"自愿"更应靠双方的忠诚、诚信去维系，在此案件中，女方之所以暂缓男方的彩礼给付，正是对男方，更是对婚姻信任的一种体现，这种信赖利益应得到法律的保护，否则，无异于鼓励人们的不诚信。第二，共同财产利益减少说。关于彩礼的性质，主流观点依然是把其定性于附解除条件的赠与，即在条件成就前，赠与行为是生效的。也就是说，如果男方在婚前信守承诺给付了女方彩礼，按照习俗，该彩礼似乎应成为双方婚后的共同财产，正是男方的毁约，导致女方婚后可得的共同财产相应减少，那此部分（至少彩礼数额的一半）也理应得到法律的支持。第三，单方允诺债务形成说。目前，我国学者起草的三部民法典

---

① 《民法典》第658条第一款规定："赠与人在赠与财产的权利转移之前可以撤销赠与。"

草案都明确将单方允诺行为作为债的发生原因加以规制，王利明教授在比较单方允诺和契约合意后，进一步得出单方允诺更有利于维护当事人利益和交易安全的结论。可见，单方允诺的效力正当性已得到学者的认同，问题的关键是在实践中，哪些单方允诺可以被强制执行目前仍然存在争议。故笔者结合此案认为，虽婚姻的缔结乃双方之自愿，但作为社会最小细胞的家庭，它的稳定、和谐与否直接关乎社会的稳定、和谐，而婚姻的维系又需要彼此的忠诚，所以，这种婚前的单方允诺已承载的是一种社会公众的期待，它应当被强制执行，从某种意义上也能让当事人担负起应尽的责任，从而降低离婚率。

以上分析仅是作者支持女方诉求的理论上的拙见。然而，如何将本案的公平解决与现行法律及理论做一个完美的重构，将在下面对此详尽阐述。

二、赠与合同撤销权视角下的法理分析

（一）不同性质的赠与与撤销权的关系

1. 一般赠与与撤销权的适用

所谓一般赠与，即仅仅是为了增进情感，加深情谊而为的给予，这种赠与不同于具有救灾、扶贫等社会公益、道德义务性质的赠与或经过公证的赠与，后者的目的性、针对性更强，承载着更多的社会利益或赠与人的意志，所以针对一般性的赠与，《民法典》第658条赋予了赠与人在履行赠与合同前的任意撤销权，给其在没有充分考虑下而为的赠与一个补救的机会。本案中，男方婚前承诺给付女方的彩礼，不应该仅仅视为一个普通的赠与，因为这种赠与是以和对方缔结婚姻为前提的，况且是在女方已和对方完婚的情形下，如果允许男方援引第186条的规定，对女方而言是显失公平的。这种婚前彩礼的赠与更应定性为"赠与约定"而非"赠与原因"。所谓赠与约定是指在债权人和债务人之间要产生债权债务法律关系，一方违约，将要承担违约责任，而赠与原因强调的是为已经发生的财产变动提供正当性，该赠与意思单方、双方均可，但都不产生赠与人的给付义务。

2. 附义务赠与与撤销权的适用

所谓附义务赠与，即在赠与法律关系中，赠与人对其赠与附加一定的义务，作为受赠人取得赠与物的前提，当受赠人不履行该义务时，赠与人是可以请求受赠人履行的。所以，《民法典》第661条明确规定："赠与可以附义务。赠与附义务的，受赠人应当按照约定履行义务。"如果受赠人不履行约定义务的，赠

与人同样可以撤销赠与合同，只不过此撤销是法定撤销。如果用此理论来分析该案，那么，以下问题值得商榷：

能否将彩礼的给付定性为附义务的赠与？答案是否定的，理由如下。第一，如果将结婚作为彩礼给付所附的义务，极易导致买卖婚姻现象的出现，这与婚姻法倡导的婚姻自由原则是相违背的。第二，在附义务赠与中，如果受赠人不履行约定义务，赠与人是可以要求其履行的，而婚姻如果作为彩礼给付所附的义务，由于其具有的人身性，导致其不可以被请求执行。在这个意义上，彩礼的给付可理解为目的赠与。在目的赠与中，赠与人是无权要求受赠人必须实现当初赠与之目的的，而只能于目的不被实现时，依不当得利要求受赠人予以返还，这与将彩礼给付定性为附解除条件的行为，在理论内涵上能够保持一致。第三，附义务的赠与，赠与人行使法定撤销权应当自知道或应当知道撤销原因之日起一年内行使，而附条件的赠与，当条件成就或不成就时，法律行为的效力是自始的、当然的、确定的，无须行使撤销权。

（二）类推的引入与对赠与撤销权在该案适用中的质疑

通过上述分析，可以看出，彩礼的给付行为既非一般赠与，也非附义务的赠与，那么，作为一般赠与的任意撤销权和附义务赠与的法定撤销权在撤销彩礼给付中是否适用，是一个值得商榷的问题，因为它不仅关乎理论的逻辑是否自给，更关乎个案中当事人合法权益的保障。所以，通过对类推适用规则的法律分析，希冀对该问题的法律完善抛砖引玉。

所谓类推适用又名类比推理，它是指在法律就某种情形的立法适用没有明确规定的前提下，在司法实践中，可以比照相近的法律规定加以处理的规则。这充分说明，当法无明文规定的时候，个案的处理不会陷入一种僵局，反而会出现"柳暗花明"的转机，因为相类似规定的法律条文所蕴含的法律原则和法律精髓在解决该案的过程中同样适用，同样可以被彰显。这种类推规则的适用，是以一定的公理、政策和衡平的需要为基础的，它更是法律正义价值的要求，而在现代社会，类推适用只具有私法价值而不具公法价值。但需要说明，类推的适用止步于民事领域。因为在刑法和行政法等公法领域内，要严格执行罪刑法定原则和依法行政原则，类推的适用在实践中比较难以把握。故按照类推的原理，可以得出这样的结论：法律规定了女方应当返还彩礼的三种法定情形，这样的立法大大保护了婚姻中男方的权益，按照孟德斯鸠"在民法慈母般的眼里，每一个个人就是整个国家"①，平等保护自是民法应有的基本原则，那么从保护女方角度而言，女方与对方办理了结婚登记，并且也已共同生活，由于特殊原因婚前男方没有给付彩礼，但其书面承诺彩礼会于婚后兑现，于此情形下，若允许男方以赠与合同任意撤销权的行使来撤销该赠与的话，那女方的权益又何以保护？如果允许赠与人随意以单方意志而撤销赠与，即法律是在变相承认赠与人的出尔反尔、言而无信，那么，"君子一言，驷马难追"的道德理念岂不在法律中如同一纸空文？况且，赠与人的任意撤销权在某种程度上是凌驾于受赠人意志之上而行使的，全然不顾受赠人的感受，这岂不又是公然挑战社会的公平、正义理念吗？所以，基于彩礼给付行为法律性质的特殊性，僵化适用赠与合同的撤销权势必会以当事人合法权益的牺牲来保全法律在个案中的适用，这也绝不是立法者的初衷。

三、赠与合同任意撤销权的立法内涵

（一）任意撤销权的法理基础

1. 赠与合同单务、无偿、诺成的性质之使然

赠与合同的单务性、无偿性和诺成性决定了在该法律关系中，赠与人只负义务，而且该义务没有对价权利，一经承诺即发生法律效力，这样的法律规则从权利义务对等关系来看，对赠与人似乎是不公平的，而作为追求公平、正义的法律在此刻便赋予了赠与人一个任意撤销的权利，即在履行赠与合同前，赠与人原则上是可以随意撤销赠与合同的，以此达到平衡赠与人与受赠人之间的利益，这也符合利益衡量的价值追求。

2. 利益衡量下的价值选择——特别优遇赠与人

一个法律制度的出台是否能产生积极的法律效应取决于该制度的理论生命力是否能经得起实践的考验，而这一考验标准就在于该制度是否达到了法律关系当事人之间的利益平衡，由于赠与合同的特殊性质，各国在规范该制度时无一例外地都赋予了赠与人任意撤销权这项特别优遇赠与人的制度，这与赠与合

① 孟德斯鸠的这句名言见于他的巨著《论法的精神》。可以说，这是对民法精神的最好概括，民法为每个人提供温暖的怀抱，促使其幸福而有尊严地生活，追求效用水平的最大化，实现社会资源的最优配置。作为民法灵魂的民法精神，潜藏于生活的每个角落、个人的幸福生活、市场经济的正常发展与和谐社会的真正构建。我们的时代也呼唤这样的民法精神。

同的性质定性密不可分。

（二）任意撤销权之"任意"的内涵分析

法律赋予赠与人任意撤销权的前提是赠与合同的性质使然，是保护赠与人的一种价值选择，但任何事物都不是绝对的，《民法典》第 658 条第二款规定："经过公证的赠与合同或者依法不得撤销的具有救灾、扶贫、助残等公益、道德义务性质的赠与合同，不适用前款规定。"可以看出，此类合同是赠与人任意撤销权行使的例外。也就是说，任意撤销权之"任意"是相对的，这种相对性也体现出法的包容性。

（三）任意撤销权之行使与民事责任之承担

赠与人在行使任意撤销权后，对受赠人来说，无疑是一种无形信誉的损失，这种心理期待利益的损失，也势必会造成彼此信任的游离，对整个社会诚信秩序的构建形成一种威胁。那么，在任意撤销权被行使后，对赠与人造成的损失也应该由一种责任机制来约束，这就是责任的承担，唯有此，双方利益才能达到一种平衡。

四、任意撤销权的立法不足

（一）缺乏赠与人行使撤销权的约束机制

意思自治是民法的基本原则之一，这一原则体现在合同法领域中便是契约自由，法无明文规定皆自由便是对其最好的诠释。那么，在赠与合同中，赠与人自愿以其不利益而让受赠人获益，无可厚非，或许此行为乃一时冲动之举，为了平衡双方之权益，法律赋予了赠与人在实施赠与行为之前的反悔权——任意撤销权。但《民法典》第 658 条的规定未免有些简单，它只规定了在财产转移前可行使任意撤销权，这样的规定极易产生权利被滥用的风险，而综观民法中的其他"撤销权"类型，均对权利行使的条件和时间做出了明确规定①。

（二）缺乏对受赠人信赖利益的保护机制

从人的有限理性的角度来看，任意撤销权的存在似乎有其合理性和必要性，但不强调赠与人行使任意撤销权的原因是该制度设计上的一个缺憾，极易导致

---

①　《民法典》第 152 条规定了撤销权的消灭；第 541 条规定的债权人的撤销权，针对不同的情形，分别规定了 1 年和 5 年的除斥期间。

赠与人滥用该权利，从而损害受赠人的信赖利益。而撤销权在性质上属于形成权，在形成权中，权利人为相对人设定义务，相对人在被动接受义务的过程中处于不平等的地位，为避免相对人在法律上受到差别对待，法律为形成权的行使规定了一系列限制，如必须通过诉讼程序行使、权利人终止合同需要说明理由、权利人存在主观过错必须承担赔偿责任等。而我国缺少权利行使的约束机制，那么，对受赠人信赖利益的保护必然会显得捉襟见肘。我国在缔约过失责任的构建中，就是充分考虑了合同一方因信赖对方的未来诚信履行，而招致对方不诚信时，法律即赋予了该方信赖利益赔偿请求权，这种立法模式，同样可以在赠与人任意撤销权行使中为保护受赠人的信赖利益而充分借鉴。

五、完善赠与合同任意撤销权的措施

从法律规定赠与合同撤销权制度本身来看，立法的目的是希望通过该制度达到对法律关系当事人利益均衡保护的目的，因为赠与法律行为的特殊性，可能使得立法中难免对其适当倾斜，但纵观整个民法理论，赠与是双方法律行为，双方当事人应处于同等重要的法律地位，可现行法律规定似乎有"顾此失彼"之嫌疑，在保护赠与人利益的同时，对处于相对弱势的受赠人并没有给予太多的关怀。所以，加大对受赠人利益的保护，方能真正平衡双方之地位。在此，本书提出如下措施。

（一）确立任意撤销权行使的约束机制

1. 确立任意撤销权行使的期限，明确规定除斥期间

赠与人的任意撤销权在内容上虽然不是绝对"任意"的，诸如具有救灾、扶贫等社会公益、道德义务性质的赠与合同或者经过公证的赠与合同是不得被任意撤销的，但除此以外的赠与合同，赠与人在行使撤销权时似乎又是绝对的"任意"，因为赠与人"一不高兴""一不乐意"就可以行使任意撤销权，而使赠与合同归于无效，受赠人在赠与合同中的命运就如跳梁小丑一般听命于赠与人的意志，这样的立法缺憾无疑使赠与人的任意撤销权过于膨胀，这与民法中的撤销权理念也是相违背的。

纵观民法，我国目前的撤销权制度主要集中在以下立法规范中：一是一般撤销权制度，主要在民法总则中予以规定，如《民法典》第 147~151 条；二是破产法中的撤销权，如《破产法》第 31 条的规定；三是在债的关系中，债权人的撤销权，如《民法典》第 538、539 条的规定；四是赠与合同中的撤销权，如

《民法典》第 658、663 条的规定。从对这四类撤销权制度的比较中可以看出，前三类撤销权的行使条件相对比较严格，要受除斥期间的限制，因为从理论上来讲，撤销权一般属于形成权，而形成权最明显的特征即是通过单方意思表示就可以决定法律关系的命运，相对方对于法律关系的变动是一种"被"接受，正是基于这一点，所以，从平衡双方利益角度而言，应该明确规定任意撤销权行使的除斥期间，以降低该项制度在实践中被滥用的风险。至于除斥期间的计算，可从合同成立之初算起，且不存在中止、中断、延长的情形，这样更有利于在平衡双方权益的基础上维护交易安全，构建和谐秩序。

2. 确立任意撤销权的行使方式

从《民法典》第 658 条的规定可以看出，对任意撤销权如何行使并未明确写明，而法律行为有要式和不要式之分，如果允许撤销权以非要式（口头）方式行使，则会产生两种不利后果：一是法律的严肃性、谨慎性易遭破坏，二是纠纷产生后，不利于证据的收集。为此，本书认为，任意撤销权应以要式（书面）形式来行使。

3. 扩大不可撤销的范围

第一，效仿日本民法，以书面形式达成的赠与不得撤销。赠与人的任意撤销权制度始创于日本。《日本民法典》第 550 条规定："非依书面的赠与，各当事人可以撤回，但已履行完毕的部分，不在此限。"该条充分说明，以书面形式订立的赠与合同，由于其形式上的要式性，足以表明当事人在订立合同时的严谨性，这种"严谨"在法律上是当事人三思而后行下的意思自治的充分体现，而在道德层面，也体现了"君子一言，驷马难追"的诚信，无论与法与理，作为"帝王条款"的诚信原则应该是民事主体在民事活动中秉承的思想准则和行为指引。所以，一旦当事人以书面形式固定赠与的意思表示，这种表意便是不允许当事人以行使任意撤销权为由而加以撤销的。

第二，明确约定放弃任意撤销权的赠与不得撤销。任意撤销权从权利性质或功能角度来看，属于形成权。所谓形成权，即单方意思表示就可决定法律关系的命运。如此一来，在赠与合同从成立到履行的这一阶段，受赠人时刻处于一种不稳定的法律关系状态中，因为只要赠与人行使任意撤销权，双方的法律关系也便就此终结，这对于为履行赠与合同而做了一定准备工作的受赠人来说，无疑是一种精神和情感的打击，从而也阻碍了市场经济的正常、有序发展，因为没有一个理性主体愿承受不稳定之法律关系。所以，如果赠与人在订立合同之初已明确放弃任意撤销权的，事后不允许反悔。

第三，所附义务大于赠与物价值的赠与不得撤销。撤销权究其实质，其实是法律赋予赠与人在其真正履行赠与前的一次反悔的权利，这种权利就像一把双刃剑，它在保护、平衡赠与人利益方面似乎是无可厚非的，但如果被不当运用，则有可能扼杀受赠人的期待利益、信赖利益，成了用表面的公正掩盖法律关系内在的不公正的"恶法"，这绝不是立法者的初衷。对撤销权予以必要的限制，符合权利不得滥用的立法原则，是对权利自由绝对化的矫正。《民法典》第661条规定，赠与是可以附义务的，这条规定并不是赠与合同单务性、无偿性的否认，而是赋予赠与人与受赠人更大的自主空间，而且通常所附的义务也不是赠与物的对价。同时《民法典》在第663条又规定，当受赠人不履行赠与所附义务时，赠与人是可以撤销赠与合同的，此撤销权是赠与法定撤销权的内容之一，法律之所以这样规定，是平衡当事人利益后的选择，义务的履行是赠与合同生效的条件，当前提不存在时，合同自无生效之必要，赠与人即可行使法定的撤销权，这样的规定不无道理。但是，该规定在与任意撤销权衔接时会出现一种矛盾，譬如，当赠与所附义务高于或大于赠与物价值时，受赠人不管出于何种原因而履行了该义务，依照任意撤销权理论，赠与人同样是可以行使撤销权的，这对已履行赠与义务的受赠人来说是极大的不公平，反而容易成为赠与人"戏谑"受赠人的工具，违反了法的公平、正义。所以，有必要明确规定，在受赠人已履行义务的范围内，赠与人是不可以撤销赠与的。

（二）确立受赠人的信赖利益保护机制

1. 引入损害赔偿制度

我国法律对于合同中当事人信赖利益的保护制度主要体现在缔约过失责任的构建上。该责任产生于合同缔结过程中，即双方处于接触、磋商阶段，基于诚信原则而负的先合同义务的违法致相对方信赖利益的损失而负的赔偿责任。同理，在赠与合同中，如果赠与人欲行使任意撤销权，极有可能导致为接受赠与而事先已做履行义务准备的受赠人的利益受损害，但由于此时双方的赠与法律关系已成立，而非处于缔约阶段，所以，适用缔约过失责任追究赠与人的赔偿责任并不妥当，只能依照受赠人的损失，并基于公平原则来进行赔偿，从而约束赠与人滥用任意撤销权，此法理基础乃为民法之诚信原则。然而，诚信原则并不是一个具有必须予以核对的具体要件的法律规则，而是可以被称为一个"开放性"的规范。它的内容不能通过抽象方式来确定，而只能通过其被适用的方式得以具体化。

　　2. 增加恶意赠与的惩罚性赔偿制度

　　所谓恶意赠与，即赠与人在没有赠与真实意图的前提下，而对受赠人所为的虚假的赠与意思表示。按照法律行为效力理论，不具备真实意思表示的行为是不生效的，而这种不生效是赠与人的主观原因所致，为了惩戒不诚信行为，本书建议，增加"惩罚性赔偿制度"，即赠与人除了赔偿受赠人因信赖赠与所受的损失，还应给予不超过赠与物价值一倍的赔偿。①

　　综上所述，从对赠与合同任意撤销权的重新厘定的基础上，并结合婚姻法关于对离婚时妇女权益保护原则的规定，本书建议，在婚姻法司法解释（二）第 10 条关于返还彩礼的三种情形之上，增加一条规定，即"婚前男方以书面形式明确约定给付女方彩礼的，而婚后未予兑现的，离婚时，女方可要求男方返还，法院应予以支持"。只有这样，才能真正彰显民法以人为本的关怀理念。

第三节　离婚案件中对无过错方保护的法律问题思考

　　婚姻的缔结本就是结两姓之好，而婚姻关系又是这个社会上最普遍、最广泛的一种关系，但是随着近些年来大家对婚姻关系认识的一些变化，加之这种关系又易受外界的影响，很容易产生一些问题。我们每个人都希望能有一个和谐美满的家庭，希望和自己的配偶安静祥和地度过余生。但如果遭遇婚变，我们也应该使用法律武器来保护自己的合法权益不受侵犯。

　　早在 2010 年 4 月的《中华人民共和国婚姻法》（修正案）中，就强化了对违反婚姻义务行为的制裁，该法中增设了"离婚损害赔偿制度"，这是对我国婚姻法律制度的完善，弥补了之前的法律空白，对于婚姻关系进行了更多细化的规定，离婚损害赔偿制度是对婚姻当中的无过错方进行救济的一项制度。近些年来，我国的离婚率逐年攀升，这给社会带来许多不稳定的因素，面对婚变，

---

　　① 《民法典》第 1185、1207、1232 条明确规定了惩罚性赔偿制度，《消费者权益保护法》第 55 条规定的是"购买商品的价款或者接受服务的费用的三倍"；《食品安全法》第 148 条第二款规定的是"价款十倍或者损失三倍的赔偿金"；《最高人民法院关于审理商品房买卖合同纠纷案件适用法律若干问题的解释》第 8、9 条规定的是"出卖人承担不超过已付购房款一倍的赔偿责任"。

我们应该使用法律的武器来使自己的权益得到最大化的保障。2011年8月实施的《中华人民共和国婚姻法解释（三）》，进一步完善了有关离婚损害赔偿的相关规定，对于当事人权益的保障和社会的稳定和谐起到了特别重要的作用。

有关无过错方的保护问题，在古代就已经有所涉及，例如婚姻双方在婚姻关系存续期间若出现偷情、淫乱等行为，偷情的男女双方会遭到"浸猪笼""火焚"等刑罚，就连"七出三不去"中的"七出"也包含若妻子有淫乱的不检点行为时，丈夫可将其逐出家门的规定，《民法典》在第1042条也对夫妻之间的忠诚义务做出了明确规定，即"禁止重婚，禁止有配偶者与他人同居"。由此可知，虽然古今的规定不同，但目的都是为了保护无过错方的权益不受侵害，使过错方受到相应的惩罚。

对于当代的中国来说，对无过错方保护最典型的制度就属离婚损害赔偿制度了，它明确了在婚姻关系存续期间如若一方有过错行为（即重婚、有配偶者与他人同居、虐待、遗弃、家庭暴力），在另一方提出离婚诉讼时，可以少分或不分财产。但在实践中，由于"谁主张谁取证"的举证方式，无过错方的要想取得对自己有利的证据是难上加难，加之法律并未对财产数额做出明确规定，现行法律对无过错方保护的细节和具体规定尚未完善，因此即使有离婚损害赔偿制度，但对其保护力度还是不够。因此，对于我国立法机构而方，应该不断完善法律，可以从证据方面入手，或建立对过错方的"诚信档案"，或允许"私人侦探"的合法化存在；也可以从赔偿方面入手，建立"婚内赔偿机制"以及"扩大赔偿主体范围"等有效措施。本书下文将对相关内容进行细致的探讨交流。

一、离婚损害赔偿制度基本理论阐释

（一）离婚损害赔偿制度的内涵与特点

1. 离婚损害赔偿制度中"过错"的内涵

根据《民法典》第1091条规定，离婚损害赔偿制度中的"过错"包括以下情形：（1）重婚，即有配偶者与他人结婚；（2）与他人同居，即有配偶者与婚外异性，不以夫妻名义，持续稳定地共同居住；（3）实施家庭暴力，指行为人以殴打、捆绑、残害、强行限制人身自由或者其他手段，给其家庭成员的身体、精神等方面造成侵害；（4）虐待、遗弃家庭成员，即持续性、经常性地对家庭成员实施家庭暴力，构成虐待，另外如通奸、卖淫、嫖娼、赌博、吸毒等。但是需要注意的是，如若在婚姻关系中双方都存在过错行为时，任何一方都得不到损害赔偿。

2. 离婚损害赔偿制度的特点

（1）该制度具有法定性。该制度有法律的明确规定，包括主体的法定性和赔偿事由的法定性，即请求法律损害赔偿的主体只能是婚姻中的无过错一方，该制度的法定事由是指一方要在婚姻关系存续期间出现过错。虽然该制度法定的赔偿主体和赔偿事由的范围有些狭窄，但并不能因此否认该制度的积极作用。

（2）该制度具有惩罚性。《民法典》明确规定，无过错方可以主张少分或者不分财产。这项规定明确表达了其目的具有一定的惩罚性，惩罚违法行为，保护权利人的正当合法权利。

（3）该制度具有救济性。如无明确规定，夫妻财产为共有。因此，婚内赔偿对无过错方而言并无其实际意义，这就要求行使该请求权必须以提起离婚诉讼为前提，既然过错方的过错给对方造成精神上的伤害，那么就有必要在经济上对无过错方进行救济，弥补其受到的伤害。该制度的首要作用是为了救济，而不是惩罚，对此应该有正确的认识。

（二）我国离婚损害赔偿制度的作用

1. 对道德的促进作用

法律的存在意味着它理论上对社会中所有不同道德观的个体都有效力，法律能做到的最好，就是得到社会中大致的"共识"，因此，"共识"性可以促进社会主流所认同的正确惩罚或激励等一系列正负强化，最终内化成这个人道德本身。婚姻法中所规定的过错，也正是道德上所谴责的，该制度正是对道德的促进，对道德的维护。比如说婚姻关系中最常见的家暴行为，在一些未开化的地区以及高度发达的现代城市，"家暴"通常是被部分人默许的，即一些人认为，男人打女人或者丈夫打妻子，是一种正常的、司空见惯的行为，在他们的道德观中，家暴这种行为不是罪，不犯法。这样的一种观念，正是在千余年封建道德荼毒下形成的产物，即妻子是完全服从于丈夫的，是丈夫的个人私有财产，丈夫具有处置妻子的一切权利。而现代社会，享受到教育权利的人对此观念发生了深刻的变化，男女平等的观念也逐渐深入人心，大家现在认识到家暴的行为是错误的，如今反家暴也已入法，这些法律的出台以及完善，对道德的转变具有重要的意义，因此法律和道德的关系是相互促进的。

2. 对社会的规范作用

人是一种群居动物，婚姻的目的是为了成立家庭，成立社会中最小的组织。所谓"家和万事兴"，一个家庭虽小，但千千万万的家庭便形成一种强大的社会力量，家庭的稳定是社会稳定的基础，家庭关系处理得不好将会间接地影响到我们社会的和谐。而婚姻中所表现出来的造成家庭破裂的个人行为与意志是否会受到法律的惩罚、怎样惩罚都在潜移默化中影响着社会中其他成员的观念和行为，该制度是法律保护个人权利和维护社会公平正义，并使两者趋于平衡的有效方式。该制度小看是对家庭内部的夫妻关系进行制约，实际上是通过对家庭的制约来对社会进行约束，倡导和谐的社会风气。如2016年轰动一时的王宝强和马蓉离婚案，看似是一个家庭的内部问题，但实际上却有着极大的社会反响，马蓉在与王宝强婚姻关系的存续期间与另一男子存在非法同居的行为，那么根据离婚损害赔偿制度，王宝强是可以提出损害赔偿的。生活中像这样的例子还有很多，该制度的出台正是对这些行为的一种惩罚，对过错方的一种震慑，对社会行为的一种规范，对美好和谐的社会氛围的一种倡导。

3. 对个人利益的保护作用

婚姻虽然是一种契约，但是却不同于其他关系。婚姻关系中的夫妻本是特定人身关系中权利和义务的主体，他们之间具有最亲密的情感关系，一旦遭受背叛，心理上的伤害无疑是巨大的，甚至会造成受害者抑郁的后果。而在这种情况下，由过错方赔偿受害人遭受的精神损害是对受害人感情和精神损害的一种安慰。婚姻关系破裂遭受到的精神损害往往高于物质损害，受害方如何在破碎的婚姻关系中维护自己的个人权益是十分重要的。虽然金钱不能等同于一切，但是用金钱补偿也是一种对被害人保护的一种更直接的方式，能够让受害人尽快走出婚姻失败的阴影。此外还可以保障无过错方及其子女的生活，满足对于单亲家庭生活的保障，特别是子女的健康成长也会起到积极的作用，有利于提高单亲家庭的生活水平。该制度可以看作民法上的弱者保护原则在婚姻法中的体现，通过经济补偿的方式对弱者进行保护，不仅对于无过错方的精神进行慰藉，更可以维护无过错方在离异后的生活，是对无过错方权利的补偿和保护。

二、我国离婚案件中对无过错方的权益保护

（一）财产权益保护

1. 离婚过错损害赔偿

我国《民法典》有明确的规定，如果在婚姻关系存续期间，一方存在虐待、遗弃、与他人同居、重婚和家庭暴力的过错行为，在另一方提出离婚诉讼时可以少分或者不分财产，这就是我国的离婚损害赔偿制度。该制度是以经济补偿的方式对无过错方进行救济，但是必须以提出离婚诉讼为前提，以是否存在过错行为作为赔偿的标准，如果双方在婚姻关系存续期间都存在有过错行为，那么任何一方都丧失了离婚损害赔偿的请求权。

2. 精神损害赔偿

精神损害赔偿必须有严格的认定标准，那就是必须给受害人的心理造成严重的后果。侵害人给受害人造成的伤害是无形的，虽然在一定意义上是可以用金钱来弥补的，但是终究是不能等同于受到的伤害。无形的损害用有形的金钱来衡量，很难准确衡量伤害的程度。在司法实践中，对于精神上遭受到严重的伤害的当事人来说，有权提出精神损害赔偿的请求，但是在很多案件中，法院会以"未造成严重的后果"的原因来驳回当事人的精神损害赔偿请求，即使该请求权受到法院的支持，也会与当事人申请数额有着较大的出入，各个法官也会因为对精神损害赔偿的标准和范围的不同理解而对于类似的案情有着不同的判决，但不可否认的是，无过错方确实有申请精神损害赔偿的权利。

（二）人身权益保护

家庭关系的破裂不仅仅只有当事人是受害方，孩子也会必不可免地遭受到伤害。父母亲对自己的孩子都有着平等的抚养权，即使一方在婚姻关系存续期间有些许过错，但也不会成为剥夺抚养权的一种原因，但是法官会综合考虑，会考虑到更有利于孩子生活成长的一方作为抚养权的获得者，这就使得在婚姻关系中有过错行为的一方获得抚养权的机会小于无过错方，而无过错方会更有条件争取孩子的抚养权，因为过错方在一定程度上的生活条件往往不利于孩子的健康成长，过错方往往存在诚信问题，存在暴力倾向，那么在争取抚养权时应倾向于婚姻中的无过错方。应该为孩子着想，为其找到更利于其成长的环境。在这点上，无过错方就具有一定的优势。

三、现行法律对无过错方保护的不足

（一）离婚共同财产分割的不足

我国现行法律对无过错方的保护仍然存在有待完善之处，《民法典》中对夫妻共同财产的分割明确规定了均等原则和适度照顾子女和女方的原则，就是为了照顾弱者，但是这一规定仍然有不足之处，仍然不成熟，比较模糊，有待改进，比如说如何照顾子女和女方，照顾的程度有多大，在审判中如何贯彻实施，现行法律没有解决这些问题。

（二）责任赔偿主体规定的不足

我国现行法律规定，有权请求损害赔偿的主体只能是无过错方，而承担该责任的主体是婚姻中的过错方，排除了婚姻中"第三者"的责任，但是在具体的案例中，"第三者"确实也存在责任，有很多学者认为是共同侵权，因此应该共同对婚姻中的无过错方承担责任。在许多的案例中，请求权人在要求侵权人进行赔偿时，侵权人往往已经没有了财产或者已经把财产做了转移，而这时把"第三者"也排除在责任承担之外，对无过错方来说是不公平的。

（三）损害赔偿的标准规定的不足

现行法律对损害赔偿的标准规定模糊，若规定"最高限额"和"最低限额"，那么赔偿的标准是什么应考虑我国各地实际情况，具体问题具体分析，不能"一刀切"。因此我国赔偿标准不应该有"统一定价"，夫妻双方可以协商，如若协商不成，就由法官进行裁量。

（四）离婚损害赔偿中的举证责任规定不足

虽然离婚损害的赔偿制度能给无过错方带来补偿，但是在婚姻当中举证难的现象仍然存在，因为在婚姻当中的过错行为具有很大的隐蔽性，不易被取证，即使采取一些秘密手段而获取，往往由于侵犯到他人隐私而被法院排除，这在某种程度上就造成了取证难的问题。

四、关于无过错方保护的完善建议

（一）完善物质和精神的具体保护规定

1. 加大经济赔偿力度

我国当前的法律并未明确规定赔偿的数额，导致我国的法官在审判的时候

没有统一的标准，因此我国急需制定详细的司法解释来进行弥补，需要明确赔偿的标准数额，不断完善立法。同时，还可依据不同的情节划定赔偿的等级范围，对于情节特别严重的，加大对其的经济惩罚力度，在经济上对无过错方加大补偿，尽可能给无过错方一些救济手段和措施。

2. 通过立法明确精神损害的赔偿数额标准

配偶一方因过错导致离婚从而给无过错方带来巨大的心理伤害，那么对无过错方进行精神的损害赔偿就是十分必要的，但我国目前对精神损害赔偿的标准仍没有明确规定。本书认为，法院在做出精神损害赔偿的判决时，应充分考虑到双方婚姻存续期间、侵权人过错的程度、侵权人实际支付情况以及受侵害人的损害程度，只有这样才能让使法律体现出它的公平正义，更加有针对性、更合理地对无过错方进行补偿。

3. 加强对无过错方的心理疏导教育

无过错方作为受害方，不仅在身体上遭受严重的创伤，心理上也形成了无法愈合的伤害，但是关于无远错方的心理疏导教育，目前我国在这一方面还未有所涉及，因此，本书认为，我国可以完善相关的法律法规，给无过错方心理上更大程度的保护，相关机构可以在无过错方离婚后无偿对其进行心理疏导，建立长期有效的心理疏导机制，让我们的心理服务更加到位，如此便更能展现出我国的人性化立法与民主化立法的特色。

（二）扩大认定"过错"的事项范围

对"过错"的认定范围增加通奸、嫖娼等婚内性行为；一方在婚前对另一方进行重大疾病的隐瞒，日后导致夫妻关系破裂的行为；一方在婚姻存续期间意欲杀害对方；一方因过错致使另一方不能生育；一方有赌博、吸毒等不良嗜好，情况严重且不思悔改的行为等。以上的几种行为均给无过错方带来巨大的精神伤害，随着当代经济的不断发展以及我国与世界的不断接轨，过错的认定情况应该随之增加，这才能体现出法律与时俱进的特征。

只有在过错的法定认定范围上有所增加，才会对婚姻期间双方的行为进行更好的约束，以更严格、更严苛、更细化的法律条文来对婚姻中的双方行为进行制约，可以最大化地保护弱者的权益。

（三）增加损害赔偿的义务主体

1. 明确"第三者"对婚姻无过错方的赔偿责任

离婚损害赔偿义务的主体一般限定在夫妻之间，而对于引起离婚的"第三者"却免于赔偿，"第三者"在明知他人结婚的情况下仍与之结婚或以夫妻名义相处，给夫妻双方都造成了伤害，影响了整个家庭和谐以及社会的稳定，本就有着不可推卸的责任，因此，应把"第三者"纳为赔偿责任的主体。可喜的是，《民法典》第1001条的规定，为未来"第三者"责任的规定留下余地，当事人可依据人格尊严受损请求"第三者"承担侵害婚姻权利的责任。①

2. 增加义务赔偿主体的必要性与意义

从社会学角度来看，"第三者"的行为干扰了社会的风气，已经影响到了其他公民的正常生活，因此法律必须对此调整。对于妨害他人家庭安宁的行为，介入他人合法婚姻当中，本就是被道德所谴责，法律也是不允许的，但是也应该具体问题具体分析，要区别对待"第三者"是明知还是不知情，若为明知而为之，那么就应该为自己的过错承担责任，与婚姻中的过错方一同对无过错方进行赔偿。若是不知情，则可以免去"第三者"的责任。只有这样才能维护社会的良好风气，才能更好地维护社会秩序和善良风俗。

（四）完善对"无过错方"的保护机制

1. 建立婚内赔偿制度

现行法律中对婚内赔偿的制度未提及，只是规定在提出离婚诉讼时才能要求离婚损害赔偿，因为在婚姻关系存续期间夫妻财产原则上是共同共有的，那么对于在婚内遭受伤害的人申请赔偿其实没有实际意义，但这对于受害方来说是不公平的，在婚内遭受伤害却没有救济也不符合民法的公平正义。因此，我国应建立婚内赔偿制度，给婚内的弱者给予更多的保护，我国此前已经存在婚内赔偿的请求得到法官支持的实例。因此，为了惩罚婚姻中的过错方以及震慑第三者，通过立法来确定婚内损害赔偿十分必要。

2. 完善离婚赔偿举证责任

婚内的过错行为往往涉及隐私，具有一定的隐蔽性、不易取证，也不易被第三人所知悉，这就给我们的无过错方取证带来了一系列困难，"谁主张，谁取证"又规定了损害赔偿请求权者自己搜集证据，因此，我们应当通过立法来完善离婚损害的赔偿责任，法院可以适当降低无过错方举证责任的大小，在某些特殊的情况下，还可以采用举证责任倒置的方式，解决无过错方举证难的问题，

---

① 《民法典》第1001条规定："对自然人因婚姻家庭关系等产生的身份权利的保护，适用本法第一编、第五编和其他法律的相关规定；没有规定的，可以根据其性质参照适用本编人格权保护的有关规定。"

可以适当降低无过错方证据的证明力，只要是能间接形成证据链条，能够使我们正常的第三人产生合理怀疑，且过错方对以上的合理怀疑不能做出合理解释，那么就可认定为另一方在婚姻关系期间存在过错。在此基础上，街道社区、妇联、居委会等基层组织，对于我们当事人的情况在某些情况下可能有所知悉，那么就应该规定在符合规定的条件下对受害方提供最大化的帮助，并且要最大程度地配合无过错方进行取证的活动。

3. 无过错方"私人侦探"的合法化

民事诉讼法中规定的责任分配原则是"谁主张，谁举证"，对于取证难的问题前面已经有所论述，夫妻之间有相互忠诚的义务，但是在取证过程中往往会侵犯到他人的隐私，比如偷拍偷录、雇佣私人侦探等。由于这种手段侵犯到别人的隐私，因此，法院在认定的过程中往往会因为该证据不具有合法性而把其排除，这就更加加大了取证的难度。在一些西方国家，"私人侦探"是具有合法性的，我国在立法的时候应该向这些国家学习，借鉴有益的经验，虽然私人侦探的出现会产生一些问题，但这就要求我们对"私人侦探"的规定更加细化，同时我国也应出台相应的法律来为其提供合理的理论支持，这样才能使"私人侦探"合法化，真正减轻当事人的举证难度。

4. 婚内一方的出轨行为记入诚信档案

当前我国对诚信体系的建设越来越完善，生活中很多人的不诚信现象都被记录到我国的诚信档案当中，当达到一定的程度时，就会影响其乘坐飞机、贷款、出国等。这样做的目的就是为了树立社会的诚信意识。"人无诚信不立，国无诚信不兴"，婚姻当中的很多过错都跟当事人不诚信有关，因此，对当事人的过错行为记录诚信档案十分必要，并且还应该增加对其行为记录的期限，以起到震慑作用。

5. 建立对无过错方的多元化保护机制

我国对婚姻当中的无过错方保护的模式较为单一。当前我国可以充分发挥街道、社区、居委会等基层组织的作用，因为这些组织数量较多而又扎根群众，能对夫妻之间发生的事情起到很好的调解作用。此外，应该充分联系相关的心理辅导站，加强对离婚后的当事人进行心理关照以及心理疏导，帮助他们在离婚后能充分融入社会。所以对无过错方的保护模式不能是单一化的，只有向多元化发展，发挥各个组织的作用，才能对他们进行更好的保护，让弱者的权益得到更加完善的保障。

离婚损害赔偿制度作为救济无过错方的一种方式具有十分重要的作用，是立法领域的一大突破和创新，但我们也应该深刻地认识到我国当今立法对婚姻中无过错方保护的不足。离婚损害赔偿制度虽然在一定时间、一定程度上取得了很大的成效，但是不可否认的是，该制度不论是制度上还是相应的配套措施上都存在一定不足：无过错方取证困难、尚未明确对其精神损害的赔偿数额、过错的认定范围较窄以及赔偿责任的主体范围较窄等。针对无过错方保护的不足，我们应该从多方入手，充分发挥各个组织、各种社会团体的力量，尽力加大对无过错方的保护力度，这是我国保护弱者权益的一种体现。同时，应该在举证责任、精神损害、多元化的保护机制、心理疏导等方面进行不断完善，应该注重夫妻双方对整个家庭、社会的影响，应该深刻认识到对无过错方保护的必要性和重要性。

第四节　婚姻自由原则下的非婚同居立法规制

在中国几千年的封建历史中，对于缔结婚姻、选择配偶这一方面，国人一直都比较保守。新中国成立前，自由恋爱在中国十分罕见，新中国成立后，我国摒弃了包办婚姻等封建落后的婚姻制度，开始实行婚姻自由。此后，婚姻自由观念开始在中国盛行。何为婚姻自由？即自然人对婚姻享有自主决定权，有权在法律所规定的范围内根据自己的意愿来决定自己婚姻的自由。随着人类生活水平的不断提高，价值观念也随之变化，人们开始向往自由、个性的生活方式。到20世纪70年代末，非婚同居现象出现且逐渐普遍，与此同时也体现了我国法律供给上的不足。要想弥补这种不足，就必须在不违背法律的前提下给予人们更大限度的婚姻自由。

一、非婚同居基本内涵阐释

（一）非婚同居的概念解读

对于非婚同居概念的理解，在法学界有广义和狭义之分，广义上的非婚同居是指不具有合法婚姻关系的男女双方在一起公开共同生活，包括未婚同居、非法同居、事实婚姻等行为。对于狭义的非婚同居，国内法学界颇有争议，有学者认为"非婚同居是指符合婚姻的实质条件，但未办理结婚登记的男女以夫妻名义共同生活，群众也认为是夫妻关系的两性结合"。简言之，非婚同居行为要有一定的公开性，也有学者认为"同居并不是姘居、有配偶的人与他人同居等这些被社会所禁止的行为，而是指符合婚姻实质条件的男女结成共同生活体但无结婚意愿的结合"。而在我国，由于婚姻法规定禁止已有配偶者与他人同居，故本文所讨论的非婚同居可简单概括为：在不违反婚姻法的前提下，符合结婚条件的双方没有依法履行结婚登记手续且已共同生活一段时间的结合体。

（二）非婚同居的构成要件分析

1. 主体要件

第一，非婚同居的双方须是无配偶的男女。首先，同居双方的任何一方不应是已缔结婚姻的，原因在于不论是从我国社会伦理道德层面出发，还是根据我国的法律来说，已结婚的男性或女性再与他人建立同居关系都是受社会谴责和排斥的。其次，非婚同居双方须是男女异性，原因在于虽然当今世界上已有部分国家承认了同性婚姻合法化，并通过法律规范了同性之间的同居行为，但就我国目前的社会形势来说，同性同居和同性婚姻还是受社会大众所排斥。因此，本书不将同性之间的同居行为纳入需由法律规制的非婚同居的范畴。

第二，当事人双方无同居障碍。非婚同居双方应是十八周岁以上的自然人，确切地说当事人双方应为完全民事行为能力人，且不是直系血亲和三代以内旁系血亲，也没有患有传染病等医学上认为不适宜和他人同居的疾病。

2. 主观要件

首先，建立同居关系必须是双方主观上完全自愿，且在同居期间由于各种因素导致不能继续共同生活时，任何一方可随时终止同居关系。若其中一方威胁另一方继续共同生活，此时同居关系不但不成立，而且视情节轻重还有可能构成非法拘禁罪。其次，非婚同居的主观要件排除是否以结婚为前提，非婚同居行为是一种状态，最终可能走向婚姻，也可能走向破裂，该过程不以当事人同居时是否具有结婚意图为转移。

3. 客观要件

首先，非婚同居双方的生活需满足公开性的特点。"公开性"是指它在空间上为人所知的范围，即同居双方不应隐瞒其同居关系，并以公开共同生活的方式，让不特定的多数人清楚其同居关系。其次，非婚同居行为需达到一定期限。根据当前已针对非婚同居立法的部分国家法律来看，皆认为男女双方需共同居住一段时间且在此期间没有明显的分居行为，才可构成非婚同居。

（三）非婚同居的类型化探讨

1. 年轻人的非婚同居

随着经济的不断发展以及中西方文化的交流融合，人们的婚姻观和对性伦理关系的态度也发生巨大的变化，年轻人同居成了社会上常见的现象，其中占比重较多的是大学生同居行为。究其原因，或追求自由或为了追求精神层面的契合而"试婚"、或为了节省开销，总言之，非婚同居群体中年轻人占很大比重。

2. 老年人的非婚同居

老年人同居，也可称之为"银发同居"，大多是丧偶或者离异的老人，或为了消除孤独感、或为了满足生活需要。老年人的非婚同居通常被社会认为是建立了一种时间较长的异性朋友关系。因为"对老年人来说，选择非法律'婚姻'大多是无奈之举，老年人重新步入婚姻的殿堂既有观念上的障碍也有经济上的压力"。而任何事物有利也有弊，对于银发同居者，如果双方关系处理得好，既很好地解决了老年人的情感和日常生活等问题，也能够缓和两代人之间的矛盾。但目前我国对非婚同居尚未进行立法规制，所以一旦发生矛盾，这种"事实再婚"就失去了"患难与共"的基础。因此对于"银发同居"，老年人应当慎重选择。

二、非婚同居现象的发展现状

（一）国外非婚同居现象发展现状

在 20 世纪 60 年代以前，非婚同居现象一直受到社会道德所谴责，并被法律所禁止，直到 20 世纪 60 年代中后期，非婚同居现象在世界范围内不断发展且日益增多。据调查数据显示，在美国，30% 左右的家庭是传统家庭，剩余的60% 左右是由非婚同居家庭、单亲家庭等非传统家庭组成。据美国人口调查局的数据显示，在 1970 年到 1999 年底，美国的非婚同居人数从 32.7 万增加到402.5 万，且一直呈现迅猛增长的态势。据英国国家统计局的调查数据显示，从1980 年起，英国的结婚人数不断下降，且在近几年更是连年递减。相反，英国的同居人数却呈现上升的趋势。1996 年，非婚同居的人数是 150 万左右，而到2016 年年底，英国非婚同居的人数超过了 330 万。如今在欧洲，公开的非婚同居已非常普遍，并且成了社会常态。据网络数据显示，在非婚同居的人中，已结婚的人数只占到 30% 左右，且都是在同居几年后才决定正式结婚，由此可见，非婚同居在国外已非常普遍。

（二）国内非婚同居现象发展现状

在我国，非婚同居还是一个比较避讳的话题，所以对此现象并没有系统的调查数据，因此笔者仅根据目前的社会现象和网上的资料来分析非婚同居在我国的发展趋势。根据民政部在 2020 年 1 月 19 日例行新闻发布会上公布的数据显示，2019 年全国婚姻登记机关共办理结婚登记 947.1 万对，创下了 2007 年以来的新低。且自 2014 年起，我国的结婚率呈现连年下降的趋势。另外根据中国裁判文书网的数据显示，以北京市为参考，2019 年，北京全市法院审理的关于非婚同居的案件数量就有一千多起。然而实际上绝大多数的非婚同居关系是通过非诉途径私下解决，通过诉讼途径解决的仅占一小部分，以上这些数据足以证明非婚同居现象在我国大量存在。

三、非婚同居现象演变的原因

（一）社会因素

社会环境为非婚同居的不断发展提供了有利的条件。首先，城市化的发展促使城乡一体化，导致人口大量迁徙，传统的以血缘、亲缘为纽带的熟人社会逐渐瓦解，致使地域不同、身份不同的人生活在同一个城市，使得人际关系的冷漠性增加，直接导致了维系婚姻家庭的环境因素不断变化。其次，现代医疗的避孕手段和人工流产技术安全可靠且简单易行，婚外生育被有效避免，一定程度上消除了非婚同居者的后顾之忧，使得同居关系的私人性得以保持。

（二）经济因素

社会经济的快速发展为非婚同居提供了滋生的土壤，女性地位的不断提高及广泛就业使得妇女在经济上日趋独立，其传统的养育子女、操持家务和依赖男性的角色已经明显转变，经济条件的改善使妇女面对婚姻问题时有更多的选择。而根据经济学家贝克尔的婚姻经济学理论，男女双方之所以结婚，是由于他们彼此间有相互依赖的效用函数，即他们可以从婚姻中获得最大化的收入，也就是说结婚能给他们带来更大的利益，如幸福感和安全感增多、购买力的增大等。① 而当个体实现经济独立，对婚姻的需求会有所下降，这时，同居变得更有吸引力。

（三）文化因素

社会的开放导致人们婚恋观的转变，打破了性与婚姻的统一性，人们普遍认为性并不因披上了婚姻的外衣而变得神圣和崇高，也绝不因缺乏婚姻的庇护而变得低贱和渺小。此外，社会离婚率的增加，使婚姻受到挫折的中年人和到适婚年龄的年轻人对婚姻产生恐惧感，而同居生活没有婚姻那种海誓山盟、天长地久的承诺，一定程度上降低了这种恐惧感。

四、非婚同居立法规制的必要性

（一）非婚同居已然是一种普遍的社会现象

随着社会的发展，越来越多的人选择非婚同居这种较为自由的生活方式。但由于非婚同居自身存在隐私性，因此在对非婚同居现象做调研时部分同居者有排斥心理。所以，对于目前非婚同居现象的发展现状和非婚同居人数，我国并没有准确的、官方的调查数据。在 2019 年，网络上有一项针对未婚同居的调查问卷，根据最后的数据显示，72.3% 的人可接受婚前同居，且在赞成婚前同居的人中女性占 59.03%，35.42% 的人认为在现在和未来的恋爱路上，会有未婚同居的打算，54.17% 的人认为未婚同居应顺其自然且看对方意见，若对方同意则可以建立同居关系。并且在回答对同居行为的看法时，65.97% 的人认为未婚同居是一种很自然的行为，没必要歧视。这足以看出在现代社会思潮的影响下，人们的思想逐渐开放，非婚同居现象逐渐普遍。截止到 2019 年，非婚同居者的数量在不断上升，这些数据充分说明了非婚同居现象的普遍。

（二）国外有关非婚同居的立法规定

随着女权运动、民权运动的发展，到 20 世纪 60 年代，妇女地位终于有所提升，妇女不再依靠男性和家庭，非婚同居现象越来越普遍，世界多国也通过法律对该现象进行了相应的规制。

---

① 贝克尔的婚姻经济学理论：贝克尔认为，男女双方选择结婚行为而不是独身，是因为他们认为结婚可以给双方带来比独身更大化的收益，男女双方都是理性人，追求自身利益最大化，当结婚的预期效用大于单身的预期效用时，就会选择婚姻行为，因而婚姻收益成为他们结婚的动力。同时，对男女双方而言，结婚面临着多个对象选择，那么真正影响其选择的因素是与哪个对象结合带来的利益更大。

1. 承认非婚同居的合法地位并专门立法

（1）荷兰。1998 年 1 月 1 日，荷兰正式实施《家庭伴侣法》，法律规定不论同性或异性，只要年满十八周岁，皆可结为家庭伴侣关系。这部法律的特色之处在于：第一，双方需到居住地的民事身份登记机关提交相关证明文件，登记机关记录在案后出具伴侣关系证书；第二，已婚、已有家庭伴侣的人不得再结为家庭伴侣，另外，近亲的人也不能结为伴侣关系；第三，在互结为伴侣关系期间，一方的子女与另一方无关，即使该子女是在伴侣关系存在期间出生的，但若双方承认，方可共同抚养；第四，实行共同财产制，有约定的除外，且伴侣有继承权；第五，双方协商一致后可结束伴侣关系。

（2）法国。2000 年 1 月《公民互助条约》在法国生效，规定经登记后同居伴侣可成为一种新型的家庭伙伴关系。这部法律的特色之处有两点。第一，除有特殊约定外，在成为家庭伴侣期间增加的财产皆为双方所有，若一方死亡，另一方有权继承死亡一方的劳保。第二，双方协商一致后可解除家庭伴侣关系。如果一方不同意解除，另一方发出公告满三个月后，伴侣关系终结。第三，对于子女以及继承权，该部法律没有做出规定。

2. 将非婚同居作为婚姻家庭法的一个部分

埃塞俄比亚将非婚同居写入了民法典，根据民法典规定，非婚同居是指男女在未缔结婚姻的情况下，像夫妻一样共同生活。该法律的特别之处在于以下四点。第一，非婚同居关系只要有同居事实即可，不需要对外公开。第二，同居双方没有共同财产，双方之间也没有抚养权，但男方对女方在非婚同居期间的必须债务承担连带责任。第三，若双方认为同居关系无法继续维持时，经协商后，可解除同居关系。但若是男方先提出终止同居关系时，则需要额外支付女方不超过六个月的生活费作为赔偿。第四，只有法院有权确立同居关系，同理，只有法院能确定非婚同居期间产生的争议。

五、构建我国非婚同居制度具体构想

（一）建立非婚同居法律制度的立法原则

1. 坚持"自由优先兼顾秩序"原则

法律最本质的价值是自由。非婚同居作为一种社会现象，在一定程度上弥补了传统婚姻的不足，人们选择非婚同居正是对自由的追求和向往。我国的法律应遵循自由价值优先的立法原则，充分保护同居双方的利益，从而满足社会发展需要。

在当今社会中，自由的发展也需要遵循社会规则和秩序。对于非婚同居现象，我国法律一直采取回避态度，从而引发了一系列社会纠纷，这说明没有法律规制的自由会导致更大的冲突。对非婚同居进行立法规制要遵从"自由优先兼顾秩序"的原则，在同居关系自由发展的同时也要使其遵从社会秩序。

2. 坚持保护"弱者利益"原则

在非婚同居关系中，双方的利益是不对等的，女性一般处于弱势地位，尤其是在性方面，女性更容易受到伤害，在同居期间，女性因为意外怀孕而进行流产，最后丧失生育能力的例子数不胜数。另外，由于先天条件的影响，女性在同居期间受到家庭暴力时很难反抗，因此要加强对妇女权益的保护。此外，非婚生子女的利益也应受到法律保护，受传统观念的影响，非婚生子女极易遭到社会歧视。而且，由于同居关系具有不稳定性，随时可以解除，这就使得非婚生子女的利益很难得到保护，因此我们必须要认真贯彻落实非婚同居中弱者的权益，最大限度地保护妇女和非婚生子女的利益。

3. 坚持"同居与婚姻区别对待"原则

非婚同居作为现代社会中一种新兴的家庭组成方式，当然有其存在形成的合理性。非婚同居在一定程度上弥补了传统婚姻的不足，符合现代人们对生活的追求。婚姻和同居从来都不是对立的，同居方式的存在并不会取代传统婚姻，而同居若和婚姻处于同等地位，势必会破坏我国现行婚姻制度的稳定，因此，我们在承认同居关系存在的同时，要将其与我国现行婚姻制度区别对待，从而适应社会发展的规律。

（二）建立非婚同居制度的具体内容

1. 非婚同居关系的成立条件

《民法典》第1071条规定了"非婚生子女享有与婚生子女同等的权利，任何组织或者个人不得加以危害和歧视"。这是民法典对非婚生子女法律地位做出的明确规定，但非婚同居引发的法律问题是不容忽视的。因此，我们要先明确非婚同居的成立条件，这样才能更好地保护非婚同居。对此，本书认为应包含以下几个方面。

第一，同居必须男女双方完全自愿。人们有权选择适合自己的生活方式，同居正是人们行使自由权利的体现，同居双方完全自愿这样既符合社会伦理道德，又很好地保护了人们的自由权。

第二，同居双方须达到一定的年龄，同居当事人对自己做出的同居行为应有最起码的认知能力，这样才能最大限度地保护同居双方的利益。本书认为，由于现代人性成熟较早，因此非婚同居双方的年龄限制无须参考婚姻法，即双方年龄在十八周岁以上方可建立同居关系。

第三，同居双方必须是无配偶的且有稳定的异性伴侣。对非婚同居进行法律规制的同时应当遵循我国的婚姻法律规定，同居者若一方已缔结婚姻，就会破坏婚姻法一夫一妻制的规定，与现行法律相违背；若同居双方的伴侣不固定，且经常更换，这种情况虽不违法，但会滋生一些社会伦理道德所排斥的现象，如"包二奶""做小三"等，这样不利于社会的和谐发展。

第四，同居双方之间没有法律规定的禁止结婚的血亲关系或禁止结婚的疾病。若患有传染病或其他不适宜与他人共同居住的疾病，应做到自觉不与他人建立同居关系。这样一是为了保护同居双方的利益，二是为了下一代的健康负责。

第五，同居双方的同居关系需对周围人公开并且达到一定的期限。在已对非婚同居立法的国家中，对同居双方的同居时间都有一定的期限限制，只有同居双方公开同居关系并达到法律规定的期限，同居关系才能受到法律保护。

2. 非婚同居人身关系

（1）同居权。在关于同居伴侣的法律中，已有许多国家明文规定禁止已缔结同居契约的和已公开同居关系的人再与他人缔结同居契约，这种做法值得我国借鉴。同居双方作为"类婚姻关系"，应当与已缔结婚姻的人一样享有同居权。

（2）日常家事代理权。① 根据我国目前的法律发展状况来看，日常家事代理权仅有婚姻配偶享有，非婚同居关系的稳定性一定程度上要强于其他的社会关系，在同居期间，避免不了与他人的经济或者其他方面的往来，如果赋予同居双方日常家事代理权，不但能方便处理日常事务，还能很好地保护他人的交易安全。

（3）抚养请求权。当双方解除同居关系后，还可以在一定限度内行使抚养请求权。当一方由于经济困难而无法正常生活时，可以向另一方主张抚养费，但抚养费的具体数额要根据另一方的收入状况来定。

---

① 日常家事代理权是指夫妻双方因日常家庭事务与第三人为一定法律行为时相互代理的权利，即夫妻在日常家事处理方面互为代理人，互相享有代理权。

（4）同居双方继承权。我国目前的法律虽然规定了一定程度上同居一方对另一方的财产享有继承的权利，但模棱两可，且在实际生活中，非婚同居者的继承权并没有得到很好的落实，这样对同居者很不公平。本书认为，法律应当明文规定给予同居双方一定的继承权，但在赋予继承权时可以在同居期限上给予一定的限制。

3. 非婚同居财产关系

（1）财产分配制。对于同居双方关于财产的分配，应当优先遵从协议或约定，有约定的从约定，没有约定的可以实行分别财产制，即各自对自己的财产负责，但同时应该兼顾好同居期间弱者的权益。

（2）关于"个人财产"与"共同财产"的认定。在同居前拥有的财产属于个人财产，在同居期间用于双方共同生活的财产或由双方共同投资所得的财产称为共同财产。另外，在同居期间一方接受的关于赠与、继承的财产也属于个人财产。

（3）关于"个人债务"与"共同债务"的认定。在同居前形成的债务称为个人债务，另外，同居期间一方隐瞒另一方向他人借款，最后也用于个人需要的债务，也应被看作是个人债务。共同债务的认定是值得我们仔细推敲的，对于一方因共同生活需要而产生的债务应视为共同债务。对于以双方的名义形成的债务却用于个人需要，笔者认为不应该是共同债务。

4. 非婚同居亲子关系

首先，应完善亲子鉴定制、认领制。在确立非婚同居中的亲子鉴定制时，我们可以适当地借用婚姻法中的相关规定，此外还需要积极落实非婚生子女的认领制度，① 以此来确认非婚同居子女的身份，但要尊重非婚生子女的意愿，充分落实好"弱者利益"原则。其次，应贯彻落实子女最佳利益原则。对于非婚生子女的保护，我们也可以引用婚姻法中的相关规定，以最大限度地保护非婚生子女的利益。同时也应当建立完善的子女保障制度和救济方法，当非婚生子女的利益受到侵犯时，要对施害者严肃处理，追究其法律责任。

---

① 非婚生子女的认领制度是指通过法定程序使非婚生子女婚生化的法律行为。认领有两种形式：一是自愿认领，二是强制认领。

5. 非婚同居关系的解除

解除非婚同居关系可以理解为是对其身份关系解除的确认。既然前文强调对于非婚同居关系的成立应给予法律规定，相应地对其同居关系的解除也应给予明确规定，以便于解决解除后的财产问题和子女问题。本书认为，当符合以下条件时，同居关系应当解除：第一，如果同居双方在同居前或同居时通过同居协议约定了同居关系解除的条件，那么当解除条件促成后，同居关系解除；第二，若同居双方认为同居关系无法继续维持时，经协商一致后，可解除其同居关系；第三，当同居一方自然死亡或被依法宣告死亡后，同居关系解除。

（三）对我国非婚同居法律规制的司法建议

1. 推出指导性案例

如今在司法领域，对于非婚同居这一模块，我国法律还不够健全，导致因非婚同居引起的同案不同判的现象很严重，对此，最高人民法院在非婚同居领域应推出指导性案例，便于各基层人民法院对同居纠纷进行判决时有可供参考的案例。

2. 加强对弱势群体的保护力度

妇女和儿童在社会关系中一直处于弱势地位，在非婚同居关系中也不例外。因此不论是立法方面还是司法方面都应当对其进行保护。本书认为，在非婚同居关系中，要对妇女和未成年子女进行保护，就必须要在司法实践中给予法官一定的自由裁量权，以便于在审理案件时能够根据同居双方当前的经济情况具体问题具体分析，以最大限度地保障妇女和非婚生子女的权益。

第五节　扶养制度及其立法研究

一、我国扶养立法的现状

（一）我国扶养立法的表现形式

我国扶养立法的表现形式，即我国的扶养制度主要由哪些法律规范性文件构成。目前，关于扶养规定主要是由以下四个方面组成。一是专门调整婚姻家庭关系的法律，表现为《民法典》"婚姻家庭编""继承编"；二是特殊主体保护法律中有关扶养的规定，这些法律包括《妇女权益保障法》《母婴保健法》

《老年人权益保障法》《未成年人保护法》以及《残疾人保障法》等法律；三是最高人民法院司法解释中有关扶养制度的规定，这些司法解释包括最高人民法院针对具体案件所做的批复、最高人民法院在适用《民法典》法律过程中发布的意见等；四是其他法律法规中有关扶养及扶养责任的规定，比如《刑法》等。

（二）我国扶养立法的具体内容

我国现行的扶养立法以《民法典》为基本法律，通过一系列其他的法律规定构建起来。包括夫妻之间的扶养、父母子女之间的扶养、祖孙之间的扶养以及兄弟姐妹之间的扶养四个扶养类型。

1. 夫妻之间的扶养

《民法典》第1059条规定："夫妻有互相扶养的义务。需要扶养的一方，在另一方不履行扶养义务时，有要求其付给扶养费的权利。"另外，《妇女权益保障法》以及最高人民法院司法解释都对夫妻之间的扶养做出明确规定。

2. 父母子女之间的抚养赡养

《民法典》第1067条规定："父母不履行抚养义务的，未成年子女或者不能独立生活的成年子女，有要求父母给付抚养费的权利。成年子女不履行赡养义务的，缺乏劳动能力或者生活困难的父母，有要求成年子女给付赡养费的权利。"另外，在《未成年人保护法》和《老年人权益保障法》以及司法解释中都对父母子女之间的抚养有规定。父母子女之间的抚养包括父母对子女的抚养和子女对父母的赡养两个方面的内容。

父母对子女的扶养包括对未成年子女的抚养以及对成年子女的扶养。父母对未成年子女的扶养是无条件的，从子女出生直到子女成年父母均负有抚养的义务，这种抚养也是生活保持义务。父母对于成年子女的扶养是有条件的，属于生活扶助义务，也以父母有扶养的能力为限。父母扶养成年子女应具备如下条件：一是成年子女因生理、心理缺陷或者其他原因，没有劳动能力或无法获得独立的经济来源，确实需要他人扶养；二是提供扶养的父母必须有扶养的经济能力。

子女对父母的扶养，又称赡养，是由成年的子女向父母履行扶养的义务。子女对父母的扶养既可以通过共同生活扶养，也可以通过给付扶养费的方式进行，这种扶养是生活扶助义务。子女扶养父母需要满足一定的条件：一是父母丧失劳动能力没有生活来源，二是子女成年并且具有扶养的能力。子女对父母的扶养并不因父母婚姻关系的变化而中止或免除。

可喜的是,《民法典》第 1067 条对原婚姻法上的"抚养与赡养"做出了进一步的立法规定。父母与子女之间互相承担抚养和赡养义务,不仅是中华民族尊老爱幼传统美德的具体体现,更是一项具有人类共同价值的法定义务。

3. 祖孙之间的抚养赡养

《民法典》第 1074 条规定:"有负担能力的祖父母、外祖父母,对于父母已经死亡或者父母无力抚养的未成年孙子女、外孙子女,有抚养的义务。有负担能力的孙子女、外孙子女,对于子女已经死亡或者子女无力赡养的祖父母、外祖父母,有赡养的义务。"

4. 兄弟姐妹之间的扶养

《民法典》第 1075 条规定:"有负担能力的兄、姐,对于父母已经死亡或者父母无力抚养的未成年弟、妹,有扶养的义务。由兄、姐扶养长大的有负担能力的弟、妹,对于缺乏劳动能力又缺乏生活来源的兄、姐,有扶养的义务。"据此,兄弟姐妹之间,年长的扶养年幼的需要具备以下条件:一是年幼的未成年或者没有独立的生活能力,有扶养的需要;二是丧失父母,或者父母丧失扶养能力;三是年长的有扶养的能力。而在兄弟姐妹之间年幼的扶养年长的应具备如下三个条件:一是年幼的曾经由年长的扶养长大;二是年幼的有扶养的能力;三是年长的丧失劳动能力且孤独无依确实需要扶养。

二、我国扶养制度的立法不足及立法构建

(一)我国扶养立法的不足

我国法律规定夫妻之间、父母子女之间、祖孙之间以及兄弟姐妹之间的扶养,这既坚持了中华民族的传统美德,又考虑到了我国目前社会保障水平相对较低的现实情况,这与世界其他国家关于扶养范围的规定有一定的相同性。同时又具有一定的差异性。目前,我国扶养立法还有许多有待进一步完善的地方。

1. 扶养一词用法不统一

关于"扶养"一词,我国各个法律规定不统一:如根据主体不同分别使用"抚养""扶养"和"赡养",长辈对晚辈使用抚养、平辈之间使用扶养、晚辈对长辈使用赡养;《刑法》以"扶养"一词概括抚养、扶养和赡养关系。这样的规定一方面导致法律用语的不统一性,另一方面也存在浪费立法资源的问题,必然导致立法的臃肿。基于此,在法学研究和法律适用总体上,我们应按广义的"扶养"来理解,在具体的亲属关系中,则不妨分别指称。

2. 扶养立法分散

我国目前关于扶养的立法分散，缺乏统一性。从扶养立法的表现形式可以看出我国关于扶养的立法比较杂乱，同一项制度甚至同一规范由几部不同的法律和几条不同的法条来加以规定，导致设计的扶养制度框架离散，不能形成系统的制度，也为扶养制度的适用带来诸多不便。

3. 扶养立法内容存在缺失

我国扶养立法粗线条化，制度内容存在缺失，表现为仅规定了扶养的范围，对扶养的顺序、扶养的条件、扶养的程度以及扶养义务的变更和消灭则缺乏相应规定，也缺少对保障扶养履行的具体措施的规定。

（二）我国扶养制度的立法构建

1. 立法体系上的构建

针对"扶养"一词使用上的不统一和扶养立法分散的缺陷，我们有必要从立法体系上进行完善。一是统一"抚养""扶养"和"赡养"为"扶养"；二是应当将各部门法和司法解释中有关扶养的规定，设置扶养制度专章，对扶养制度的内容进行全面整合。

2. 具体制度上的构建

（1）增补扶养的范围。对直系姻亲之间的扶养做出规定。这主要是考虑到我国目前家庭中独生子女比较多，当独生子女组建新的家庭之后，经常出现由一对夫妻扶养四个老人的情形，尤其是在我国目前社会保障水平比较低的国情下，增补直系姻亲之间的扶养具有重要的法律意义和社会意义。我们可以参照法国和意大利的规定，规定直系姻亲之间存在相互扶养的义务，但在维系这种姻亲关系的婚姻消灭且不存在基于此婚姻关系所生晚辈的情形下，这种扶养义务归于消灭。

（2）规定扶养的顺序。我国立法无扶养顺序的规定，现实生活中大多数人能够按照本能和天性进行扶养，当有多个扶养主体存在时，扶养义务人互相推诿，导致扶养权利人的利益无法得到保障。因此，有必要对扶养的顺序予以规定。

（3）明确扶养的程度。关于扶养的程度，现行立法规定父母应当负担子女的生活费和教育费，对于其他类型的扶养并无扶养程度的规定，主要靠扶养义务人自觉履行，这可能给扶养制度的适用带来困难。因此，有必要借鉴外国关于扶养的程度规定，采用列举主义和概括主义相结合的立法模式规定扶养的程度。夫妻之间以及父母与未成年子女之间的生活保障义务，法律应当明确规定扶养的范围包括必要的生活费、教育费、培训费、医疗费用，因扶养权利人侵权导致的损害赔偿费用等。对于生活扶助义务的其他扶养类型，应规定由当事人双方协商，协商不成的由人民法院根据双方当事人的具体状况和当地生活水平等因素确定。

（4）规定扶养的方式。我国立法没有扶养方式的专门规定，现行立法规定对于不履行扶养义务的义务人，扶养权利人有权要求其履行义务。这在实际执行过程中经常出现无所适从的问题。因此，立法有必要对扶养的方式予以专门规定。比如可以借鉴外国的立法规定，将扶养的方式规定为共同生活扶养和定期给付扶养费等。

（5）规定扶养的变更和消灭事由。关于扶养的变更，现行立法规定子女可以要求变更父母给付扶养费的数额，对于其他的变更事由没有规定。另外，关于扶养义务的消灭，也存在不完善的地方。因此，有必要对扶养的变更和消灭予以明确具体规定。法律可以从因社会生活或者扶养权利人自身身体状况导致扶养费的增减、扶养义务人有重大理由无法继续履行扶养义务导致扶养负担的减轻或者消灭、其他重大事由需要变更扶养等方面对于扶养的变更做出规定。在扶养义务的消灭问题上，法律可以明确规定出现以下事由扶养义务消灭：一是当事人死亡，二是扶养要件消灭，三是身份关系消灭等。

（6）规定扶养义务履行的保障措施。关于扶养义务履行的保障措施，我国现行法律规定不完善，如《刑法》规定不履行扶养义务达到严重程度时扶养义务人应当承担刑事责任。在现实生活中，不履行扶养义务的情况并不少见，但很少有达到追究刑事责任的程度，这就导致扶养义务不履行的责任追究出现脱节，不利于保护扶养权利人的权益。因此，立法有必要明确规定对违反法定的扶养义务尚未达到追究刑事责任的情形，能否通过设定一些具体的民事责任促使扶养义务人履行扶养义务。

第六节　精神赡养法律制度探析

一、精神赡养的基本理论

（一）精神赡养的概念

现代意义上，赡养仅指保证老人的基本生活。此规定只针对物质赡养，而没有精神赡养。但是，在古代，对于赡养的定义则有物质赡养与精神赡养。《说文解字》曰"赡，给也。从贝詹声。"贝在中国古代指货币，也就是说在赡养过程中应当注重老年人的物质生活需求，给予老年人物质赡养。古时候，对"养"有不同定义，分为"养口体""养志"。"养口体"是指子女在物质层面对于老年人的赡养，重在关注老年人的物质生活，"养志"是指子女应该关心老年人的精神生活。所以在古代，对老人的赡养，有物质方面，也有精神方面。但是，随着社会经济的发展，人们并没有很好地继承古代社会对于赡养的规定，忽视了精神赡养。

各学者在这一问题上持不同观点。米秋花认为精神赡养是指关注老人的情感生活，使其得到精神上的安慰。这一表述仅有内涵，未说明如何履行。穆光宗教授认为精神赡养指的是满足老人精神需求，让其生活得安心、舒心，同时，他指出精神赡养应由家庭和社会承担。这一论述将精神赡养扩大到了社会范畴。胡贤斐明确指出应当将精神赡养扩大到社会各个机构中。

虽然各学者对于精神赡养都有着不同的定义，对这一概念各有其观点，但总地看来，精神赡养就是子女关注老年人精神生活，满足其物质、情感上的需求，使其安享晚年。

（二）精神赡养的特征

1. 精神赡养主体的特定性

依照我国的传统孝道理念，精神赡养以家庭赡养为主，对于老年人的最大精神慰藉莫过于来自家人的关心与爱护，尽管我们强调精神赡养要注重家庭赡养与社会赡养相结合，但社会赡养只是起辅助作用。所以，精神赡养的主体有特定性。权利人需年满60岁，义务人为其子女、兄姐等亲属。所以精神赡养主体有特定性，存在于特定亲属中。

2. 精神赡养的相对独立性

赡养应当分为物质赡养与精神赡养。尽管物质赡养是最根本的,但其并非是实行精神赡养的前提和必要条件。物质赡养是为老人提供良好的物质生活,但这并不意味着老年人得到良好的精神赡养,精神赡养是赡养人对老年人生活的关心,真正从内心关爱老人,与老年人交流,时常陪伴老人,故精神赡养有相对独立性。赡养人应该将物质赡养和精神赡养两者结合起来,从而使老年人得到更好的赡养。

3. 精神赡养内容上的广泛性

(1) 尊重其人格。由于赡养人往往同老年人有着不同的生活习惯与文化习惯,因此在其对于日常生活的看法与观念上都与老年人有着极大的差距,往往产生矛盾。在这种情况下,不能对老年人不理不睬或是恶语相对,这会极大伤害老人的心理。老年人有其自己的思维方式,我们应该尊重他们的想法,包容与老年人之间的这种代沟,充分尊重老年人的生活习惯和行为方式,不可强行干涉老年人的生活。

(2) 满足其心理需求。当一个人年老后,孤独感也会加强,人际关系网会减弱,这就使得老年人对于家人的依赖性较强。大多数子女为了工作和生活的方便选择与老人分开居住,这使得老年人更加孤独,常年在家无人照料。子女应时常看望老人,尤其是受病痛折磨的老人,应当照顾老人,与老人聊天,帮助老人缓解病痛,保持心情愉悦。

(3) 尊重其婚姻自由。老人依法享有婚姻自由。年老后,社会交际逐渐减少,会产生孤独感,伴侣是老年人的精神寄托,那些失去伴侣的丧偶老人,失去了唯一的生活伴侣,没有了依靠,情感上会更加孤独,这就不乏老年人群中有再婚的现象。老年人再婚可以找到生活中的伴侣,再次体验生活的快乐,不再孤独。然而,这种再婚现象却往往会遭到子女的反对,或是受传统观念的影响,或是考虑到财产问题,子女反对老年人再婚,这无非是对老年人的精神状况又一次的打击。故再婚得到家人的支持是提升老年人精神生活的一项重要因素,晚年的婚姻生活是对老年人精神极大的慰藉。

由此可见,老年人精神赡养的内容包括社会生活的各个方面,我们应该从社会生活的各个角度对老年人的精神生活进行关注。

（三）精神赡养的分类

1. 物质赡养与精神赡养

以赡养内容为标准，可分为物质上的和心理上的。物质上的赡养是指为老人提供物质支持，例如提供资金支持老人参与老年活动，与其他老人一起唱歌、跳舞、旅游等。心理上的赡养指的是子女应该关注老年人的心理健康，多回家探望老人，让老人拥有舒心的笑容。

2. 作为精神赡养与不作为精神赡养

以赡养义务为标准，可分为作为的与不作为的精神赡养。作为的是指关心老人心理，多陪伴老人，对老人态度谦和，尊重老人，使老人心情愉悦。不作为指不得打骂、遗弃老人，应遵守法律，不能做出侵犯老年人权益的举动。

二、我国精神赡养存在的问题及原因分析

（一）老年人精神赡养存在的问题

北京市丰台区人民法院于2014年6月受理了一起民事案件，付某在其女贺某的孩子出生后，前往贺某家替贺某看孩子。但贺某只让其住客厅，并对其百般挑剔，在付某决定起诉贺某时，贺某的丈夫拿刀威胁付某以致其流落街头，故付某诉至法院请求法院判令被告每星期给原告打电话问候，节假日看望原告，同时要求被告给原告购买一套房屋便于被告居住。最终法院判决被告每周给原告打一个电话问候，每逢节假日看望原告。可见，在现实生活中，存在着不赡养老人的情况，我国的精神赡养主要存在以下几个问题。

1. 缺乏与老人的情感交流

当今社会，子女大多在外工作，没有时间常常探望老人，有的甚至与老人分开居住，老年人的晚年生活会更加孤独。贵阳市就子女与父母交流的情况做了一次调查，结果显示，经常交流为27.27%，偶尔交流为30.74%，极少交流为24.2%，有事情才交流为13.42%，从不交流为4.33%。由以上数据可知，缺乏与子女交流是一个主要问题。

2. 不关心老人的日常生活

随着年龄的增长，老年人的身体大不如前，但其子女忙于日常的工作，很少关心老人的身心状况，偶尔打电话问候，老人也可能怕子女担心未如实相告，使老年人的病情无法及时治疗。甚至有些老人在生病后得不到家人的关心与照顾，身体每况愈下，精神也随之失落，没有愉悦的心情，致使病情更加严重，

产生恶性循环。

3. 不尊重老年人

老年人退休后，大部分在家中替子女做家务，照看小孩，但由于子女与老年人生活习惯以及思想观念的不同，子女时常与老年人发生矛盾，甚至打骂老人。老年人年龄增长，无法工作，生活基本上要求子女供养，有些子女条件有限，供养不起，所以，子女会遗弃老人，虐待老人，老人连物质生活都无法满足，更不用说精神赡养了。

(二) 老年人精神赡养问题的原因分析

1. 家庭观念的变化

人们认知水平的提高，使得对于家庭观念也有了新的认识。自实行计划生育后，独生子增多，不存在以前的大家族，取而代之的是小型家庭。独生子女既要照顾父母，又要照顾孩子，生活压力的加大使得这部分年轻人没有时间照看家中的老人。再加上城市化进程，许多年轻人为了工作的方便和自己生活的自由，而选择与父母分开居住。人们渐渐忽略了家庭伦理道德观念，弱化了古代关于孝的理念，不尊重老人，将老人视为自己的负担，不尽赡养老人的义务。

2. 社会经济发展的影响

现实社会中，有些老年人在年老后还有自己的收入，减少了子女供养老人的负担。同时，国家颁布有关政策，以保障老年人生活。但子女们认为只要满足老年人的生活需求，就表明自己已经尽到了赡养老人的义务，这种错误的观点导致了老年人精神需求的匮乏。事实上，老年人需要的是家人的陪伴，否则，再丰厚的生活带给老人的也仅仅是孤独。

3. 法律制度的欠缺

法律是保障精神赡养实施的一个重要方面，但是我国法律在这一方面还有所欠缺，并无具体的权利义务，及责任的承担方式，这就使得在执行过程中出现了困难。赡养义务人对法律义务模糊不清，法官在处断时也没有明确的标准，对于违反赡养义务的行为也无依据，使得法律在这一问题上形同虚设。再加上老年人法律意识的欠缺，没有法律常识，无法维护自己的合法权益，才会出现许多赡养问题。

三、我国精神赡养法律制度的内容及存在问题

（一）精神赡养法律制度的内容

1. 宪法中关于精神赡养的规定

宪法规定，子女有赡养辅助父母义务。虽然宪法中未明确规定精神赡养的内容，但是这里的赡养辅助义务就是指子女应当尽到照顾老人的责任，保证其基本的生活，同时从内心深处关爱老人。宪法规定赡养辅助义务的目的就是鼓励子女能够帮助老年人更好地度过晚年生活，而老年人晚年生活的幸福不仅仅是满足其基本的生活条件，还有心理上的安慰与快乐。由此可见，宪法中对于赡养的规定，就应该包括精神与物质两方面的赡养。

2. 《老年人权益保障法》中关于精神赡养的规定

《老年人权益保障法》规定子女应关心老人，时常看望老人，单位应定期给劳动者假期，使其有时间看望老人。这是精神赡养在法律上最集中的体现。由于经济社会的发展，子女大多外出打工，空巢老人的增多给我国精神赡养制度的实施带来了很大的阻碍，该条文的规定针对当今社会的现状，通过法律的手段约束子女常回家探望老人。同时，该法中也对用人单位做出了规定，要求用人单位不得剥夺劳动者的探望权，以便子女时常看望老人。

3. 地方性法律法规中关于精神赡养的规定

不仅国家的法律对精神赡养进行了规定，地方各级也依据本地区的实际情况对精神赡养法律制度进行了规定。例如辽宁省根据社会发展的要求规定，子女应当常回家看望老人，同时，如果是国家工作人员，没有尽到赡养自己父母的义务，还会追究其行政或刑事责任。山东省规定尊重老人婚姻自由，不可以强行干预；同时政府给予资金支持公园对老年人免购门票，鼓励支持城乡社区建立老年人活动场所。太原市规定了子女应当创造良好的家庭氛围，不可以用强制手段将父母分开；不可迫使老人搬到条件差的房屋里住；等等。

（二）精神赡养法律制度存在的问题

2015 年 3 月，安徽省合肥市法院受理了一起民事赡养纠纷案件，该案件中原告王某与翟某系夫妻关系，称其子女未尽赡养义务，要求其子女承担赡养费，同时请求法院判令被告每月陪原告谈家常。最终法院判决被告支付赡养费并且一个月保证看望父母 3 次，陪父母聊天。从这一案例中我们可以看出我国精神赡养法律制度中存在的问题，虽然我国已经将精神赡养写入法律，但是该案在

审理过程中对于被告具体应尽的赡养义务没有明确的法律依据，同时在判令被告承担责任时也没有依据具体的法律条文来判决，仅仅是依据法官个人的认识，从判决也可以看出，关于精神赡养部分的判决没有强制执行力，后期的履行效果并不能很好地保证。由此可以看出这一制度存在以下问题。

1. 对精神赡养的概念没有明确的界定

法律未对精神赡养进行准确的规定，对于其内涵学者也无统一认识。法律都只是笼统地规定，未说明义务人如何履行义务。这就使得人民群众对于法律的认识有偏差，法官在依据法律进行判决的情况下也有不同的见解，使得这一问题执行起来十分困难。

2. 对精神赡养的法律责任没有明确规定

我国对于赡养义务人的法律责任无明确规定，这就使得法律威慑力不足，在没有明确法律后果的前提下很难让其自觉履行义务。同时对于违反法律的赡养义务人也得不到应有的惩罚，老人的权利得不到应有的保护，对社会也无法达成警示的效果，完全没有任何执行力，使得这一项法律形同虚设。

3. 对精神赡养义务缺乏法律的强制性

法律之所以能够实施，在于其强制力。但在精神赡养这部分只有原则性规定，缺乏必要的强制措施，这就使得精神赡养无法得到很好的实施。同时，在精神赡养法律制度中，对于老人有何权利，子女如何行使其义务，违反法律后的责任承担等，这些内容在我国现有的法律制度中没有得到很好的体现。故即使法院对关于精神赡养的案件进行了判决或调解，但是对于这类案件的后期执行也无法保障，无法强制执行。

四、国外精神赡养的相关法律制度

（一）亚洲国家的相关法律制度

1. 日本相关法律制度

在日本，养老提倡三代同堂，支持老人在自己家里养老，并建立了保障措施，例如，子女为父母修建房屋政府将为其提供贷款，同时政府还会提供必要的看护设备，使老年人得到良好照料和护理。日本法律要求国家提供资金，为有特殊需要的老人建养老院；同时，政府提供一些老人能力范围内的工作岗位，依据老人的知识和才能帮助其就业，使其融入社会生活中；政府还成立"老年人俱乐部"，使得老年人能够更好地参与社会生活，重树生活的乐趣。

2. 新加坡相关法律制度

新加坡颁布的《赡养父母法》第 3 条规定凡年龄达到 60 岁以上的老人，子女不赡养自己，或子女无能力为父母生活提供资金帮助时，父母可请求签发"赡养令"；同时政府还提供住房优惠，例如，如果同父母一同居住，会给予该房屋价格上的优惠。该法第 13 条规定设立专门法庭对赡养老人的案件进行处理，增强了法官办理这类案件的专业性，便于增加办案效率。新加坡在对老年人法律责任的规定中还增加了刑事责任的承担方式，即对于不赡养老人的行为将给予一年有期徒刑的处罚。

（二）欧美国家的相关法律制度

1. 瑞典相关法律制度

瑞典是最适合老年人居住的国家，是老年人的王国，这得益于瑞典法律制度中对老年人赡养的规定。瑞典的法律制度对于子女与父母分开居住的距离有明确的限制，还规定了子女看望老人的次数和时间。同时，提倡老人在自己家中养老，鼓励子女与父母住在一起，新的居住环境可能会加重老人的孤独感，这样可以使老人内心体会到家的温暖。瑞典在其养老模式中打造全方位的家政服务网，为居家老人提供看护、送饭、个人卫生等全天候的家政服务，同时还为有特殊需要的人群配备了专门警报器。

2. 美国相关法律制度

美国作为世界上高度发达的国家，其老年人的福利也比较完善，故并没有对子女赡养老人的义务进行法律上的规定，但美国在关注老人基本生活的基础上，以对于美国采取减少税收的方式鼓励子女赡养老人，即减免家庭因赡养老人所产生的税收。美国主要通过社会福利制度和税收政策对老年人进行赡养，通过补助金、食物券、地铁等购票方面对老年人实行优惠政策。美国大量的法律为老年人提供了各项养老服务，使老年人生活的各个方面都得到了保障。同时，美国鼓励给退休老人提供事业服务以及参与社会志愿者的活动，为老年人提供就业机会。

（三）对我国立法的启示

虽然精神赡养法律制度依各国的经济发展水平和社会发展程度都有所不同，但是对于各国的精神赡养法律制度我国都可以予以借鉴。在立法上，可以参照瑞典，完善精神赡养制度及履行方式，明确法律责任，使得这一法律便于实施。在司法方面，我国可以参照新加坡的精神赡养法律制度，在各地开设专门的老人法庭，增强办理精神赡养法律案件的效率与专业性。在社会方面，我国可以参照美国的法律制度，加强国家及社会的参与度，政府出资对老年人精神赡养提供资金支持，鼓励开展老年活动。同时，老年人退休闲在家中，难免会产生心理落差，觉得自己对社会已没什么作用，这样会产生许多的心理问题。这时，我们可以为其提供就业方面的培训，使得其重获生活动力。我国也可以参照日本，提倡家庭养老，在保障老年人各种社会福利得到满足的同时，提倡子女亲自赡养老人。

五、我国精神赡养法律制度的完善

（一）完善赡养义务主体

法律中对于义务主体，只规定了子女，对女婿、儿媳在赡养过程中的角色没有进行明确的规定，他们仍在赡养义务中起辅助作用。因此，应当在法律中增设女婿、儿媳作为赡养义务主体，要求其尽赡养义务。否则，夫妻二人会因为这一问题而产生矛盾，这样不利于家庭和谐，还会影响老人的心理状况，对于老人是十分不利的。在法律中增加女婿、儿媳作为义务主体，这样有利于促进家庭全体成员注重对老年人的精神赡养，使得精神赡养制度能够更好地实施。

（二）建立精神赡养制度

通过立法，将养老方式变为家庭与社会相结合。完善我国的社保体系，国家也承担起养老义务，同时鼓励社会各界提升对精神养老的重视，完善精神赡养制度。

1. 设置精神赡养的原则性规定

在完善精神赡养法律制度的过程中，最重要的一点就是明确精神赡养法律制度的原则，只有先明确原则性条款以及精神赡养实施的目的，才会对精神赡养行为产生界定的标准。只要符合原则性的、符合精神赡养目的的行为，就可被认为是符合法律规定的精神赡养行为。由于各个地区生活条件不同，老年人的精神需求也存在差异。法官只能依据自己的判断来确定义务人的履行情况，这时原则性条款就显得极为重要，法院只有依据原则性条款以及各种现实因素和社会因素相结合才能更好地判断精神赡养义务的履行情况。同时，精神赡养原则性条款的确立，有利于在规定其他精神赡养条款中把握核心要素，加强各法律之间的衔接，使得制度更加完整全面。

2. 明确精神赡养义务的履行方式

（1）应该明确规定赡养义务应当亲自履行，不能委托他人。精神赡养是指老年人得到来自家人的关心与爱护，尤其是来自子女的关爱，社会及他人的关爱远不及来自子女的关爱。所以，精神赡养主体是特定的，应当由子女亲自履行。

（2）精神赡养不像物质赡养那样单一，仅仅给予经济帮助就足够，应该考虑到多方面的因素。应当通过多方面来考虑老人真正的需求，以此需求来确定适当的履行方式。精神赡养有多种履行方式，如常回家帮助老人打扫卫生，给老人做饭，陪老人说话，支持老人参加社区的活动，等等。依据不同的情况就会有不同的履行方式，这就给了法官在处理精神赡养纠纷中极大的自由裁量权。所以，法律应当更加明确精神赡养履行的方式及标准，以便法院在处理精神赡养案件的过程中更加公正，更加维护老年人的精神赡养权利。

（3）赋予老年人探望权。探望是指子女对父母的看望以及问候，可以通过法律给予老年人探望权，对探望的期限加以规定，以便约束子女对老人的探望。这就要求法律对探望权进行明确的规定，使其具有较强的可操作性，防止在行使过程中产生争议。当老年人的探望权得不到保障时，法院可以通过探望权的规定对其子女进行约束，使子女主动探望老人，或者法院可以判决子女对老人进行定期的探望。对于拒不执行的，可以申请强制执行。

3. 设立老年法庭

我国的精神赡养案件，因关系到老人晚年的生活情况，故在审理这类案件时，应当设立专门法庭，这样可以提高办案效率，便于案件优先审理，妥善执行，同时更有利于法官在司法实践中总结经验，提升办案能力。针对老年人这一特殊群体，还可以灵活司法，将法庭建立到社区、街道或者其他基层组织，甚至是老年人家中，更加便于老年人参加诉讼。在案件受理上及时受理，及时审结，加快办案效率，因为时间上的延迟可能使老年人长期生活在痛苦中。考虑到老年人的经济状况或者身体状况，应该鼓励社会提供法律援助，在诉讼费用上也可以适当地给予减免，以便于老年人更好地维护精神赡养权利。

（三）明确精神赡养法律责任

人们普遍认为精神赡养只能通过道德来调整，正是这种错误的观点使我国精神赡养制度迟迟得不到完善。法律是不断与时俱进的，也许有一天精神赡养能够通过道德来约束，但依照当今社会的现状，精神赡养更多地需要国家的强制力来保障实施。所以，应当明确精神赡养的法律责任，这便于对公民行为进行更好的约束，使得精神赡养案件处理达到更好的社会效应。例如，老人可以要求子女经常回家，或者要求与子女一同居住，当子女虐待老人时，老年人可以请求法律责令子女停止侵害。

1. 增加精神损害赔偿的规定

精神损害赔偿是指权利人的身体、人身自由等遭受侵害时，有权要求侵权人承担相应的法律后果。老年人精神赡养受侵害常常表现为子女虐待老人，不尊重老人，甚至强行干涉老年人的生活，这时，老年人完全可以请求法院判决子女赔偿其精神损失，但法律对这一部分未做规定。所以，法律应该对精神赡养的法律责任中增加精神损害赔偿的法律责任，使得在更好地保障老年人精神赡养权利免受侵犯的情况下，对不赡养老年人的行为进行相应的处罚，让子女为自己的行为付出代价，同时既可以提醒其他子女应当尽自己的义务，又能补偿老人遭受的损失，一定程度上也可以达到威慑社会的作用。

2. 确保精神赡养制度的实行

精神赡养在执行上也存在问题。为此，在明确精神赡养的法律责任中，执行方面也应采取灵活的方式，不能一味地使用法律的强制力，在执行过程中，应当让义务人明白自己的义务，向义务人讲解法律法规，耐心对义务人进行批评教育，使其自觉履行精神赡养义务。同时，法官应主动关心精神赡养义务的后期履行效果，对其进行监督。

（四）构建精神赡养制度与其他法律制度的衔接

我国精神赡养法律制度还不完善。各部门法中虽然都对老年人权益保障有所体现，但是，各个法律规定中衔接得不够紧密，有些规定更是与当今社会的养老现状不相符，这些问题都会使养老保障制度难以实施，更不用说精神赡养法律制度了。所以，需注重各部门法律制度之间的联结，构建完备的体系。

宪法是我国的根本大法，旨在对公民基本权利进行保护，我国应该在宪法中对精神赡养制度加以规定，完善精神赡养法律体系。宪法是各个法律的总指南，我国应将精神赡养法律列入宪法中，通过宪法将精神赡养权利确立为公民的基本权利，使得精神赡养在实行过程中有更强的执行力，其次，在宪法中增加关于精神赡养原则性的规定，便于各部门法把握核心原则，使得制度更加完备。

完善与精神赡养相适应的行政及刑事处罚。法律之所以能约束公民行为，在于它的强制执行力。所以，应当完善行政处罚法与刑法中对于精神赡养权利的保护，对于不尽精神赡养义务的义务人，可以通过行政法或刑法对其进行处罚，使得我国的精神赡养法律制度能够更加有力地实施。

由于老年人的维权意识较低，在精神赡养权利受到侵害时不能很好地维权，因此，还应当在诉讼法中给予特殊的规定，完善这类案件审理程序，缩短案件审限，加快此类案件处理速度，积极落实这类案件的执行。

第六章

继承法律制度研究

财产继承法律制度是人类社会出现私有制和阶级以后，随着国家的产生而产生。它与其他法律制度一样，是一定社会经济基础的上层建筑，由经济基础所决定，又为一定的经济基础服务。

第一节　继承法律制度的基本认识

一、继承的含义

"继承"一词有广义与狭义之分。广义的继承，是指生者对于死者生前享有权利和承担义务的承受，其内容不仅包括财产继承，还包括身份继承。狭义的继承，即财产继承，是指生者对死者财产权利和义务的承受。在古代社会以身份继承为主，是广义的继承。现代社会绝大多数国家已无身份继承而专行财产继承，故现代的"继承"一词是指狭义的继承，即财产继承的简称。

所谓继承制度，是指将死者生前遗留的财产权利和义务，依照法律的规定或者遗嘱的指定转移给他人承受的法律制度。在继承关系中，遗留财产的死者被称为被继承人，死者遗留的个人财产被称为遗产，依法或依遗嘱继承遗产的人被称为继承人，继承人依法或依遗嘱取得遗产的权利被称为继承权。[①] 继承制度规定了有关遗产的转移方式如法定继承、遗嘱继承、遗赠等制度，其具体内容包括法定继承人的范围、顺序和应继份，遗产的范围及遗产的处理原则，遗嘱继承和遗赠的成立要件及效力，以及被继承人债务的清偿和遗产的分割等

---

① 佟柔. 继承法教程［M］. 北京：法律出版社，1986：1.

法律规范。继承法是调整自然人死亡后所发生的财产移转关系的法律规范的总称。

二、我国继承法的基本原则

（一）保护公民私有财产继承权的原则

从《宪法》和《民法典》的规定可以看出，我国《民法典》关于继承的首要基本原则就是切实保护自然人的私有财产继承权。这个原则主要包括以下三层含义。

第一，自然人的合法私有财产受到法律保护，被继承人死亡时遗留的全部合法个人财产，在存在法定继承人的情况下，不会收归国家或集体所有。

第二，自然人的继承权按照相关法律规定受到保护，只有在发生法律规定的事由时继承权才会丧失，否则在继承人没有表示放弃继承权的情况下都视为接受被继承人的遗产继承。并且继承人有无民事行为能力都具有法定继承权，甚至被继承人死亡时，其特定继承人中已经受孕的胎儿也会受到一定的法律保护。

第三，当自然人的继承权受到非法侵害时，在法定期间继承人有权向司法机关提出申请，请求法律保护。

（二）继承权男女平等原则

从法律规定中可以看出，男女平等原则也是继承法的一个基本原则。该原则主要包括以下几层含义。

1. 继承人的继承权不因性别产生差异

我国继承法不仅对法定继承人的范围做出了明确规定，并且在性别上也有明确表述，这是因为受到历史封建传统习俗的不良影响，在我国一些地区仍然存在出嫁的女儿不享有继承权的习俗，通过规定保证相应法定继承人的合法继承权。对于丧偶的儿媳或女婿，如若他们对公婆、岳父母承担了主要赡养义务的，也合法享有平等的法定继承权。此外，继承法还明确规定任何人都不可以干涉、妨害离异或丧偶的妇女继承财产后再嫁。

2. 继承人的继承顺序不因性别产生差异

按照继承法的规定，继承顺序根据亲属关系的远近确定，并且每一个顺位上的所有继承人享有平等的继承顺序和继承份额。例如，儿子和女儿处于同一继承顺位，可以平等地继承父母的遗产，被继承人的兄弟姐妹作为第二顺位继承人平等地继承相应的遗产。

3. 适用代位继承、转继承等特殊继承时不因性别产生差异

只要被代位继承人先于被继承人死亡，代位继承人是被代位继承人的直系亲属，那么不论代位继承人的性别如何都可以平等地代位继承遗产。对于转继承来说亦是如此。

4. 遗嘱处分遗产时不因性别产生差异

不论被继承人的性别如何，都可以通过立遗嘱的方式处分自己的财产，遗嘱继承人不论性别如何都可以继承财产。财产遗赠或签订遗赠扶养协议同样适用男女平等原则。

5. 继承权的取得、处分不因性别产生差异

不论男女都有权取得并处分自己的继承权，这具体体现在继承人对继承权的取得、行使、放弃和丧失方面。

6. 照顾老人、儿童、病残者时不因性别产生差异

在对被继承人的遗产进行合法分配时，对于缺乏劳动能力又没有生活来源的继承人，应该为其保留必要的遗产份额，不论男女都享有这一待遇。

(三) 权利义务相一致原则

权利义务相一致原则是我国法律的一项基本原则，在继承法中也是如此。虽然继承权是以特定的亲属身份关系为前提而确立的，但权利义务一致原则也在继承法中体现。

1. 在继承范围确定上的体现

第一，虽然法定继承人的范围是以一定亲属身份关系为前提条件而确立的，但是这些继承人均是婚姻家庭法明确规定相互负有扶养义务的人，并且婚姻家庭法规定的扶养义务顺序也就是法定继承人的继承顺位。例如，配偶、父母、子女在婚姻家庭法中为第一顺序扶养义务人，因此在继承法中为第一顺位继承人；祖父母、外祖父母和兄弟姐妹在婚姻家庭法中是第二顺序扶养义务人，因此在继承法中为第二顺位继承人。第二，在继承法中，继父母子女、养父母子女等人也是法定继承人，这主要是因为继承人与被继承人之间存在一定扶养关系，从而在二者之间产生了相应的权利义务，继而确定了他们的法定继承权。第三，我国继承法中明确规定，"丧偶儿媳对公婆、丧偶女婿对岳父母尽了主要赡养义务的，作为第一顺序继承人"，这就很好地体现了继承法的权利义务相一致原则。

2. 在继承份额确定上的体现

对于同一顺位继承人来说，他们具有相同的权利义务，因此他们所继承的遗产份额通常也是相同的。但是在现实中，继承人在履行同样的扶养义务时会存在一定差异，为了体现法律公平，继承法特别规定，对于尽了主要扶养义务的继承人，可以分配到更多的遗产；对于有扶养能力和扶养条件却不尽扶养义务的继承人，应当不分或少分其遗产。此外，在法定继承人以外的人如果对被继承人生前扶养较多，也可以按照相关规定适当分配获得一部分遗产。

3. 在继承权剥夺与丧失上的体现

继承权的获得是以扶养的权利义务为前提的，继承权的剥夺也是以此为前提的。《民法典》第 1125 条明确规定，故意杀害、虐待、遗弃被继承人的，丧失继承权。也就是指，继承人如果不履行其扶养义务，则可能被剥夺相应的法定继承权。

4. 在遗产分配上的体现

在分配被继承人的遗产时，如果被继承人有尚未履行的债务，则应该在继承人继承的遗产范围内清偿债务，在承担这一责任后，继承人才可以继承遗产。

5. 在遗赠扶养协议上的体现

虽然遗赠扶养协议与继承法律关系之间存在一定差异，但它是继承法的重要组成部分，且建立在契约基础上，是以权利义务相对等为原则而建立起来的一套法律制度。

（四）养老育幼、保护弱小的原则

婚姻家庭法的一项基本原则是切实保护妇女、老人、儿童的合法权益，该原则体现了对婚姻家庭中弱势群体提供特殊保护。继承法中同样需要对弱势群体的合法权益提供特殊保护，以此更好地实现继承法的法律公平。

1. 预留份规定上的体现

《民法典》第 1155 条明确规定，在进行遗产分割时，应该预先保留胎儿的应继承份额，这明确体现了对弱势继承主体——胎儿的特别保护。如果胎儿出生时为死体，则可以按照法定继承对遗产的保留份额进行相应处理，否则其继承份额受法律保护。

2. 特留份规定上的体现

《民法典》第 1141 条明确规定，被继承人在处分自己的财产时，应该特别为缺乏劳动能力且没有生活来源的继承人保留必要份额的遗产。在这里，缺乏劳动能力且没有生活来源的继承人主要是指老人、儿童和病残者，在所有继承人中，他们处于弱势方，因此需要为这些继承人特别保留必要份额的遗产，以此为他们今后的生活提供基本保障。

3. 遗产分配上的体现

《民法典》第 1130 条和第 1131 条明确规定，在对被继承人遗产进行分配时，应该优先照顾有特殊生活困难的缺乏劳动能力的人；按原则来说，与被继承人有特定亲属关系的继承人以外的人并不享有继承权，但对于依靠被继承人扶养的缺乏劳动能力且没有生活来源的人，按照法律规定可以获得一定遗产，以此保证其基本生活，这充分体现了继承法养老育幼、保护弱小的原则和精神。

（五）互谅互让、协商处理遗产的原则

《民法典》第 1132 条规定："继承人应当本着互谅互让，和睦团结的精神，协商处理继承问题。"

这一规定反映了我国家庭关系和道德风尚的要求。当事人协商处理继承问题，也体现了民法的意思自治原则精神。互谅互让、协商处理遗产的原则在我国继承法中主要表现在以下两个方面。

第一，在法定继承时同一顺序继承人可协商确定各自继承的遗产份额。依我国《民法典》第 1130 条规定，在法定继承时，同一顺序继承人继承遗产的份额，一般应当均等。但如果继承人协商同意的，也可以不均等。

第二，遗产分割的具体时间和办法，可由继承人协商确定。在我国现实生活中，实行法定继承时较为普遍的做法是，当父母一方死亡，另一方尚生存时，子女们一般不进行遗产分割，待父母双亡后再分割遗产。

第二节　遗产债权人利益的保护

1985 年《继承法》偏重保护继承人的利益而忽视遗产债权人的利益，已造成实践中继承人和遗产债权人之间的利益失衡。鉴于旧《继承法》及相关立法规定存在的遗产范围的界定不全面、接受和放弃继承的规定过于灵活等问题，2020 年《民法典》进一步明确了遗产和遗产债务的范围，对有限责任继承的实施附加必要的条件，完善遗产债务管理方法等，以多方位保护遗产债权人的利益。

一、遗产债权清偿的方式与现行规定

有限责任继承和无限责任继承是被继承人遗产债务清偿的两种立法例。所谓有限责任继承是指继承人对被继承人生前债务只承担有限的责任，即只用被继承人生前的实际遗产来偿还其债务；所谓无限责任继承则是突破被继承人的实际遗产价值，必要时要连带继承人的个人财产对被继承人的生前债务承担责任。相对于无限责任继承，有限责任继承大大降低了继承人将来有可能承担债务的风险，继承人在继承开始后的特定时间内，只需要编制遗产清单，就可将责任由无限转为有限。

《民法典》第1161条关于遗产债权人债务清偿的立法采用的是无条件的有限责任继承。但此"无条件"只是原则性的，是相对的，如果继承人自愿偿还超出遗产价值的债务，不受此限，那么这也是民法意思自治原则在继承法中的体现。但总体来看，《民法典》第1161条的规定，已使继承人和遗产债权人之间的利益失衡。

二、现行立法的评析

（一）遗产范围的界定还不够全面

关于遗产范围的立法规定在《民法典》第1122条。概括言之，我国立法规定的遗产范围只包括积极财产（权益），而把消极财产（债务）排除在外，且对积极财产类型的规定不能涵盖全部的新型财产类型。所以，在扩大遗产范围时必须综合考量以下内容：遗产范围的划分界限要清楚，应该包含目前所有的以及未来可以预见的一切遗产形式；继承遗产的范围要全面，要坚持权利义务相统一的原则，既要继承债权，也要继承债务。

（二）接受和放弃继承的规定过于灵活

从《民法典》第1124条的规定可以看出，从继承开始后至遗产处理前的时间，遗产的归属问题以及继承人和遗产债权人之间的关系始终处于一种不确定的状态，这种不确定的状态需要继承人尽快做出明确的意思表示，即稳定这一法律关系的主动权掌握在继承人手里。那么问题就出现了，如果继承人迟迟未做出放弃继承的意思表示，遗产债权人就会处于一种被动的法律地位而无法及时向负有义务的继承人主张债权，这显然对遗产的管理和保护非常不利。

（三）继承人利益和遗产债权人利益失衡

继承法关于遗产债务清偿的规定对继承人是非常有利的，一则采用的是有限责任继承，二则继承人无须履行特定的程序就可享有继承利益，而遗产债权人在继承开始后至遗产处理前的这段时间就处于相对的不利地位。遗产价值究竟有多少？承担遗产债务偿还责任的继承主体是何人？自己的债权是否能够受偿？受偿的范围又有多大？这一系列问题都是遗产债权人必然担忧的。目前立法相对有利于继承人利益的保护，这就在某种程度上造成了继承人利益和遗产债权人利益的失衡。

（四）遗产债权人利益保护和权利救济制度缺乏

实践中，如果继承人故意转移、隐匿、侵吞、非法处分被继承人遗产，那么会造成遗产债权人无法实现优先受偿权或受偿不足。虽然《民法典》在第1159条和1162条对遗产清偿债务的顺序做出了明确规定，即遗产应首先用于清偿被继承人生前所欠的税款和债务，但如果继承人不这样执行或将遗产先用于清偿自己的债务，那么就会产生一系列问题。遗产债权人该如何保护自己的权益，《民法典》并没有明确规定。未来在法律层面上，应明确规定"继承人放弃继承的行为是为了逃避债务，该放弃行为无效"，这样才能真正平衡和保护遗产债权人的利益。

三、完善遗产债权人利益保护制度的立法建议

（一）明确遗产和遗产债务的范围

关于遗产的范围，我国现行立法只将积极的财产作为遗产，而将消极的财产排除在外，这种使继承人具有"先天优势"的立法，使得遗产债权人处于被动地位，明显违反了民法的公平原则和权利义务对等原则。故应扩大遗产范围，将消极财产——债务也纳入遗产范围。

关于遗产债务的范围，本书认为，遗产债务应仅限于被继承人生前所欠债务，而继承开始后所生之义务不能界定为遗产债务。因为这部分费用本质是遗产本身的转化，应当从遗产中扣除或支付，是遗产价值的正当减损，不宜列为遗产债务。此外，丧葬费一般是处理死者后事的必要费用，这是继承人应履行的义务，理当由继承人负担此费用，所以，也不能列入遗产债务。至于遗产管理费用、遗产争议的诉讼费等，理由相同，也不能作为遗产债务。

（二）对有限责任继承的实施附加必要的条件

《民法典》的规定使继承开始后遗产债权人始终处于一种不稳定的法律关系之中。为此，应对现行制度进行如下完善。首先，应明确有限责任继承开始的条件和程序。目前我国对有限责任继承在条件和程序上没有做出明确规定，这样一旦继承人失信，做出对遗产债权人不利的行为，就会造成双方利益的失衡。所以，应赋予继承人在特定期限内的选择权以决定其继承方式，或选择有限继承，或选择无限继承，或选择放弃继承，只有明确这一期限，继承法律关系才能稳定，遗产债权人才能尽快确定请求权主体。

本书认为，第一，要明确规定继承人选择继承方式的法定期限为两个月，该两个月是自继承人知道或应当知道其有继承权之日起算。如果情况特殊或出现意外事件，也可以申请适当延长。第二，如果继承人选择有限责任继承，则应规定相应的前置程序——建立遗产清册制度。同时规定其一旦选择，不能再放弃继承，如在两个月内不提交遗产清册，视为接受无限责任继承方式。第三，赋予遗产债权人主动请求法律保护的权利，即遗产债权人可以在继承开始后的法定期限内，请求法院要求继承人明确做出是否接受继承的意思表示。

（三）完善遗产债务管理方法，建立遗产清册制度

遗产清册制度未来将在继承法中发挥重要的作用。遗产清册不仅是记录被继承人遗产状况的簿册，让遗产债权人明了遗产的范围，同时，它也是将来遗产税执行的依据。在具体制度设计上，可做如下规定：明确公证机关是遗产清册的主管机关；明确遗产清册建立的具体时间，即有限责任继承人应自继承开始之日起两个月内做成遗产清册，特殊情况可向法院申请延长；在遗产清册中明确遗产范围和遗产债务的范围；明确继承人的法律责任。如果继承人在制作遗产清册的过程中有弄虚作假等不法行为，一旦被遗产债权人发现和举报，经法院核实，可直接取消其有限责任继承资格。

（四）增加对遗产债权人利益保护的相关措施

1. 赋予遗产债权人遗产管理请求权

有关债权人遗产管理请求权的立法例，我们可以借鉴国外立法，以实现继承人和遗产债权人利益保护的公平、公正原则。其中，较为典型的国家有日本、法国、瑞士。日本、法国规定的是财产分离制度，瑞士规定的是官方清算制度，这些立法的共同理念是遗产债权人认为继承人的行为随时有危及自己债权的可

能性时，可以在法定期限内向主管机关提出申请，要求主管机关对被继承人的遗产进行管理。在主管机关对遗产进行管理的同时，继承人丧失了遗产管理的权利。这样的规定较好地保护了被继承人的遗产不受继承人的任意处分，同时也能有效保护遗产债权人最大可能地实现其债权。

2. 增加遗产债权人代位权和撤销权的规定

《民法典》第535、536条规定了债权人的代位权，第538条、539条规定了债权人的撤销权，这两项制度的立法价值在于当债务人的不当行为导致危害债权人的利益时，债权人可通过该制度的行使来保全自己的债权，它们属于债（合同）的保全措施。同理，在遗产继承中，为了保护遗产债权人的利益，对于债务人（继承人）有损于债权人（遗产债权人）利益的行为，同样可以规定相应的代位权制度和撤销权制度。

关于代位权制度，可以这样规定：继承人怠于行使被继承人的到期债权，对遗产债权人造成损害的，遗产债权人可以向法院请求以自己的名义代位行使被继承人的债权，但该债权专属于被继承人自身的除外。代位权的行使范围以遗产债权人的债权为限，遗产债权人行使代位权的必要费用，由继承人负担。

关于撤销权制度，可规定遇有下列情形之一，导致遗产不当减少，对遗产债权人造成损害的，遗产债权人可以行使撤销权：被继承人生前通过赠与或不合理的价格处分遗产的；继承开始后遗嘱执行人、遗产管理人以不合理的价格处分遗产的；遗嘱执行人、遗产管理人在债权申报期限内向遗产债权人清偿债务的；遗嘱执行人、遗产管理人在继承开始后以遗产为他人设定担保的。此外，应规定撤销权行使的除斥期间，遗产债权人的撤销权应当自知道撤销权之日起一年内行使，不知道撤销权的，自撤销权事由成立时起五年内行使。

3. 建立遗产的公示催告制度

建议借鉴《破产法》中公示催告制度的立法模式，建立继承法的遗产公示催告制度。在制度设计过程中，可借鉴相关立法例。《日本民法典》第927条第1款规定，继承开始后，限定继承人应在5日内做出限定继承的意思表示，并及时通知遗产债权人和受遗赠人，允许遗产债权人申报债权的期限不得少于两个月。《瑞士民法典》第582条规定，主管官厅在制作财产清单时，应采取适当的公告方法，公告期最少为一个月。我国《民法典》第1150条规定的"继承开始的通知"其通知对象仅包括其他继承人和遗嘱执行人，而不包括遗产债权人，这对遗产债权人权益的保护是不利的。本书认为制度设计应注意以下几方面。

第一，公示催告的主体。公示催告的主体应当是法院。继承开始后，继承人应当及时提交遗产清册，公证机关在对遗产清册进行审查后，法院要按照遗产清册中所列的遗产债权人名单及时通知其申报债权。在债权公告期满后，继承人就得向遗产债权人履行清偿债务，这一过程有法院或公证处人员监督，更有利于遗产债权人债权的实现。

第二，公示催告的期限及申报期限。继承人或遗产管理人应及时通知已经知晓的遗产债权人申报债权，自知道继承开始后的一个月内请求法院发布公告，催告未知的遗产债权人申报债权，该公告期不得少于三个月。在公告期间内遗产管理人不得对任何遗产债权人或受遗赠人履行给付义务。

第三，未申报债权的法律后果。遗产债权人在公告期间内未申报债权，其他债务已经清偿的，仅就剩余遗产有受偿的权利，遗产已经分割的，仅就后发现的遗产享有受偿的权利。

（五）明确遗产债务的清偿顺序

本书认为，对遗产债务的界定应采用狭义的观点，即继承开始后所产生的债务，如继承费用、丧葬费用不宜列入遗产债务。对于遗产债务应按如下顺序进行清偿：存在担保物权的遗产债务；国家税款、普通债务以及担保物价值不足清偿的余额部分；被继承人的生前债务及家庭债务中应当由遗产承担的债务，有证据证明遗赠扶养协议的受遗赠人履行了扶养义务的，与之处于同一顺序偿还；其他债务。

第三节　网络虚拟财产的继承

人们在互联网上通过 QQ、微信聊天、传输文件；通过支付宝、微信发红包、转账；通过各种软件叫车、洗车、代驾、酒店订房、订餐；通过各种网络游戏娱乐等，这些都已经成为我们生活中不可或缺的重要部分，而这些功能的实现无不依赖各个网络电子账户。这些网络电子账户所代表的权利和利益，具有某种财产属性，成为用户在网络环境中拥有的虚拟财产。所以，网络虚拟财产就是以电子数据为表现形式，能够被用户拥有和支配的具有一定财产价值，代表某种权利和利益的网络虚拟物。网络虚拟财产对用户有着经济价值，同时又因用户花费心血经营而具有不可忽视的精神价值，那么对其亲属也必然具有相同利益，基于立法仍滞后于司法实践的现状，有必要在立法上确认虚拟财产利益和继承的合法性，制定符合我国国情的相关法律规范，保障社会公众对网络虚拟财产合法的继承权利。

一、网络虚拟财产的基本理论

2010 年，沈阳王女士欲继承去世丈夫的 QQ 号而与腾讯公司之间发生的纠纷引起社会的极大关注。王女士在丈夫死亡后，想要丈夫 QQ 邮箱和空间里面的私人信件和照片。因为对她而言，这些网络虚拟财产很珍贵，但是她没有丈夫 QQ 账号的密码。于是她向腾讯公司申请保存这些照片和信件，并且申请拥有已逝丈夫的 QQ 账号，以慰相思之苦，但是经过和腾讯的多次沟通，仍然未能如愿。腾讯称 QQ 号码不属于法定遗产，使用人无权对其处分。从合同法的角度分析，双方签订协议系真实合意，不存在其规定的无效情形，则双方应遵守该有效约定，腾讯公司并未违反双方协议，其理由在法律上是成立的；但从情理和人文关怀的角度而言，王女士的主张符合人之常情，并无不当之处，也应得到支持。该纠纷的最后处理结果不得而知，但突显出我国法律制度对网络虚拟财产利益保护的缺失。确认网络虚拟财产的法律地位，应首先分析其基本法律性质。

（一）基本特征

网络虚拟财产基于互联网络环境而产生，究其最本质而言，只是存储在网络服务商服务器上面的一组电子数据记录，是由 "0" 和 "1" 组合而成的二进制逻辑字符串，拥有着与传统实物财产和基于实物、金钱投资形成的财产有着极大区别的特殊属性。

1. 虚拟性

同传统财产相比，虚拟财产不依托现实生活中真实、可见的实体传统财产形式存在，也非基于实物、金钱投资而产生的财产权利，是无质无形的，是网络虚拟财产的最本质特征，又称为无形性。虚拟性由互联网的运营特性所决定，网络虚拟财产如果脱离互联网络环境，则会因失去载体而灭失。网络虚拟财产的存在是基于网络软件运营商提供的客户端软件和服务器提供商的正常运营。用户点击注册客户端软件 ID 号码，用户在使用过程中所花费的大量时间、智力、金钱形成的附加价值如 QQ 号、微信号、电子邮箱、网游装备等 ID 号码账户就成为用户拥有的财产，这是用户在该软件中投入的大量时间、智力和金钱转化为互联网环境中的电子数据形式。

2. 时效性

基于用户接受网络软件运营商提供服务而产生的网络虚拟财产，往往受限于该网络服务的期限，在网络软件运营商停止提供服务时，该财产的价值会受到严重贬损甚至不再有任何价值。网络游戏中用户所拥有的角色装备等虚拟财产，玩家可以选择出售、赠与或者放弃，这一切都取决于玩家自己的意志。如今网络游戏运营商为满足玩家对游戏的影音效果、操作方式的便捷、新颖和新奇，不断对游戏进行更新换代，推出新的游戏，当网络游戏运营商决定停止运营游戏，则玩家拥有的游戏角色装备、游戏货币等虚拟财产将不再具有任何价值甚至完全灭失。在服务协议停止后，如果该软件提供储值功能如微信、支付宝等用户存有资金或者网络游戏用户购买的游戏点卡未消费完毕，应按照合同法中合同解除或合同终止的相关法律规定向用户予以返还。除去网络软件运营商违约等极端个例之外，确认网络虚拟财产的时效性符合网络服务产业发展的客观规律。

3. 合法性

一方面，网络软件是开发商投入大量的时间、人力、资金创造出的软件技术成果，开发商自己运营或卖给运营商，且长期维持运营、成本很高，运营商只有出售该网络软件吸引用户使用，才能够收回成本获取利润。另一方面，用户在使用过程中花费大量心血经营后形成的虚拟财产，对于其他用户来说同样是具有价值的，这就具有了可交易性。

2014 年修订的《中华人民共和国电信条例》是最先对互联网进行规范的法规，其中第五章"电信安全"第 56 条、57 条、58 条规定分别列举了几种违法情形，"法无禁止即许可"网络虚拟财产只要系通过合法使用行为形成，则具有合法性。网络虚拟财产是用户使用相关软件中通过自身投入所获得，但同时也存在一些违背诚实信用原则和服务协议约定获得利益的行为。如网络游戏运营商禁止在网络游戏中通过"外挂""私服"等非法入侵服务器并修改游戏数据来获得不当利益的行为，该行为也不应得到法律的保护。

（二）法律性质

关于网络虚拟财产，《民法典》第 127 条规定"法律对数据、网络虚拟财产的保护有规定的，依照其规定"，这是网络虚拟财产作为一种民事权利首次在立法中被明确规定。关于网络虚拟财产的法律性质，主要有以下几种学说。

1. 物权说

该学说认为网络虚拟财产的本质是无形物，网络用户是通过投入大量时间、脑力、精力、情感等手段或者通过货币交易购买取得该无形物，网络运营商负责提供存储用户数据的网络平台。网络用户根据与网络运营商签订的合同使用网络运营商提供的软件，对通过使用该软件形成的财产利益享有占有、使用、收益和处分的权利，故而是一种典型的物权。

2. 知识产权说

该学说认为网络虚拟财产是网络用户通过运用自己的创造性智力，付出时间和精力等劳动产生的独创性成果，相当于著作权中的作品，故而应该受到著作权的保护。

3. 债权说

该学说认为用户根据与网络运营商之间签订的网络服务合同获得使用该服务的权利，网络运营商依合同有义务为网络用户提供相应服务。故而网络虚拟财产是一种权利凭证，实际上形成的是一种债权债务关系。

4. 新型财产权说

该学说认为网络虚拟财产与传统的财产形态不同，其本质是具有财产属性的权利客体。网络虚拟财产类型伴随着网络信息时代的发展而出现，网络虚拟财产权利已经超出传统的财产权利范围，是一种具有财产属性的新型财产形态。

上述学说从不同的角度出发对网络虚拟财产的法律属性进行分析，都具有一定的合理性，但基于网络虚拟财产的形成较为特殊，其法律属性有一定的复杂性，故上述学说都未能全部涵盖和准确指出其最本质的法律性质。因此，应以新型财产权说为基础，综合吸收物权说、知识产权说及债权说中的合理部分，才能够较为准确地确认其法律性质。关于网络虚拟财产的定义可做如下表述：通过用户接受网络服务运营商提供服务的行为而形成，以存储在该网络平台中的电子数据为表现形式，能够被用户所占有、使用、收益和处分，具有一定财产、精神价值的财产性权利。

二、网络虚拟财产的可继承性

互联网日益成为我们生活中最为重要的一部分，网络空间积聚着大量虚拟财产，具有不可忽视的巨大经济价值。新兴的网络虚拟财产权利给现行法律制度提出了诸多问题，公众对保护网络虚拟财产权利已经逐渐形成共识，故应深入调查研究，完善相关立法，逐步构建起符合我国国情的网络虚拟财产继承制度。

（一）网络虚拟财产具有不可忽视的价值

1. 网络虚拟财产具有经济价值

例如网络用户在使用软件过程中，用真实的货币购买的如收费电子书、Q币、游戏币、游戏装备等都是价值可以衡量的财产，虽然有些未付出金钱，但同样是在用户花费大量心血经营后，具有了一定的经济价值，如 QQ 号、电子邮箱、微信的知名公众号等。

2. 网络虚拟财产具有精神情感价值

例如文字记录、视频影像等都是网络用户通过 QQ 空间、微博、微信等网络空间记录和积累。或许并不具有很大的经济价值，但是这体现了用户个人的精神依托，对于用户本人及具有亲密关系的亲属朋友来说亦具有精神情感价值。当这些网络虚拟财产的用户逝世后，这些遗留财产对逝者的亲朋好友而言，是无法替代的精神慰藉和缅怀逝者、寄托哀思的载体。因此，网络虚拟财产的经济和精神价值不容忽视，其拥有者的去世绝不意味着该财产的消灭，不能够否定继承人继承该遗产的正当权利。

（二）保护网络虚拟财产继承权的必要性

1. 适应我国经济发展的必然要求

美国民族学家摩尔根在谈到财产和继承的关系时称，"财产种类的增加，必然促进有关它的所有权和继承权的某些规则的发展"，随着网络技术的发展和网站数量的增多，网络服务产品持续增多和增值，必然会带来数量更为庞大和价值更为巨大的虚拟财产，这必然促使社会大众产生对网络虚拟财产权利继承需求的产生，也必然要求对现行财产继承制度进行调整，所以建立网络虚拟财产继承制度必然顺应社会的经济需要。

2. 鼓励网络用户进行创造和劳动，促进生产性和创新性的技术探索

用户花费大量心血经营后形成的虚拟财产同样是一种财富，如果该财产不得继承，这种财富必然随着用户去世而灭失，同样是社会财富的极大损失。因此应当通过法律保护对网络虚拟财产的继承权利，允许将网络虚拟财产留给后代，这既是对用户付出劳动和创造成果的尊重，也能鼓励公众创新，推动社会向前发展。

3. 保护文化遗产的必然要求

网络虚拟财产是网络用户花费心血经营后产生的独创性成果，往往有其独特的文化性。网络用户去世后，网络运营商出于释放网络资源和节约成本的考虑，一般将已停止使用的账号做永久性删除，而只有与该用户存在密切关系的亲属，才具有长期、真实、完整地将网络虚拟财产保留下来的意愿。

（三）网络虚拟财产的范围

1. 可继承的网络虚拟财产

该类虚拟财产可分为四类：具有财产性质；具有作品性质；不涉及隐私但具有商业价值以及虽然涉及隐私但死者生前立遗嘱或明确表明可以继承的网络虚拟财产。

2. 不可继承的网络虚拟财产

该类虚拟财产可分为两类：涉及人身专属性；涉及隐私且死者生前未明确表明或未立遗嘱之网络虚拟财产。

三、我国对网络虚拟财产权利的继承现状

（一）我国网络虚拟财产继承存在的问题

"公民的合法私有财产神圣不可侵犯"，成为我国保护网络虚拟财产权的基本立法精神。《民法典》第 115 条关于物权客体的规定，说明首要解决的是对有体物相关权利的法律规制。从 20 世纪 90 年代到 21 世纪初，我国的互联网相关立法从无到有，当时网络虚拟财产形成和继承等问题还未出现，并未对此做出规定。现在互联网上关于网络虚拟财产立法的草案均是一些学者的理论学说编撰，不具有法律效力。面对已显现的网络财产纠纷，我国对网络虚拟财产权利进行确认和给予保护的法律规范尚未制定，司法实践中并无法可依。

（二）我国的研究现状

网络虚拟财产的继承纠纷日益增多、涉案金额也日益增大，人民法院对于网络虚拟财产纠纷案件由于没有法律依据，司法实践中导致类案不同判情况的产生，有损司法权威与法律的统一性。

1. 司法实践之研究现状

司法实践中也有几个比较经典的判例，如李某起诉×××有限公司一案，玩家李某对此款游戏花费了大量的时间和金钱，是此款游戏名副其实的骨灰级

玩家，他的账号被一名黑客盗窃，他几经努力追了回来，虽然其等级还在，但是其顶级的游戏装备全都不在了，他屡次与运营商进行交涉，但是×××公司收到投诉后不予作为，并且以公司无过错进行辩解，其行为严重损害了玩家利益，玩家走投无路，只得起诉运营商，北京市丰台区人民法院对此案进行了判决，要求被告运营商限期恢复该玩家丢失的全部装备，并且对玩家进行赔礼道歉。该案作为全国网游财产侵权纠纷的第一案例具有巨大意义。

2008年，广东省深圳市龙岗区人民法院对张某和陈某二人通过电信平台盗卖QQ币一案进行了判决，张某和陈某实际盗取电信资费86万元，造成运营商损失近200万元，二人通过在电信平台倒卖盗窃的QQ账号以及QQ币实际获得的赃款近28万元，一审以盗窃罪分别判处陈某和张某有期徒刑。此案是近十年来网游财产盗窃中判决最重的一案，对以后的网游财产盗窃案的判决具有重大的指导意义。

2. 构建我国网络虚拟财产继承制度之现实性和迫切性

网络虚拟财产之经济价值，既对用户，也对其亲属具有相同的利益。保护网络虚拟财产是构建我国网络虚拟财产继承制度之核心。尽管有几个经典的案例提供了指导，但是纵观全国，网游财产失窃和纠纷案件可以说是成千上万，几乎等级稍微高点的玩家都有被盗的经历，由此带来的案件纠纷也有数万起，全国仅有这几个较为经典的案例指导，而没有法律可以遵循，其带来的司法审判混乱可想而知。

网游产业的迅速发展，使其成为我国目前服务业中的支柱产业之一，也成为衡量我国服务业发展质量的重要标志之一。网游产业能否健康有序地发展，不仅关系到亿万玩家及其亲属的切身利益，而且和成千上万的运营商及互联网平台类企业的存亡发展构成直接的关系，如果网财盗窃、欺诈泛滥，必然会造成无数玩家的流失，而这些玩家正是一大批互联网公司的"衣食父母"，这会严重影响到此类公司的业绩和利润，对整个行业来说也是巨大的隐患。

如今社会上已经形成了专业盗窃网财的犯罪集团，其作案的手段也向专业化、集团化发展，这些犯罪团伙甚至有能力攻击运营商的网游服务器，让一款大型网游无法正常运行，对于此类案件，不仅仅公安机关的侦查、破案难度大，案件移送到检察院、法院后，司法办案人员往往由于没有明确的法律指导，处理案件方法不一，有些案件甚至根本束手无策。这是值得我们深思之问题，通过立法保护网络虚拟财产的继承，刻不容缓。

四、国外及港台地区网络虚拟财产继承的现状

(一) 美国

美国网络立法起步早且多属首创。美国属于英美法系国家，判例法是其法律的重要渊源。法官造法之优势性对应对虚拟财产保护是有先天优势的。在司法实践中，出现了很多典型之案例，其中较为出名的是 INTEL 辞职员工发送抨击 INTEL 邮件案。法官是把电子邮件系统和电子信箱当作动产来保护的。早在20世纪80年代，美国国会就正式议定了第一部对于网络犯罪的成文法。如果死者在生前没有就去世后虚拟财产做出明确的处理说明，法院将根据其法定继承人的具体情况而定。美国联邦现有超过40种不同的法律用以惩治与网络相关的犯罪行为。

(二) 韩国

韩国在网络游戏方面的立法在全球来说是比较出名、发展速度较快的，其对于网络虚拟财产的立法规定经历了比较曲折的路线。刚开始，韩国的学者认为应禁止网络虚拟财产的交易，因为网络交易中存在很多难点。但是，这并没有减少纠纷，反而增加了。因为政府禁止网财交易，但是玩家有交易需求，于是出现了地下交易，以至于形成了韩国的灰色产业链。随着交易增多，出现的纠纷也是越来越多，玩家的权益受到侵犯，不能得到很好的保障，这也导致了韩国在网络交易中的犯罪率上升。韩国的学者不得不重新考虑这个问题，韩国政府经重新考虑后亦认为逃避不能解决问题，因此进行了专门的立法来保护网络财产继承，承认了网络虚拟财产符合一般财产的性质且具有财产价值，这实际上肯定了网络虚拟财产的可继承性。

(三) 香港地区

我国香港地区在2000年以来，网络游戏逐渐繁荣起来，由此导致的网络违法虚拟犯罪现象也日益增多。香港政府不得不对网络虚拟财产重视起来，并进行立法规定。我们不得不提到一个著名的案例，在2002年11月中旬，香港葵涌16岁的网游玩家跳楼自杀的原因是不能忍受辛劳"练功"换来的"武器"被盗。这一案件被认为是香港网络虚拟财产立法保护方面的一个重要转折点。对于这种在互联网虚拟世界中的新兴罪行，香港特区政府将成立专门的项目部门来处理，同时强调，偷盗网络游戏中的武器，无论网络虚拟财产金额大小，都

是一种犯罪行为，一种违法行为，最高可被判处有期徒刑五年至十年。这就为网络虚拟财产继承提供了立法参考。

（四）台湾地区

由于研究网络游戏比较早，针对侵犯网络虚拟财产，我国台湾地区开创了刑法判决先例。台湾地区在法律上承认其合法性。其立法过程也是一波三折。从台湾地区的立法来看，台湾地区实践中采取的是"电磁记录说"。窃取他人网络游戏中的虚拟财产在台湾地区被视为犯罪行为，最高可判处五年有期徒刑。毫无疑问，这就为网络虚拟财产继承提供了必要的前提条件。

上述国家和我国香港和台湾地区从不同的角度对网络虚拟财产进行保护。本书认为最根本和最有效的方式依旧是法律。我们亟须通过司法解释，建立相关的保护机制。

五、解决网络虚拟财产继承问题的法律思考

（一）网络虚拟财产继承的方式

可继承的网络虚拟财产具有财产属性，应与其他财产同等对待，遗嘱继承和遗赠优先于法定继承，即所有权人可以与其他普通财产一样处分自己的网络虚拟财产，以自书、公证、代书等六种方式订立遗嘱，也可以将网络虚拟财产遗赠给国家、集体或者法定继承以外的人。如果网络虚拟财产的所有权人没有订立遗嘱和进行遗赠，那么自然适用于法定继承，由其继承人依顺位继承。

（二）网络虚拟财产继承的客体

可继承的网络虚拟财产包括直接具有财产性质之网络虚拟财产、具有作品性质之网络虚拟财产、不涉及隐私但具有商业价值性质之网络虚拟财产以及虽涉及隐私但死者生前立遗嘱或者明确表明可以继承的网络虚拟财产。前三者无疑都具有经济利益，将这些纯粹的不涉及人身专属性和不涉及隐私性的财产认定为可以继承，是对死者以及近亲属利益的保护，符合继承法的立法本意；而虽涉及隐私但死者生前立遗嘱或者明确表明可以继承的网络虚拟财产则属于个人信息，如果所有者生前明确表示自己的网络虚拟财产可以继承，或者虽然生前没有明确表示，但是用订立遗嘱的方式处置其网络虚拟财产，那么该涉及隐私之网络虚拟财产应当可以被继承。如果个人信息可以被继承人使用以便具有经济价值，那么这种个人信息也是可以继承的，继承人有权利保护这些具有经济利益之个人信息，该继承既符合被继承人真实意思表示也符合继承法立法精神。如果所有者生前没有任何表示，既没有明确表明其网络虚拟财产可以继承，也没有用订立遗嘱的方式，也应予酌情考虑；如果网络虚拟财产涉及隐私是专门指个人，那么应该本着对死者尊重的态度，不应该准予继承；如果网络虚拟财产涉及的是"共同隐私"，那么应该考虑共同隐私人的隐私权保护。如沈阳王女士要求继承丈夫 QQ 号的纠纷中，夫妻之间交流的照片、邮件等是夫妻双方的共同隐私和精神财富，王女士应该以共同隐私权人的身份要求获得，来保护自己的隐私权。不可被继承的网络虚拟财产包括涉及隐私的网络虚拟财产和网络虚拟财产中涉及人身专属性的部分。后者涉及人身专属性的部分不应当准予继承，因该部分依据与网络服务运营商签订的协议，所有权归网络服务运营商，用户仅有使用权而不得擅自转让、处分，例如 QQ 号等各种聊天工具、社交网站的账号等，对用户本人有人身专属性，如果准予继承该使用权，则会出现以下情形：一是违反与网络服务运营商签订的协议约定，违反合同的相对性原则的违约法律后果；二是可能导致产生大量的"僵尸号码"，不符合网络资源效率最大化的客观要求，造成资源浪费，从而挤占其他用户的资源需求，扰乱电信市场秩序；三是使用权继承后的被不当使用，可能造成被继承人的名誉及相关联的其他财产性损害的侵权法律后果。

（三）网络虚拟财产继承的主体

网络虚拟财产的继承主体是网络虚拟财产所有权人的继承人，应根据不同的继承财产类型予以区别对待。

直接具有财产性质之网络虚拟财产、具有作品性质之网络虚拟财产和不涉及隐私性质之网络虚拟财产，此三类应依照继承法规定的继承人范围和顺位继承原则。

涉及隐私性质且有共同隐私权人之网络虚拟财产的继承主体是与该财产最具密切联系的近亲属，以共同隐私权人之身份继承该网络虚拟财产，用以保护自身隐私。如本节所述的沈阳王女士基于网络虚拟财产的共同隐私权人的身份请求获得与死者 QQ 空间中的夫妻二人的照片和往来信件。

涉及隐私的网络虚拟财产分为两种情形：其一是被继承人生前明确表明网络虚拟财产之可继承性，但未订立遗嘱，则按照法定继承和顺位继承原则；其二是被继承人生前订立遗嘱，则遗嘱所列人为继承人。

（四）网络虚拟财产继承的程序

网络虚拟财产继承的程序主要是获得被继承人的网络账号及密码，这就需要网络服务运营商的许可。应先由继承人向网络服务运营商进行申请并提供被继承人去世、合法继承关系以及继承必要性等证明，还应该提供证明来排除涉及被继承人人身专属性和个人隐私权的网络虚拟财产的不可继承性；网络服务运营商在收到申请后进行审查，告知继承人账号相关信息并与继承人签订使用协议或者仅向继承人提供被继承人账号中存储的网络虚拟财产数据。

（五）无继承人又无受遗赠人的遗产处理

在死者没有订立遗嘱或者明确意思表示，也没有共同隐私人要求保护隐私的情况下，涉及用户个人和他人隐私的网络虚拟财产因蕴含一定的情感、精神因素，而不宜作为遗产进行继承，但又非无主物，不能由国家或者集体所有或代为持有，这种情况下应当允许网络服务运营商根据与用户签订协议约定对内容做删除处理。对不涉及隐私之网络虚拟财产的商业价值，应该在不损害去世用户之利益的前提下，由网络服务运营商、国家或者集体予以分配利用。

总之，互联网服务商品经济已成为国民经济中的重要增长部分，但同时也带来包括继承财产在内的诸多网络虚拟财产权利的纠纷。对网络虚拟财产继承权利的保护，最根本和最有效的方式依旧是法律。在现行条件下，可通过最高人民法院出台相关司法解释，初步建立确认网络虚拟财产权利及转让、处分、继承的相关规范。随着我国法学理论界和实务界对该问题的不断深入探索，司法实践中的不断研究和裁判，对网络虚拟财产权利的继承保护制度将会真正得以建立，并极大完善我国继承权法律保护体系。

第四节　人体冷冻胚胎的可继承性问题

"宜兴冷冻胚胎"案在本书第二章第三节曾有提及，曾经保存在医院的冷冻胚胎的归属问题引发了中国首例冷冻胚胎纠纷案。该案先是双方父母展开了对冷冻胚胎的权利争夺，一审法院做出了驳回起诉的判决。双方父母便将矛头一致指向医院，在他们看来冷冻胚胎是儿女留下来的，不能将其归于医院，就应该由他们享有继承的权利。于是上诉至宜兴市中级人民法院，最终四位老人胜诉，冷冻胚胎由他们共同继承。案件虽已完结，但背后却引发了法学界的激烈争议，在司法实践中如何正确认识冷冻胚胎，如何更好地保护冷冻胚胎以及冷冻胚胎又是否应该像遗产一样被权利人所继承？本节将从冷冻胚胎的继承角度做一分析。

一、冷冻胚胎法律属性的分析

冷冻胚胎技术是当今医学领域中关于体外移植、人工助孕较为先进的技术手段。主要是通过技术手段将男女双方的精子和卵子进行人工体外受精，形成受精卵，也就是胚胎。然后将其保存在固定的环境中，待母体时机成熟之时，再将其取出进行体外移植。从而使女方怀孕的一种现代医学技术。西安保存 12 年的冷冻胚胎，最终孕育成生命，就是运用的这一技术。冷冻胚胎技术为那些不孕不育的夫妻提供了新的途径，不仅体现了医学的进步，更展示了生命的奇迹。

（一）国外有关冷冻胚胎法律属性的认识

1. 主体说

该学说将冷冻胚胎视为自然人，认为冷冻胚胎既然是一种受精卵，又是成为自然人的必要途径，那么他就应该被看作是一种未来意义上的自然人，这就像继承法上为胎儿保留继承份额一样，按照如此逻辑，也确实有其合理的成分，可以使冷冻胚胎受到足够的保护。并且国外也有将冷冻胚胎看作法人的说法，但其明显是不准确的，我们所说的法人并不包括冷冻胚胎。但是如果我们换个角度便可知道，法人说归根结底是为了提高冷冻胚胎在司法实践中的地位，为了得到法律的更好保护，对于第三人的不法侵害可以用法律武器来制止。

2. 客体说

该学说认为冷冻胚胎应该属于物的范畴。从物的法律解释来说，冷冻胚胎确实可以被认定为物。但其所代表的人格利益，则是一般物所不具备的。它不同于一般物，而是代表了男女双方的意思表示，承载了男女双方的遗传基因，又是男女双方结合而成的受精卵。仅将其看作是民事关系的客体，就无形中降低了冷冻胚胎的法律地位，无法从根本上去认识冷冻胚胎，不足以更好地保护冷冻胚胎，权利人的权利也就无法得到保障。

3. 折衷说

该学说认为冷冻胚胎不能归于主体，也不能归于客体，应该是一种介于二者中间的立场。也就是说，冷冻胚胎既不是自然人、法人也不是物，虽然它本身具有一种成为自然人的可能性，它处于民事主体与客体之间的过渡状态，不能仅仅基于这种可能性而将其认为是主体。同理，只将冷冻胚胎看作是一种物，则是对其的不尊重，没有看到其内在所代表的人格利益。因此，对冷冻胚胎而言，更应该将其看作是一种物与人格的集合物。美国里一对夫妇的胚胎遗留案中，将胚胎进行代孕，等待孩子出生后便可继承遗产，这一案件就很好地保护了冷冻胚胎，其理论基础就是将冷冻胚胎视为特殊伦理物。

（二）国内关于冷冻胚胎法律属性的认识

1. 杨立新教授的观点

杨立新教授提出，冷冻胚胎因为其内在特殊的形成机制，应将其归为伦理物。在物的基础上增加人格属性，具有折衷说的特点。首先，冷冻胚胎不具有自然人所具有的能力，不能将可能性随意地放大，即使未来它可能成为自然人，但它现阶段也只能是一种物。夫妻双方将自己体内的携带着自己基因的精子和卵子进行人工授精，这就承载了权利人的意思和利益，如果侵害了冷冻胚胎面临的不只是一般的侵权，更多的也会有伦理道德的谴责。所以，为了更好地保护冷冻胚胎，将其看作是伦理物是非常合理的。

2. 李燕、金根林教授的观点

两位教授提出，冷冻胚胎具有特殊的双重属性。一方面，冷冻胚胎是男子的精子和女子的卵子的结合物，已经与人体分离，并通过技术处理将其保存，具有明显的物权客体属性。另一方面，冷冻胚胎承载了男女双方各自的意思和基因，体现了人格权。这很好地吸收了主体说与客体说的合理点，不仅注意到了冷冻胚胎本身的特性，更提升了它的地位。他们的观点与折衷说所提出的主张不谋而合。

3. 刘颖、杨健教授的观点

刘颖、杨健教授认为冷冻胚胎因受到医学技术、政治文化、伦理和道德等多方因素的影响，国际上对冷冻胚胎的性质没有统一标准。在我国，由人工移植技术辅助生育的冷冻胚胎是一种新生事物，法律层面的严重缺失，在学界也是各执己见，众说纷纭。结合现有法律及对实践的认识，其认为我国在冷冻胚胎法律属性上更倾向于折衷说。

（三）本书观点

在对国内外相关学说进行解读与分析后，本书认为，折衷说更有其合理性，很好地结合了主体说与客体说的合理之处，又弥补了二者存在的缺陷，可以更好地界定冷冻胚胎的法律属性。具体表现为以下几点。

1. 冷冻胚胎与自然人不同

冷冻胚胎并不能和自然人一样去承担民事责任和享有民事权利。这一本质很好地区别了冷冻胚胎与自然人的不同，这也说明了民事主体说存在不足，过高提升了冷冻胚胎的法律地位，将其与自然人同等对待确有不妥。冷冻胚胎有可能成为新生命，但不能因为这种可能就将其看作是自然人。

2. 冷冻胚胎具有物的属性

冷冻胚胎是男女双方精子和卵子结合后的受精卵，具有物的特性，但如果仅将冷冻胚胎看作客体，我们则没有看到冷冻胚胎独立于物之外所包含的人格利益。这不利于对冷冻胚胎的保护，更是对男女双方人格利益的一种轻视。在物的基础之上，应更多地看到其所代表的一种人格权，因此，客体说也是不妥的。

3. 冷冻胚胎体现了鲜明的人格利益和伦理属性

（1）冷冻胚胎体现了男女双方共同的人格利益，冷冻胚胎作为男女双方的精子和卵子结合物，其携带了男女各自的基因，寄托了男女的人身自由，与双方的人身有着密切的关系，属于一种特殊的人格物。如果该权利被第三人侵害，是可以主张精神损害赔偿的请求的。

（2）冷冻胚胎能够发育成为完整的自然人，很可能在未来成为民事法律关系的主体，不能看作普通的物，应给予足够重视和保护。它身上所包含的伦理道德是不允许任何人随意违背的。

（3）冷冻胚胎在适用过程中必须符合法律的强制性规定和伦理要求。我国法律是不允许代孕行为的，因此冷冻胚胎便不能随意地移植到其他母体的体内，同时冷冻胚胎也不能随意用于科学实验。实验在一定程度上是会对冷冻胚胎造成损害的，这是对权利人的一种利益侵害，必须在法律规定的范围内进行支配和使用，但同时也不得违背公序良俗。

二、冷冻胚胎相关法律规定及实践中存在的不足

（一）目前关于冷冻胚胎的相关法律规定

1. 民事立法

冷冻胚胎不属于现行继承法所规定的继承范围。但在遗产范围中并没有穷尽所有的可能，这是为了避免在以后的社会发展过程中有了新的情况而无法获得法律依据，也是为以后修改法律留有余地。当然并不能因为现在的法律规定，就去否认将来的可能性。以我国首例冷冻胚胎纠纷案为例，夫妻双方保存在医院的冷冻胚胎，是当事人基于自己的意思表示而进行的，是意愿的真实表达，是其生育权行使的重要手段。在当事人去世后，如果受孕手术无法进行，就可以在法律允许的范围内根据当事人的意愿处理冷冻胚胎。

目前《民法典》对此并没有明确规定。在此背景下，由最高人民法院和最高人民检察院根据实际情况出台具体的司法解释，或者适用民法原则来解决实践中遇到的新情况。冷冻胚胎是科技迅速发展的产物，是由当时的社会经济水平的认识程度决定的，不能因为没有列入可继承的财产范围，便固执地认为其不具备可继承性。王利明教授主张，应将胚胎这种新型物列入民法典中。相信随着社会认识的提高和经济的发展，法律层面也将会逐步完善。

2. 行政立法

目前，国内关于辅助生殖技术的管理主要是依据原卫生部在 2001 年颁布的《人类辅助生殖技术管理办法》和《人类辅助生育技术规范》，其中《人类辅助生育技术规范》在 2003 年进行了修订，沿用至今。

生殖科技的发展与民众人工生殖需求的增加，将使得因人工生殖而产生的纠纷越来越多见。《人类辅助生殖技术管理办法》作为十多年前出台的部门规章，仅适用于卫生部门下属的医疗机构、科研院所等单位及其医疗工作人员。该规章存在效力级别低、规范事项不足等明显缺陷。因此，应当尽早制定出台人工生殖相关法律法规，明确冷冻胚胎的法律属性、保存与使用限制，将人工生殖的许可、管理及监督纳入法治的轨道，增加对胚胎法律问题的相关条款，如此才能更好地对人工生殖进行规范和保障。

（二）冷冻胚胎相关问题在实践中存在的不足

1. 立法不完善

随着冷冻胚胎医学技术的迅速发展和全面二孩政策的放开，将会有更多的人去尝试利用人工辅助生育技术繁育后代，这就很可能会有许多的类似纠纷涌现，因此在立法上加快制定和完善相关法律势在必行。我国的首例冷冻胚胎案表明了对冷冻胚胎的保护力度不足，在冷冻胚胎的界定、继承以及保护方面的立法存在缺失。我国目前司法实践的现状是：继承法中没有将冷冻胚胎列为可继承的遗产范围，行政立法上主要依靠两个部门规章来调整，且规定的范围不足，这些影响对案件的处理和审判。如果仅仅依靠法律原则来处理案件，很可能会影响案件的公平，不同的法院由于缺少统一的规则而依据一般的原则去进行评判，由于认识水平的差异，导致法院之间的判决也有所差别。这直接影响公民对法律权威的认同，过大的司法裁量权为司法裁判人员的寻租行为提供空间，不利于司法公正，更不利于司法秩序的良性发展。

2. 现有的法律规定较少，效力层级较低

关于冷冻胚胎的相关法律，目前只有《人类辅助生殖技术管理办法》和《人类辅助生育技术规范》两个部门规章进行了规定。在适用对象上存在局限性，并不适用于一般的对象，这就使得在很多情况下无法将其直接拿来作为依据使用。在适用法律的过程中无法可依，并且效力过低，在司法实践中的强制力度不够。这就要求在全面推进依法治国的今天必须加快相关法律法规的制定，避免出现纠纷时出现无法可依和有法不能用的情况。

3. 权利人对冷冻胚胎是否具有继承性规定不明

现行的继承法律并未对冷冻胚胎做出界定，很多问题也缺乏法律的支撑与指导。虽然我国的首例冷冻胚胎纠纷案中，二审法院判决双方子女留下的冷冻胚胎由四位老人共同处置。但这并没有说明冷冻胚胎就具有可继承性，也并没有明确哪些主体应该享有这些权利，该法院做出的生效判决也无法作为其他法院判决的依据，这归根结底是由于我国法律的规定不明确，存在一定的漏洞。

三、冷冻胚胎继承的法律制度构建

（一）法律层面的构建

1. 加快立法进程

我国首例冷冻胚胎案引发争议的重要原因就是没有相关的法律依据。针对目前我国存在的关于冷冻胚胎方面的立法空白，我们应该加快立法进程，在法律上对其做出严格的界定，建立相应的监管机制和相应的保护措施，让我们的司法实践有法可依，为法官审判案件提供法律依据，真正地保护冷冻胚胎。在当前全面放开"二胎"政策的大背景下，冷冻胚胎技术也必将成为部分人实现"孩子梦"的一个有力措施，所以，加快立法进程，从法律层面明确冷冻胚胎的性质，出台相关法律法规，从立法角度保护冷冻胚胎及其权利主体成为当务之急。

2. 在法律上明确冷冻胚胎的权利主体

在法律层面明确冷冻胚胎的权利主体，哪些人可以享有继承权。既然冷冻胚胎是夫妻双方的结合物，他们对此就应该享有完整的所有权。即使在夫妻双方均死亡之后，也没有理由剥夺他们对冷冻胚胎所享有的权利，因为它一定意义上代表着一种新生命，并且关系着夫妻双方的人格利益。但是关于夫妻的亲属可否继承这一冷冻胚胎，哪些亲属可以享有继承权，以及有多个亲属时继承的顺序又该如何，这一系列的问题必须在法律中找到答案，否则纠纷的背后将会加剧社会的矛盾。

冷冻胚胎技术是为帮助更多的夫妻实现"孩子梦"。提供精子和卵子的夫妇具有利用该胚胎进行生育的权利，也有暂时不利用其繁育后代的决定权。我们必须尊重夫妻行使生育权的选择。一方离世，另一方必须尊重死者生前的意思表示，这不仅仅是一方行使权利的问题，更多地还会涉及以后家庭的组合问题。如果夫妻双方均死亡，由于我国禁止代孕，生殖的可能是不存在的，因此该胚胎在现有社会背景下是不能发育成为婴儿的。但社会发展的限制不能成为否认继承权的理由，该继承权人完全有权利利用今天先进的技术保存该胚胎。

（二）制度设想的构建

1. 严格规范冷冻胚胎的适用

基于冷冻胚胎所具有的特殊属性，我们必须严格规范冷冻胚胎的适用，并在实践中综合考虑各方因素，遵守各项基本原则，确保合理的使用和规范的保护相结合。只有严格遵守各项原则，才能充分地尊重冷冻胚胎所包含的人身利益，更好地保护冷冻胚。

第一，伦理性原则。冷冻胚胎是男女双方的结合物，保存了男女的基因，这就要求对其进行处置时必须符合社会的伦理道德，也不得损害社会的公共利益。利用冷冻胚胎体外受精的前提必须是合法的婚姻关系存续期间，虽然夫妻双方可以进行协商来决定是否孕育，但是这种协商的结果也必须加以限制，一般情况下不能在离婚后将胚胎植入母体，因为这就意味着孩子一出生就是单亲家庭，这很大程度上就是责任的缺失，甚至是对子女人生的轻视，影响孩子的生活。这对孩子、家庭、社会来说都是不利的，损害了社会的公共利益。因此许多国家在这方面都加大审查力度，对其婚姻关系的合法与存续状态进行审核。同时由于我国禁止代孕，因此在利用冷冻胚胎助孕时，必须合法同时还要遵守道德和伦理的要求。

第二，人格利益优先原则。人格利益在任何情况下都必须受到优先的保护，冷冻胚胎就其形成机制来说，蕴含独特的人格权益，必须给予足够的保护。正如夫妻双方生前必须尊重彼此的选择，不能随意地处置。即使一方死亡，其所做出的选择也必须得到应有的尊重，这与民法上的夫妻一方对共同财产的无权处分是相类似的。当然在双方没有达成合意的情况下也有自主选择权，只要符合法律规定和公序良俗就可以。当夫妻双方均死亡时，应首先尊重双方的人格权，就冷冻胚胎而言应该作为遗产让其法定继承人合法继承。

第三，买卖的绝对禁止与有限制的科学研究。虽然冷冻胚胎是物，但是由于其所具有的独特的人格利益，因此是绝对禁止进行买卖的，这是基本的伦理要求，也得到了学界的一致同意。但是，关于可否将其应用在医学试验，却引起了很大的争议。世界上大部分国家采取禁止实验的态度，然而，对医学研究而言，这样的研究不仅可以在医学上实现技术突破，更重要的是可以运用到现实生活中，帮助人们实现成为父母的心愿。这对人类的基因工程和医学事业的进步有着非常重要的意义。因此，本书认为有限制的科学研究还是可以被允许的。我国可以借鉴英国的做法，制定相关的法律，为胚胎研究提供法律保护，提供开放的研究环境，但同时做出相应的限制。这不仅会促进对不育治疗的发展，增加人们对遗传疾病的认识，提高生育方面的医学水平，使人们能更加科学地认识冷冻胚胎，而且更重要的是，可以加大对冷冻胚胎的保护力度。因此有限制地允许科学研究也是有其合理之处的。

2. 建立冷冻胚胎收养制度，更好地保护冷冻胚胎

冷冻胚胎收养制度与一般的收养制度不同，收养对象是去世夫妇的冷冻胚胎，收养人必须是生育困难的夫妻，将收养对象植入收养者体内，自然孕育后再进行收养。希望可以通过建立胚胎收养制度，来满足社会中那些生育困难群体的需求。这一制度，可以满足多方主体的不同利益。首先，对于死者和其家属而言，这不仅缓解了他们情感上的创伤，也让他们知道死者的生命得以延续，这是多大的安慰。对于受赠的不孕夫妇而言，生育的愿望可以实现，比起其他方式不仅成本低，而且在一定程度上也是本人亲自孕育的孩子，这和一般的收养制度相比，更有利于加深亲子关系，维护家庭和谐。对于冷冻胚胎而言，不至于将其毁掉或者抛弃，这维护了伦理道德，更给了它一次成为生命的机会。对社会而言，这种胚胎收养制度不同于代孕，它具有合法、合理、合道德的特有优势，更有利于维护社会稳定和谐。由此可知，胚胎收养制度有其存在的意义，是处理那些搁置胚胎的一种最合理、最有效的方法，是多方利益实现的有效手段。关于胚胎收养制度方面，美国佐治亚州的《收养选择法案》就在法律

上确立了冷冻胚胎收养制度，我们可以借鉴，通过严格的法律来规范制度，并制定一系列的辅助措施，加强监管力度，为胚胎收养制度的实施保驾护航，具体表现为以下几点。

第一，收养主体必须由法律明确规定。收养主体应该是具有合法婚姻关系的不孕不育的夫妻，同时像同性恋和单身母亲也不可以成为收养主体，这是为了将来孩子的健康成长考虑。我们也必须对收养人资格实施必要的审查，对其经济状况、民事能力、思想道德方面进行全面审查，真正地对冷冻胚胎负责，对将来的孩子负责。

第二，签订法定的收养协议。主要是确保捐赠的夫妻双方或者该冷冻胚胎的继承主体对于冷冻胚胎的权利义务全部转移给收养者，同时还要明确规定收养人的权利义务，以及出现将胚胎用作其他用途或者将生育的孩子私自卖给他人或者虐待孩子时应该承担的法律责任，通过协议来约束收养人日后的行为，更好地保护胚胎及未来新生命的权益。

第三，对收养人的年龄加以限制。由于冷冻胚胎的收养不同其他收养方式，需要经过体外移植而在收养者体内进行孕育。因此如果不符合医学上的孕育年龄，很可能造成冷冻胚胎孕育的失败，这无疑是一种对死者的不负责，对冷冻胚胎的不尊重。

第四，遵循严格保密的原则。在冷冻胚胎收养过程中，必须采取秘密的完全收养方式进行，不得透漏过多的收养人信息，不允许捐赠人对收养人和以后的儿童存在任何控制的可能性。双方应针对这一原则签订收养协议，保证在以后不会违背该协议的内容。

第五，捐赠者与收养者签署协议虽然可以根据意思自治达成合意，但不能违背我国的相关法律规定和道德伦理。在协议的过程中，面临着许多的可能纠纷，双方应对今后可能产生的各种纠纷提前协商好处理对策，防患于未然。

第六，可以建立一个专门的冷冻胚胎库。由统一的机构进行保管，这样既可以规范使用，也可以在使用时做到严格的控制，也是一种很好的保护措施。有利于合理优化对冷冻胚胎的管理和配置，捐赠者可以将其交由这一机构代为保管，收养者有收养意愿且符合规定的条件后，可以随机从库中抽取冷冻胚胎，之后捐赠者和收养者双方签订协议，确定收养关系。

第七，实施登记制度。基于冷冻胚胎这一特殊的伦理物我们必须严格限制冷冻胚胎的适用，必须实施登记制度，对捐赠者和收养人以及冷冻胚胎进行详细的登记，严格限制冷冻胚胎的适用。由于我国目前尚未确立胚胎收养制度，针对这一特殊的情况，可以先在收养法中将冷冻胚胎作为收养对象加以规定。很显然，如果这一观点可以实现，那么首例冷冻胚胎案中的四位老人也就可以将其共同拥有的冷冻胚胎进行捐赠，一方面可以实现四位老人的最后愿望，另一方面也可以使另一对不孕夫妇实现他们的孩子梦。

　　科学技术的迅速发展给不孕不育夫妇带来了希望，全面"二胎"政策的放开，使利用胚胎冷冻技术孕育二胎成为可能，冷冻胚胎技术的推广为体外助孕提供了技术支撑。与此同时也会伴随着越来越多的关于冷冻胚胎案件的纠纷，因此，在全面推进依法治国的形势下，在立法尚未健全、相关法律规定不够明确的背景下，法律原则和法理就显得尤为重要。运用法律原则和法理弥补立法上的不足，加快立法进程，从法律层面对冷冻胚胎做出合理界定，同时还要制定相应的冷冻胚胎保护法，加强对冷冻胚胎这一特殊物的保护。严格规范冷冻胚胎的适用，以社会公益为出发点来处置冷冻胚胎，坚持伦理性原则、人格利益优先原则及绝对的禁止买卖和有限制科学研究相结合的原则。建立完善的冷冻胚胎收养制度，更好地保护胚胎权利人的利益，为更多的人实现"孩子梦"。

第七章

侵权责任制度研究

《民法典》的"侵权责任编"是在 2010 年 7 月 1 日起施行的《中华人民共和国侵权责任法》（以下简称《侵权责任法》）等法律以及最高人民法院《关于审理人身损害赔偿案件适用法律若干问题的解释》《关于确定民事侵权精神损害赔偿责任若干问题的解释》《关于审理利用信息网络侵害人身权益民事纠纷案件适用法律若干问题的规定》《关于审理道路交通事故损害赔偿案件适用法律若干问题的解释》等司法解释的基础上，为适应社会经济发展和全面依法治国的需要，进行增删修改而成，既有传承，又有创新。

所谓传承即是对原来的《侵权责任法》等法律和司法解释中科学合理的、符合实际需要的体系结构、规则制度加以保留，并予以完善；所谓创新则是通过澄清理论上的错误观点或片面认识，突破既有规则体系的局限，以勇敢的姿态确立新的规则与制度，为我国侵权法的发展开创崭新的发展空间。

第一节　侵权责任制度的一般规定

一、侵权责任法的内涵解析

（一）侵权责任法的含义

所谓侵权责任法，是指有关侵权行为的定义和种类以及对侵权行为如何制裁、对侵权损害后果如何补救的民事法律规范的总称。《民法典》第 120 条规定："民事权益受到侵害的，被侵权人有权请求侵权人承担侵权责任。"《民法典》"侵权责任编"也专门规定了有关侵权行为的定义、种类，以及对侵权行为制裁、对侵权后果的补救等多项制度。

（二）侵权责任法的主要特征

侵权责任法作为民法典的一个独立分编，有其独特的逻辑体系和完整的结构。与民法典的其他分编即物权法、合同法、人格权法、婚姻家庭法、继承法相比，侵权责任法具有如下特征。

1. 侵权责任法具有显著的强制性

侵权责任法以保护民事主体的民事权利为己任。侵权责任法最主要的功能在于保护民事权利。侵权责任法的主要作用是制裁侵权行为，保护因为权利受到侵犯而承受伤害的被害人，这种制裁和保护相悖于侵权人实施侵权行为的初衷、意愿和目的，因此，侵权责任法具有较强的强制性，其规范大多为强行性规范。侵权责任法中规定的归责原则、责任构成、举证责任等均为强行规定，当事人不可针对这些侵权行为责任进行协议改变，行为人不可以让其他人代替自己承担这些侵权民事责任，不允许侵权行为人通过任何手段拒绝承担相应的侵权责任。侵权责任法中另行规定的按照具体规定执行，例如一些规范具有任意性权利人可以处分自己享有的赔偿权利，可以通过协商的方式与当事人解决相应的侵权赔偿纠纷。侵权行为的本质是债的发生根据，因此在解决侵权行为造成的损害时产生的赔偿请求权具备债权的基本性质。

2. 侵权责任法内容具有显著的复杂性

首先，侵权行为的发生并不仅限于财产关系和人身关系，在其他各个领域都广泛存在侵权行为，人类生存和活动的场所都可能发生侵权行为，也就是说，侵权行为广泛存在于各种人类活动形成的关系中，劳动关系、环境保护关系、自然资源管理关系等都可能发生侵权行为；其次，现代社会存在大量法律关系竞合现象，侵权行为与犯罪行为、行政违法行为等各种行为之间产生竞合，也就是说侵权行为很多时候并不是单独存在的，而是与其他犯罪行为同时存在的，很多违反行政管理的行政违法行为也都构成侵权行为。从以上分析可以看出，侵权责任法在内容上具有显著的复杂性。

3. 侵权责任法内容具有显著的概括性

侵权责任法的内容极其广泛，涉及的范围特别宽。但是，从各国的民事立法来看，侵权责任法的内容都极为简洁、概括。对于内容极广泛的一种法律，却能用极简要的法律条文加以规定，不能不说侵权责任法的条文极具概括性。例如，《法国民法典》第1382条、《德国民法典》第823条、《日本民法》第709条和我国《民法典》第1165条第1款，都极具概括性。

4. 侵权责任法内容和体系具有完备性、系统性

尽管侵权责任法的内容十分概括，又十分复杂，但它却有完备的立法体系和完善的理论系统。侵权责任法的完整性和完善性在于：在立法上，侵权责任法的逻辑严谨，内容完备，完整概括了侵权行为的一般概念、种类、归责原则、制裁手段和救济方法等所有的内容，使得侵权责任编体系完备、内容广泛。

（三）《民法典》"侵权责任编"的立法创新

1. 回应社会热点，确立具体规则

"法者，非从天下，非从地出，发于人间，合乎人心而已。"从法社会学的角度来看，立法就是要回应社会的法律需求。正如萨维尼在《论立法与法学的当代使命》一文中所言，"法律并无什么可得自我圆融自洽的存在，相反，其本质乃为人类生活本身"。民法典对于《侵权责任法》的修改完善，总体上都是要回应社会问题，增加制度供给，满足社会需要。

（1）"自甘风险"入法，体现责行一致。针对目前许多教育机构因害怕担责，不敢轻易组织具有一定风险性的文体活动，《民法典》第1176条规定："自愿参加具有一定风险的文体活动，因其他参加者的行为受到损害的，受害人不得请求其他参加者承担侵权责任，但是其他参加者对损害的发生有故意或者重大过失的除外。"

此次《民法典》将"自甘风险"原则纳入责任认定条款，为教育部门开展文体活动和学生德智体美劳全面发展提供了法律保障。首先，"自甘"风险是一种风险评估后的理性选择，一旦选择了，参加者就自愿承担可能伤害的后果，其中蕴含的独立自主的责任意识、理性精神和担当意识是全面发展的人的最为重要的品格和精神；其次，所谓的自愿参加通常要以"明示"的方式签订免责同意书（未成年学生需得到其监护人的同意），学生一旦签订了，则落字为凭，有助于培养学生的独立判断和决策能力，恪守契约精神，形成法治观念；最后，学生参加有一定风险的文体活动，在某种意义上就是鼓励学生进行探索创新，使学生在生机勃勃的活动中生发出无限的活力和美感，进而培养学生的创造力和坚韧性。文明其精神，野蛮其体魄，才能够培养全面发展的人。当然，学校体育运动事故中是否适用这项原则，还要综合考量体育运动的危险性质、受害人的意识能力、危险发生时间、体育比赛的性质等因素。

（2）增加"自助行为"，赋权自我保护。《民法典》第1177条规定："合法权益受到侵害，情况紧迫且不能及时获得国家机关保护的，不立即采取措施将

使其权益受到难以弥补的损害的，受害人可以在必要范围内采取扣留侵权人的财物等合理措施；但是，应当立即请求有关国家机关处理。受害人采取的措施不当造成他人损害的，应当承担侵权责任。"

自助行为，是传统的免责事由，自助行为是权利人为了保护自己的权利，在情势紧迫而又不能获得国家机关及时救助的情况下，对他人的财产或者自由在必要范围内采取扣押、拘束或者其他相应措施，为法律或社会公德所认可的行为。自助行为的性质属于自力救济。民法典在规定自助行为的条文中，没有明文规定可以对他人人身自由施加拘束。其实，在"等"字中包含了这个意思。例如，客人去饭店吃饭未带钱，店主不让其离开，等待他人送钱来结账，这种拘束客人行动自由的行为，就是自助行为，并不构成侵害人身自由权的侵权责任。

民法典之所以要规定完整的民事责任特别是侵权责任的免责事由，目的就是给民事主体以更多、更宽的行为自由。在民法中，行为自由和责任拘束是对立统一的范畴，责任拘束加重，行为自由就受到限制；责任拘束放宽，行为自由的范围就扩展。当然，行为自由不能没有责任拘束，没有责任拘束的行为自由就是放任的自由，将会造成社会秩序的混乱，权利无法保障，损害权利人以及公众的利益。

在行为自由和责任拘束的对立统一关系中，免责事由是协调相互关系的调整器。民法典根据社会情况和协调权利与秩序的实际需要，恰当地规定免责事由，就会使行为自由的范围与社会的实际需要相适应。免责事由过少，应当规定为免责事由的而没有规定，就会使本应当免责的行为受到民事责任的制裁，进而使民事主体的行为自由受到限制。

（3）完善高空抛物规定，守护"头顶的安全"。《民法典》第1254条规定："禁止从建筑物中抛掷物品。从建筑物中抛掷物品或者从建筑物上坠落的物品造成他人损害的，由侵权人依法承担侵权责任；经调查难以确定具体侵权人的，除能够证明自己不是侵权人的外，由可能加害的建筑物使用人给予补偿。可能加害的建筑物使用人补偿后，有权向侵权人追偿。物业服务企业等建筑物管理人应当采取必要的安全保障措施防止前款规定情形的发生；未采取必要的安全保障措施的，应当依法承担未履行安全保障义务的侵权责任。发生本条第一款规定的情形的，公安等机关应当依法及时调查，查清责任人。"

《民法典》对高空抛物坠物致害责任制度进行了较大幅度的完善。一是明确宣示对高空抛物行为的否定性立场，规定"禁止从建筑物中抛掷物品"。二是强调物业服务企业等建筑物管理人的安全保障义务，这对有效防止高空抛物坠物事故的发生具有积极意义。三是规定了可能加害的建筑物使用人补偿后的追偿权。四是强调了公安机关应当依法及时调查高空抛物坠物事件，以尽可能降低可能加害的建筑物使用人成为被告的概率。

第1254条的积极意义主要有两个方面。一是通过强调公安等机关的调查义务，尽可能通过各种手段，避免具体侵权人无法查清的情况出现。二是通过引入物业服务企业等建筑物管理人的安全保障义务，有助于发挥物业服务企业的专业化优势，尽可能避免高空抛物坠物事件发生，起到"防患于未然"的作用。

此外，民法典还细化了网络侵权责任规则。互联网时代，"人肉搜索"、知识产权网络侵权等网络侵权行为的样态越来越复杂，案件激增。对此，《民法典》第1194条至1197条用4个条文细化了现行侵权责任法第36条的网络侵权责任规定，增加法律制度供给。与此同时，民法典还引入了知识产权惩罚性赔偿、定作人侵权责任、缺陷产品召回制度，完善了机动车交通事故责任等规定。

2. 创新立法理念，体现与时俱进

（1）侵权责任编在价值层面体现了中国特色。侵权责任编的立法积极平衡权利救济与行为自由之间的关系，改变了过去过于注重权利保护和救济、相对轻视行为自由的立法思维；侵权责任编的立法更加追求实质的公平正义，兼顾特殊受害人的利益；侵权责任编的立法强化私权保护与兼顾公共利益。既努力保护民事主体的合法权益，使其能够得到充分的有效救济，又在一定程度上兼顾了社会公共利益，使两者得到有机结合。

（2）侵权责任编在制度层面实现了重大创新。一是积极贯彻生态文明理念和民法典的绿色原则。侵权责任编第七章将环境污染和生态破坏作为两种不同的侵权行为进行规定，并新增了生态环境损害惩罚性赔偿制度、生态环境修复责任制度和环境公益诉讼制度。二是弘扬社会主义核心价值观，提供明确的行为规范，为行为活动提供正确指引。三是吸收司法解释和法学研究的一些重要成果，完善相关具体制度。如《民法典》第1183条将"具有人身意义的特定物"纳入精神损害赔偿范围。四是体现时代精神，有针对性地对当前社会热点问题进行回应。前文已述。

二、侵权责任法的调整功能

《民法典》第1164条规定："本编调整因侵害民事权益产生的民事关系。"

侵权责任法的调整功能是民法典调整功能的具体体现，也是全部侵权责任法规范存在的目的。围绕侵权责任法的基本功能，侵权责任法的基本内容包括归责原则、责任构成要件、免责条件、举证责任等各自发挥不同的作用。

（一）侵权责任法具有显著的预防功能

侵权责任法的预防功能是指通过规定侵权行为责任教育侵权行为人，引导人们不要实行侵权行为，也就是通过明确法律责任的方式起到警醒作用，以此引导人们的正确行为，预防侵权行为造成的损害发生，进而维护社会的稳定发展。具体来说，侵权责任法的预防功能主要体现在以下几个方面。明确民事违法行为的民事制裁，从而教育和警醒人们不要实施侵权行为，引导人们的正确民事行为，不得侵害他人合法利益，并积极履行自身承担的法律义务，同时还要采取积极预防措施，避免自身的合法权益遭受侵害；对于已经由于侵权行为造成损害的，要及时采取相应的措施避免造成更大损害。可以看出，这样可以在一定程度上减低社会危险因素发生的可能，提前预防发生侵权损害。

（二）侵权责任法具有显著的惩罚功能

侵权责任法的基本功能之一就是惩罚侵权行为。侵权行为人通过侵犯他人人身权和财产权造成侵权危害，侵权行为是一种具有社会危害性的违法行为，因此侵权行为必然受到法律制裁，侵权行为人必然受到法律惩罚。侵权责任法的惩罚功能主要表现在以下几个方面。首先，按照《民法典》侵权责任编的规定，侵权行为人必须对其侵权行为承担相应的损害赔偿等责任，这是侵权行为人必须承担的责任。按照法律规定，受害人可以根据自身意愿免除侵权行为人的一些民事责任，但是侵权行为人无权抛弃或者拒绝承担侵权责任。其次，大多数侵权行为虽然对受害人造成了损害，但加害人并没有得到财产上的利益。按照侵权责任法的规定，未受有财产利益的侵权行为人需要承担相应的财产责任，也就是需要为其造成的损害支付金钱赔偿，而这种损失补偿行为就是对侵权行为人的一种惩罚。对于侵权行为人而言，财产损失补偿必然属于一种财产惩罚，体现了法律对侵权行为的谴责和非难。尤其是对于加害人侵害人格权的行为而言，赔偿责任与侵权行为人的故意和过失程度之间存在直接关系，侵权行为人需要承担精神损害责任，做出相应的精神损害赔偿。这本质上就是对不法行为人的一种惩罚。

需要注意的是，侵权责任法虽然会对侵权行为进行惩罚和制裁，但是这一行为的目的并不是为了实现报复性惩罚，而主要是保护民事主体的合法权利，矫正不法行为，并起到行为导向的作用，提出正确行为的要求，要求尊重他人权利，要求恪尽职守。所以惩罚的目的就是要保证民法规范的遵守、保障民事权利的实现和民事义务的履行。

（三）侵权责任法具有显著的补偿功能

补偿功能是侵权责任法的基本功能，具体而言，补偿就是对侵权行为的受害人填补损害，即侵权行为人在实施侵权行为并造成受害人的实际损害以后，行为人须向受害人支付赔偿金，填补受害人所受到的损害。

侵权责任法的补偿功能，是指侵权责任法主要适用损害赔偿的手段，责令侵权行为人向受害人支付赔偿金，以填补受害人因侵权行为所受到的损害的法律功能。

补偿是指在行为人实施侵权行为并致他人损害以后，行为人应向他人负赔偿责任，以补偿受害人因其行为所受到的损失。侵权责任法的补偿包括三方面的内容，即财产损害赔偿的补偿，人身损害赔偿（即对因人身伤害和死亡所致损失的补偿），以及精神损害赔偿的补偿。侵权责任法的补偿，旨在使被侵害的权利得以补救或恢复。

侵权责任法的基本侵权民事责任形式为损害赔偿，以此保证侵权责任法补偿功能实现，同时，侵权责任法的很多制度和规范是直接实现补偿功能的。例如，侵权责任法对某些特殊侵权行为规定实行过错推定责任，对某些特殊侵权行为规定实行无过错责任原则归责，都是着重体现侵权责任法的补偿功能。《民法典》对侵权责任方式除规定了损害赔偿以外，还规定了多种方式。各种责任方式适用于不同的侵权行为，其效果各不相同，但都体现了补偿和保护的作用，都共同地实现了侵权责任法的补偿功能。

第二节　特定责任主体的侵权责任

一、监护人侵权责任界定及相关问题

（一）监护人责任内涵解析

1. 监护人责任的含义

按照我国相关法律规定，无民事行为能力人、限制民事行为能力人如果对他人造成损害，则由其监护人按照相关规定承担相应的侵权责任，这就是所谓的监护人责任。监护人责任自罗马法以来就是"准侵权行为"的主要内容之一。《民法典》第 1188 条规定："无民事行为能力人、限制民事行为能力人造成他人损害的，由监护人承担侵权责任。监护人尽到监护职责的，可以减轻其侵权责任。有财产的无民事行为能力人、限制民事行为能力人造成他人损害的，从本人财产中支付赔偿费用；不足部分，由监护人赔偿。"在责任性质上，监护人责任属于替代责任，即为他人造成的损害承担赔偿责任。

2. 监护人责任的法理依据

家庭的特殊职能决定了监护人要为被监护人造成的损害承担相应的侵权责任。监护人对被监护人负有培养、教育和监督义务，在绝大多数情况下对避免被监护人造成损害有控制能力，最有可能通过日常的教育和具体情形的作为来减少或避免此类损害的发生，因此监护人在被监护人造成他人损害时应当承担侵权责任。

3. 监护人承担的无过错责任

监护人责任是一种无过错责任。具体来说，监护人对被监护人造成的损害承担赔偿责任，一般不要求被监护人有过错，而且由于被监护人往往没有侵权行为能力也就无法讨论其过错问题。同时，也不要求监护人有过错，监护人不得以其已经尽了监护职责而要求免责，但监护人尽了监护责任的，可以减轻其侵权责任。

（二）监护人的补充责任

按照民法典的规定，被监护人造成他人损害的，如果自身有财产，则优先使用这一部分财产支付相应的赔偿费用，对于财产不足以支付的部分则由监护人承担补充责任。需要指出的是，这里的"被监护人有财产，不是指其少量的零花钱、价值不大的日常生活用具等，而是指其价值较大的动产（如存款、贵重首饰）和不动产（如房产）。监护人的补充责任是完全的补充责任，即"缺多少补多少"，而且事后无追偿权。

对于监护人责任需要注意的是：首先，成年子女并非危险物品，因此不能像处理危险物品造成损害的责任一样处理监护人的责任；其次，父母亲生育和抚养子女并没有过错，一般也不可能从中受益，相反是对社会的贡献，因此在确定监护人责任时应当公平地考虑监护人的利益。

（三）关于委托监护的侵权责任问题

我国《民法典》第 1189 条规定："无民事行为能力人、限制民事行为能力人造成他人损害，监护人将监护职责委托给他人的，监护人应当承担侵权责任；受托人有过错的，承担相应的责任。"

在委托监护中，无民事行为能力人、限制民事行为能力人造成他人损害的侵权责任分担规则如下。

（1）委托监护侵权责任的主体涉及两方：一是监护人，二是受托监护人。

（2）两种责任主体承担的责任是混合责任，监护人承担的是全部损害的赔偿责任，只要被侵权人主张其承担全部责任，就必须承担全部赔偿责任。

（3）受托监护人存在未尽监护职责的过错，应当在其过错造成损失的范围内，承担相应的责任，被侵权人不能向其主张全部赔偿责任。

二、雇主侵权责任界定及相关问题

（一）雇主责任的含义及归责原则

1. 雇主责任的含义

雇主责任也可以称作雇佣人责任、使用人责任或者用人单位责任，是指广义的雇主对广义的雇员在执行雇佣事务或者为了雇主的利益进行活动过程中致使他人损害所应承担的责任。此处的雇主既包括单位，也包括个人；被侵权人是雇主和雇员之外的第三人。这种责任在性质上为替代责任或者转承责任。

2. 雇主责任的归责原则

当前学术界对于雇主责任的归责有不同的观点，其中大多数研究学者认为雇主责任应当适用无过错责任原则。《民法典》区分雇主为用人单位和个人的情形用两个条文规定了雇主责任。《民法典》第 1191 条是有关雇主为用人单位的情形，该条第 1 款规定："用人单位的工作人员因执行工作任务造成他人损害的，由用人单位承担侵权责任。用人单位承担侵权责任后，可以向有故意或者重大过失的工作人员追偿。"此处"追偿权"的规定，是民法典的一大亮点。该条第 2 款规定："劳务派遣期间，被派遣的工作人员因执行工作任务造成他人损害的，由接受劳务派遣的用工单位承担侵权责任；劳务派遣单位有过错的，承担相应的责任。"第 1192 条是雇主为个人的情形，该条规定："个人之间形成劳务关系，提供劳务一方因劳务造成他人损害的，由接受劳务一方承担侵权责任。接受劳务一方承担侵权责任后，可以向有故意或者重大过失的提供劳务一方追偿。提供劳务一方因劳务受到损害的，根据双方各自的过错承担相应的责任。"这表明我国立法也基本上采用了无过错责任原则。

具体来说，雇主责任适用无过错责任原则，是指雇主为雇员的侵权行为承担替代责任时不考虑雇主是否有过错的问题，并不意味着不考虑雇员在实施加害行为时的过错：如果某一个加害行为的侵权责任是以过错为要件的，雇员在实施该行为时并没有过错，则不构成侵权，雇主不对此行为造成的损害承担责任；相反，如果某一加害行为的侵权责任不以过错为要件，则不考虑实施该加害行为的雇员有无过错，雇主均应对此承担责任。

（二）雇主责任遵循的主要规则

1. 确保雇主与被雇佣人存在雇佣关系

按照我国相关法律规定，雇主责任要求雇主对于其被雇用人在执行职务活动的过程中造成他人权益损害的，雇主需要承担雇主责任，也就是需要针对这一损害承担相应的民事责任。雇佣关系之存在是雇主责任的基础。是否存在雇佣关系，应当依据我国劳动法的有关规定判断。雇佣包括长期雇佣、短期和临时雇佣；包括固定工、临时工、合同工、钟点工等。雇佣关系通常以雇佣合同（劳动合同、劳务合同）确定，但是有些当事人之间并不存在此等合同，而存在事实上的雇佣关系。此二者均应当被认为是雇佣关系。在雇佣关系中，包括雇佣人（雇主）和被雇佣人（雇员）。雇主是指依雇佣合同（劳务合同、劳动合同等）或者事实上的雇佣关系使用他人之劳动力（包括脑力和体力）并向该他人支付报酬的人。雇员是指因雇佣合同（劳动合同、劳务合同等）或者事实上的雇佣关系受雇于他人，以自己的劳动服务于他人，并从该他人处获取报酬的人。在实践中也存在一人受雇于数个雇主的现象，在发生雇员侵权时，应当根据具体情况判断是由数个雇主分担责任还是由其中之一承担责任。

对于处在劳务派遣期间的被雇佣人员，因执行工作任务造成他人损害的，由接受劳务派遣的用工单位承担侵权责任；劳务派遣单位有过错的，承担相应的责任。

需要注意的是，独立的承包商（承揽人）与发包商之间不存在雇佣关系，定作人与委托人之间不存在雇佣关系，部分委托人与受托人之间不存在雇佣关系。

2. 雇员仅对其执行职务范围内行为负责

雇主对其雇佣人员承担的雇主责任仅限于雇员在执行职务过程中造成他人

权益损害的行为责任，应当从行为人的主观意思和行为的客观性质两个方面加以判断。一般说来，雇员主观上认为是执行职务的行为，而且在客观上又不悖于情理，就可认定该行为是执行职务的行为。执行职务的行为包括：（1）雇员依据雇主的指示在自己职权范围内所为的行为；（2）为了完成职权范围内的事务，所为的辅助行为；（3）为了雇主之利益的合理行为（也可能是超越职权的行为，如无权代理行为），此等行为应当具有客观上的合理性。将第三种行为纳入雇员执行职务的行为，主要是为了保护被侵权人的利益，使其较为容易得到补偿。雇主仅对雇员在执行职务时造成的损害承担赔偿责任，雇员在执行职务范围之外所造成的损害，由雇员自己负责。

3. 在一定条件下，雇主享有对雇员的追偿权

不同国家对于雇主责任的规定并不相同，一些国家在侵权责任法中明确规定了雇主享有一定的追偿权。此次《民法典》也增加了雇主追偿权的相关规定。雇主在承担了雇员致人损害的赔偿责任之后，对故意或者有重大过失的雇员有追偿的权利，雇员应当根据具体情况对雇主承担相应的赔偿责任。雇主行使这种追偿权的条件是：（1）雇员具有故意或者重大过失；（2）不存在免除雇员责任的法定或者约定理由。还需要说明的是：（1）雇主行使此等追偿权并不意味着雇主能够得到全面的赔偿，这取决于雇员的雇佣报酬和实际赔偿能力，雇员一般只承担与其工资报酬相适应的赔偿责任；（2）雇主是否行使追偿权以及是否能够得到赔偿，与其对被侵权人所承担的雇主责任没有直接联系，即使雇主不行使追偿权或者其行使追偿权（从雇员处）得不到相应的赔偿，也不影响其对被侵权人应当承担的赔偿责任。

（三）关于独立承揽人侵权责任的规定

《民法典》第 1193 条规定："承揽人在完成工作过程中造成第三人损害或者自己损害的，定作人不承担侵权责任。但是，定作人对定作、指示或者选任有过错的，应当承担相应的责任。"依该条规定，定作人原则上是不承担侵权责任的，除非其对定作、指示或者选任有过错。

三、学校等教育机构对校园人身损害事故的责任

（一）校园人身损害的含义

近年来，时有校园伤害案件的发生，校园人身损害赔偿案件成为人们关注的重点。具体来说，校园人身损害赔偿案件，是指发生在学校、幼儿园或者其

他教育机构场所内，由于学生、受托的幼儿（以下统一简称"未成年学生"）的身体健康或者生命受到侵害，而要求学校、幼儿园或者其他教育机构以及第三人予以赔偿的案件。学校、幼儿园等教育机构和学生之间是教育、管理和保护的关系，而非监护关系，因此其责任也不像监护责任一样严格。

（二）校园人身损害案件责任承担的规则

《民法典》第1199—1201条对学校等教育机构对校园人身损害事故的责任做出了规定，确定了校园人身损害案件责任承担的规则。

第一，对于无民事行为能力人在校园内遭受人身损害的，教育机构需要按照规定承担相应的过错推定责任，教育机构能够证明尽到了教育、管理职责的，不承担责任。

第二，对于限制民事行为能力人在校园内遭受人身损害的，教育机构需要按照规定承担相应的一般过错责任，由被侵权人一方对教育机构未尽到教育、管理职责承担举证责任。

第三，如果未成年人在校园内遭受的人身伤害是教育机构以外的人员造成的，则由实际侵权人承担侵权责任；教育机构在其过错范围内承担相应的补充责任。这意味着：（1）在第三人侵权致未成年人人身损害时，学校等教育机构如果也有过错，他们承担的是相应的补充赔偿责任，如果实际侵权人有赔偿能力则由实际侵权人自己承担全部赔偿责任；（2）如果出现找不到实际侵权人或者实际侵权人没有赔偿能力的情形，由学校、幼儿园等教育机构承担相应的补充责任；（3）学校、幼儿园等教育机构并不是在任何情形下都要承担赔偿责任，在有过错时也不是要和实际侵权人一起承担连带赔偿责任，而仅仅承担相应的补充赔偿责任。当然，如果学校、幼儿园等教育机构和实际侵权人在共同过错的支配下实施了共同侵权行为，则应该承担共同侵权的连带赔偿责任。所谓"相应"，一般应当理解为与其过错大小相适应。

第三节　侵权惩罚性赔偿制度的适用

惩罚性赔偿是法院依照法定程序，根据侵害人的主观恶性程度和损害后果等因素，为惩罚侵害人的行为，遏制将来类似行为的出现而判决侵害人支付给受害人的补偿性赔偿金之外的金钱赔偿。自从公众对《民法典》倍加关注以来，惩罚性赔偿就成了侵权责任法中众人注视的热点命题，而社会上严重的侵权事件屡屡发生，比如环境污染的案件中对公众生命及财产权的侵害、校车安全事故中对幼小学生的生命健康权的侵权、苹果产品售后歧视待遇、食品安全事件中公众对消费者生命健康权的漠视等，这使得人们对于惩罚性赔偿越发关注。这些问题促使了近几年来《消费者权益保护法》《食品安全法》的重新修订，同时侵权惩罚性赔偿制度的赔偿数额也被大幅度加大。为解决上述问题，这一制度已为我国的立法学者所接纳并扩大其适用范围，它提供了制度方面和理论方面的途径。

一、惩罚性赔偿制度的基本理论

惩罚性赔偿是一种特殊的民事责任形式，是指由人民法院根据被侵权人的请求所依法做出的赔偿数额超出实际损害数额的赔偿。惩罚性赔偿是一种加重赔偿，是指针对侵权人故意的侵权行为造成的损失进行弥补之外，对侵权人进行处罚以防止将来重犯，同时也达到惩戒他人的目的。从《民法典》的法条规定不难看出，适用惩罚性赔偿的条件都是基于侵权人的故意，且情节严重或者造成严重后果并由被侵权人提出。

（一）内涵

惩罚性赔偿制度起源于英美法系。近几年来，由于这一制度备受关注，我国学者也对其有了不少了解，对于它的含义，也有一些不同的看法。通说认为，惩罚性赔偿通常是指侵权人不仅要付出一部分补偿性质的赔偿额，还要付出法律对这种侵权行为进行惩罚的赔偿额，这种给受害人补偿金额的目的就在于惩罚并遏制这一类侵权行为。

（二）特征

在民事赔偿制度中，惩罚性赔偿和补偿性赔偿二者有相同之处，也有不同之处。将二者相互比较，前者有如下特征。

1. 法定性

前者只是作为一种民事责任的例外情形，避免法官滥用私权对侵害人进行过当惩罚，由此而造成被告再次受到不公平的对待，这是其目的所在。因此，就需要有法律清楚明确地说出其使用条件，不然即被认定为禁止适用此制度。

2. 惩罚性

后者的其中一个目的是对受侵害人遭受的损失进行适当弥补，在于增加加害人对受侵害人的赔偿额度从而制裁加害人犯下的过错行为。但前者的功能却不仅是如此，还包括惩罚、遏制这一类侵权行为。

3. 附加性

前者在一定程度上是后者的一种补充的民事责任形式，只有当适用了后者的金额之后还是没有很明显地显示出法律对这种侵权行为的不赞成态度，或者依然不能够公平地、合理地对侵害人行为的恶意进行严厉惩罚，并因此来防止其再一次发生之时，前者才可以用于此处。

二、惩罚性赔偿制度的功能

（一）完整地赔偿受害人的损失

惩罚性赔偿是一把利剑，它可以给受害人应得的帮助，也可以让法律赋予受害人的权利得到更真实完整地实现，并且这一制度也能更好地保障遭受到不幸的那个人可以得到法律对其的救助，这种救助会比其他制度更加完整，也更加充分。这一制度还有个应然的功能，即对受害人进行充分的帮助，且应该是排在第一位需要得到实现的功能。虽然这一制度区别于补偿的制度，但是却并不是完全与后者相对立，二者间完全的区分对于受害人而言，主要有着以下两个方面的体现。

1. 对于非经济性损失的赔偿

对于被害人而言，加害人的侵权行为可能对被害人经济上和非经济上造成相当一部分损失，比如名誉受到侮辱、尊严遭到践踏、精神抑郁等，惩罚性赔偿制度可以对这些侵害的救济发挥部分功能。用金钱的价格无法进行计算是非经济性损失的一大基本特点，因而只能考虑其他的参考因素。由于确定一个明确的目标有很大的难度，故此，也无法用很精准的金钱数额去完全弥补受害人所遭受的损失了。此时，若单单适用后者，则补偿性赔偿功能决定了受害无法得到合理的救济，但前者却可以很好地解决这个问题。

2. 对于救济权利的费用的赔偿

在救济权利的过程中，受害人为此而需要支付各项费用，尤其是和诉讼相关的支出，这一支出一方面是受害人为了得到公平结果而必须出的钱，另一方面是在救济过程中受害人必须要再次承受的痛苦。倘若仅仅依据后者，则很难说受害人得到了符合法律的、符合道德的结果。假如受害一方在寻求法律的帮助之后的境遇还不如受害前的话，那么就没有任何价值。造成这一后果也有在现实环境里存在的诉讼成本太高的一部分原因，也正是因为维权困难，所以才会出现懒诉、息诉的问题。这些问题也促使了侵权行为屡屡发生。如有报道指出，在超市买东西的人在受到不公后，很难向管理超市的人行使法律所规定的双倍索赔的权利。例如有位王先生在买了 18 元的台灯回家后，发现质量超级差，而且还无法照明时，去找超市要求赔偿却被拒绝，之后王先后寻求法律帮助花了整个夏季来维权，最终为了 36 块钱的赔偿却支出交通费和误工费等 2000 元之多。

（二）有效地实现制裁功能

惩罚性赔偿可以有效地使用法律手段制止并制裁严重侵犯受害人利益的被告，即相当于私犯行为，最终使民法也有了刑法的报复功能。它不仅是让被告给原告合理的金钱以弥补原告，也有着让被告不再做出该行为的一定作用。不管称其为报复论还是权利论，这个制度最大的功能就是惩罚犯下错误的行为人。只不过保护受害人，使其应有的权利可以完整、快速的实现是权利论的理论基础，其目的也在于此；而报复论则是对加害人进行适当报复，其目的也只是对因其所破坏的社会秩序进行复原。报复论和权利论其实是没有太大的区别，因为对于这一制度来说，对加害人惩罚的过程和结果就是对受害人权利救济的过程和结果。

（三）起到有效的威慑和预防作用

侵权责任法主要是为了预防侵权行为，而需要我们认真研究的是，怎么实现这一立法目的。总体来说，通过让过错方承担自己犯下的错误甚至可能承担超过了限度的惩罚结果是我国侵权法理论一直以来秉持的态度，但不得不说这种方式很难收到立法者想要的效果。在我国现有制度难以适应社会快速发展的情况下，英美法系的这一制度恰好解决了我国面临的这种法律无法公平惩戒而道德又不被允许的困境。

（四）实现其他多种社会调整功能

1. 限制特权，促进社会公平正义

随着经济发展，我国已经是世界第二大经济体，但社会贫富差距依然很大，富人还是占据着国家的大部分资源。我国正处于转型的特殊时期，这一制度的出现决定了它有着我们需要的社会矫正功能。面对社会上频频出现的富人为富不仁、国有大型企业垄断现象严重、金融违法行为等问题，我们需要惩罚性赔偿制度这把利刃，去积极解决难题，保障社会公平与正义。

2. 补充刑法的作用

虽然我国的立法者已经尽可能严谨地设计法律法条，但刑法和侵权责任法之间还是有一个不小的漏洞。在这一可被犯罪者钻的漏洞中，有一些不在刑法中规定的犯罪行为，没办法用刑法判刑，但用已有的民法又不能让受害者得到公平的判决，道德的谴责也不可能有任何作用，没有强有力的制裁就无法制止此类事件再次发生，法律的权威也会被忽略甚至是践踏。而且，对于这一漏洞中的犯罪行为，不宜用刑法太重，因为毕竟我们的社会对有过刑事责任的人太过苛责，而关于这类犯罪犯罪者的行为没有达到这么大的影响，故用民法进行规范比用刑法更符合正义。世界上大多数自由的国家规范民众都是用民法比用刑法多。因此，这一制度在这种情况下起到了补充刑法的作用。

在现实中，有些事故可能是由一些道德上让人震惊的不属于刑事上的违法行为所引起的，却很难去判定它们在法律上的因果关系，因而也很难被追究刑事责任，这就导致了双方都没有得到公平的结果。如某个案件中，当事人一方的汽车公司知道他们的车在油箱设计方面有问题，但如果召回该类车进行修理，又不符合公司的发展利益，通过各方面分析后，最终决定不召回。另一方当事人在驾驶该公司所产车辆被追尾后起火，当事人当场死亡。而之后此类事件也频繁发生。而它们的共同点就是发生事故时汽车之间相撞以及随后的汽车着火。而只有在这许多同类的事故发生之后进行调查和统计分析，才会有可能发现这不是一般的汽车碰撞事故，而其中汽车起火似乎是油箱在设计上有问题引起的。而这样的原因在大众看来是难以想象的，而且警察没有时间也没有精力做这样繁重的工作。但惩罚性赔偿却可以弥补上述缺点，它可以通过经济鼓励让被告方和他们的律师去完成调查分析工作，以提高诉讼的成功率。

不得不承认，这样的功能也可以用在高智商犯罪者身上。因为这些行为人可以用他们拥有的专业的、高水平的知识来实施普通人难以做到的犯罪行为，在之后的诉讼中也会有优秀的律师为他们辩护，或许还会以他们在社会上的地位和个人财富去干涉诉讼进度。在笔者看来，这一制度的出现正好可以让犯罪者无法再利用这些模糊的法律逃避责任。

三、我国惩罚性赔偿制度的立法现状

（一）发展背景

惩罚性赔偿制度是现代侵权责任法发展的一个新的趋势，尽管早在罗马法

时代，就有惩罚性赔偿的影子，《十二铜表法》第八表第 18—22 条分别就利息超过一分的放高利贷者、不忠实的受寄人、侵吞被监护人财产的监护人、虚报土地面积的出卖人等，分别做出了予以 4 倍罚金、加倍罚金等规定。但近代意义上的惩罚性赔偿制度起源于英国，其后在美国法中得以完善发展起来。我国很早就规定了惩罚性赔偿，1993 年的旧《消费者权益保护法》第 49 条的双倍赔偿第一次规定了惩罚性赔偿制度，而随后的《食品安全法》第 96 条第 2 款、《最高人民法院关于审理商品房买卖合同纠纷案件适用法律若干问题的解释》第 8 条、第 9 条和第 14 条第 2 款都相继规定了惩罚性赔偿制度，2010 年《侵权责任法》第 47 条更是第一次使用了"惩罚性赔偿"词眼，宣告了我国惩罚性赔偿制度进入了一个新的阶段。新《消费者权益保护法》第 55 条则延续了《侵权责任法》第 47 条这种形式理性，明确使用"惩罚性赔偿"词眼。传统的侵权责任法建立在主体人格平等的理论基础之上，以过错来限制侵权责任法的适用，个人行为自由和矫正正义成为其价值中心，填补性损害赔偿自然就成为主要的责任形式。然而随着社会经济的发展，抽象人格平等受到猛烈批评，人们开始关注具体人格的差别，注重实质正义的实现。现实中，环境污染、产品质量等大规模侵权事件的普遍发生，使得侵权责任法不得不对其价值定位进行重视审视，以填补性赔偿为主的责任方式已不能满足社会对于侵权责任法的诉求，惩罚性赔偿制度渐渐成为侵权责任法责任方式中的一员。

（二）《民法典》的规定

《民法典》在第七编"侵权责任编"中分别以第 1185 条、第 1207 条、第 1232 条在"侵犯知识产权、产品责任、污染环境破坏生态"方面具体规定了"惩罚性赔偿"的内容。在侵权责任制度中，引入惩罚性赔偿，体现了法律对特定侵权行为和侵权行为人的强烈否定性评价，通过惩罚性赔偿，提高侵权行为成本，从而避免侵权行为发生。同时，惩罚性赔偿也激励被侵权人有动力对侵权行为人提起诉讼，客观上也能协助国家机关对侵权行为的制止。中国建立惩罚性赔偿制度，是中国民事立法的重大突破，应该坚持并积极推广，建立惩罚性赔偿制度也是中国社会主义市场经济和社会发展的需要，是适应社会主义市场经济条件下诸多领域民事主体权益保护的需要。

1. 知识产权侵权的惩罚性赔偿

从 2018 年起，我国为了加大对知识产权侵权的打击力度，在知识产权侵权案件中已开始引入惩罚性赔偿方式，体现在对《商标法》《专利法》和《著作权法》的修订中，都提到增设惩罚性赔偿。新通过的《民法典》第 1185 条对知识产权侵权的惩罚性赔偿已做出明确规定："故意侵害他人知识产权，情节严重的，被侵权人有权请求相应的惩罚性赔偿。"这样的规定无疑对知识产权侵权案件的赔偿是一个福音。该条的立法目的就是要进一步强化对知识产权的保护，解决长期以来实践中一直存在的知识产权侵权违法成本低、执法成本高的问题。惩罚性赔偿的一个重要特点，是通过超出实际损失额的高额赔偿，来真正使行为人通过赔偿付出较高成本和代价，从而起到遏制这种侵权行为的作用。

在民法典里规定惩罚性赔偿条款，实际上对于统一我国所有知识产权立法中的有关惩罚性赔偿的规则非常必要，把所有规则统一起来，将来都使用民法典的规则。它为未来出现新的一些有关侵害知识产权的类型提供了法律适用的依据，特别是将来专利法、商标法等解决不了的一些新的侵害知识产权的类型，找不到法律适用根据时，又有必要对不法行为人给予惩罚性赔偿，这种情况下可通过民法典的惩罚性赔偿规则，提供兜底性的适用依据。

不过，《民法典》在此并没有明确规定惩罚赔偿的具体标准，实践中，应结合具体案件而定，即要考量"故意"侵权的"情节严重"程度。

2. 产品责任的惩罚性赔偿

《民法典》第 1207 条规定："明知产品存在缺陷仍然生产、销售，或者没有依据前条规定采取有效补救措施，造成他人死亡或者健康严重损害的，被侵权人有权请求相应的惩罚性赔偿。"在"侵权责任编"产品责任一章中引入惩罚性赔偿条款，加重了产品质量方面的"违法成本"，对规范社会主义市场经济的生产者和销售者的竞争行为更加有效。在产品责任中实行惩罚性赔偿，迫使生产者和销售者追求利润的同时兼顾对产品质量的监管和注意义务，有利于参与市场经济行为的各个主体平等竞争。

3. 环境污染和生态破坏的惩罚性赔偿

《民法典》第 1232 条规定："侵权人违反法律规定故意污染环境、破坏生态造成严重后果的，被侵权人有权请求相应的惩罚性赔偿。"这一规定吸纳了《生态环境损害赔偿制度改革方案》的相关内容，是民法典的重大突破，体现了民法典对环境保护问题的回应，也是民法典"绿色化"、贯彻生态文明理念的成果。生态环境保护与消费者保护同样关乎社会公共利益，因此惩罚性赔偿的适用有其必要性。在规定生态环境侵权责任时，不能局限于传统民事侵权中的损害赔偿的填平原则，即除了应当考虑对受损权益进行完全的补偿、填补，还需考虑对加害行为进行惩戒、制裁，对类似的环境污染和生态破坏行为进行威慑、预防，从而保护社会公共利益。《民法典》中设立生态环境侵权惩罚性赔偿，是突破性的规定，解决了理论与实务界的长期争论，为未来司法实践提供了指导。

不过，《民法典》第1232条未提及污染环境和破坏生态侵权案件中如被侵权人主张惩罚性赔偿，应承担何种特殊的举证责任，因此该类纠纷的举证规则仍需适用第1230条，由行为人就不承担责任、减轻责任、行为与损害之间不存在因果关系承担举证责任，即仍适用举证责任倒置的规则。但是，在被告可能承担严厉的赔偿责任，且原告可能得到额外利益的情况下，原告应承担更高标准的证明标准才更为合理。否则，在低举证责任、高收益预期的激励之下，排污企业周边居民等民事主体可能群起求偿，使企业承受过重的负担。

四、我国惩罚性赔偿制度的评析

（一）产品责任惩罚性赔偿适用条件的苛责

根据举证规则中"谁主张，谁举证"的原则，受损之人不仅要证明被告主观上"明知"，还要证明自己因这种行为所造成的后果。这样的规定看似合理，但由于产品侵权中的侵权人、受害人双方地位差距悬殊，还有各种产品具有一定的专业性和技术性，这样一来，受害人想要通过诉讼保护自己的目的很难实现。在这类侵权中，判定生产者是否有错采用的是"无过错责任"原则，判定销售者是否有错也有采用"推定过错"而造成举证责任倒置的情形。所以，在这一制度中也采用举证责任倒置，以减少原告方的必须证明的责任从而维护其利益。此外，产品有缺陷是否以客观上造成死亡或者健康严重损害为必要也值得讨论。

（二）完善赔偿数额的计算标准和考量因素

《民法典》规定了惩罚性赔偿制度，但该制度的具体适用法典没有具体规定，虽然赔偿数额会因具体案件的不同而有所区别，在法律中也不可能一一做详细规定，但是完全不做规定，就留给了法官过大的自由裁量。在赔偿数额的计算标准上，应把握三种确定数额的方式：第一，以补偿性赔偿金为基准，与其呈一定的比例关系；第二，对其最高数额做出一定限制；第三，两种方式相结合，既规定与补偿性赔偿金的计算关系，也限定最高值。具体到不同的领域，交由未来司法解释做出具体规定。

此外，确定赔偿数额的具体考量因素也是非常必要的。从被告角度而言，该制度的适用应秉持义务与责任相适应原则。被告的主观方面、不法获利情况以及是否受到刑事处罚或承担其他民事责任是主要的考量因素。如若侵权人已受到刑事处罚或者承担了其他的民事责任，那么在适用时就应适当地降低赔偿金额。综合考量这些因素不至于减轻侵权人责任承担也不会过分加重其责任，实现义务的违反与所带来的责任承担相适应的立法目的。

从原告的利益出发，原告的实际损失、诉讼成本和被告的财产状况应作为考量因素。一般情况下处以惩罚性赔偿金是以原告的实际损失为基准的，原告的实际损失小于被告的不法获利时应以不法获利为准，而且诉讼成本也是应当适当考量的因素。

第四节　举证责任倒置对医患关系的影响

现如今，由于医疗技术水平不断上升和人们维权意识的逐渐增强，医患纠纷成为全社会的焦点。而在这类案件当中，举证责任如何分配则为关键之处。举证责任倒置是侵权责任的特殊规则，即使颁布了新规定也存在双面影响。虽然它减轻了患者面对发生医疗纠纷时所产生的举证责任，填补了举证能力不足的漏洞，但同时也让患者在理解举证责任倒置的含义出现了偏差，使医方处于劣势地位，影响了医院方敢于探索研究的积极性，而且会使医患之间的矛盾越加锋利。这说明我国高院新颁布的相关规定还是存在一些不足之处，因此，客观理性地分析实行举证责任倒置对医患双方带来的双面影响，针对完善我国医疗纠纷案件举证责任制度提出一些建议，能够减少举证责任倒置带来的负面影响，从而缓和医患双方的矛盾，促进社会和谐。

一、医患纠纷的内涵及特点

（一）医患纠纷的内涵

所谓医患纠纷，是指医院方与治病患者因治疗过程中存在不满或者存在差错而产生的纠纷，实际上也是一种合同纠纷。医患纠纷也分一般纠纷和特殊纠纷。

一般纠纷范围比较广，只要是患者对医疗行为所引起的一系列行为后果，而不是针对医疗行为本身引起的后果的不满，或者是在医院发生而不是医疗诊断行为本身所引起的事故以致发生纠纷都可以叫医患纠纷。例如对经过医方诊断治疗后所需缴费多少有疑问，患者自己对医疗护理服务觉得不满意，被医院机构中某些医疗设施倒塌所砸伤等而向相关机关提出诉讼的都叫作医患纠纷。

所谓特殊的医患纠纷也可以叫作狭义医疗纠纷，是指存在于医院方与患者方之间，因为医疗机构自己的专业行为而产生的侵权纠纷。也就是说因医方在对患者进行诊断治疗过程中出现差错而导致最终治疗结果使患者及其近亲属不能接受而向司法机关提诉请求赔偿或者追究医院方过错责任的侵权纠纷。这也是笔者在本书中对医患纠纷所偏向的看法。

（二）医患纠纷的特点

1. 医患纠纷的主体是医院方和患者之间产生

所谓医院方是指通过依法申请设立的所有各级别的医疗机构及在医院的工作人员，包括医疗人员和行政人员等。患者是指因患某种疾病、因出事故而造成伤痛或者因天生疾病而选择医院进行治疗的患者，同时也包括患者因不能自理或者死亡而具有赡（扶、抚）养关系的近亲属，比如患者的父母、兄弟姐妹等。都可以因医院方对患者造成不良影响而代替患者向医院方提起诉讼。

2. 医患纠纷的客体是患者的健康权和生命权

之所以产生医患纠纷就是因为患者在面对医疗人员对其进行的诊断、急救等医疗措施时考虑是否自己的生命健康权受到损害，导致自己出现一系列的不良后果而认为医院方的做法不合理，为此发生纠纷。但是发生财产、隐私侵害的则属于一般纠纷。医患纠纷主要还是指因医疗行为所引起的错误而发生的。

3. 医患纠纷属于一种合同纠纷，其双方的法律地位平等

医患纠纷正是因为存在医患关系才会导致纠纷，对于医患关系，双方都是基于自愿平等的身份而签订医疗服务合同，不会因为医疗机构的级别、法人还是个人或者是患者的性别、职业、家庭情况等因人而异。医院方提供医疗服务，患者接受其服务的过程中，并不存在上下级的隶属关系或者遵从关系，而是双方各取所需，医院方实行自身的服务职责，患者使用自己所需要的服务权利，所以双方在法律上形成一种民事法律合同，双方法律地位平等。

4. 医患纠纷在现实中双方的地位不平等

对患者来说在发生医患纠纷时，患者方只是针对医疗活动所造成的结果感到不满，而对于医疗急救活动中所经历的过程却一概不知。其次，正因为患者方对了解医疗技术和医学专业知识只知皮毛，才会使医院方即使在诊疗过程中

出现漏洞，患者方也不能说出其不对之处。正因如此导致患者在收集证据方面处于劣势。而对医院方来说，医疗诊断书、治疗过程等只有他们明白实际发生的情况，在采集证据时会相对容易，因此造成双方之间的实际地位不平等，双方的利益处于不平衡状态。

5. 医患纠纷的解决需要一定的专业技术

医患纠纷采取诉讼途径时由于法官对医疗专业知识了解不足，被告医院方陈述自己的观点时法官会面临无法判断其陈述事实是否属实的情形。只有通过对医患纠纷的主体、客体、行为、因果关系能够做出正确判断并且具备相关专业知识的专家对案件的分析，法官才能借此做出公平的判决。

二、医疗侵权诉讼中举证责任分配规则

（一）民事诉讼中举证责任分配的一般规则

对于举证责任的含义至今也没有特别明确的规定，但一般是根据《民事诉讼法》第 65 条所说"谁主张，谁举证"来作为举证责任分配的一般规则。也就是主张方要对案件的侵权行为、损害结果、侵权行为与损害结果之间是否存在因果关系等事实要件都要承担举证责任，若没有证据或者证据不足难以证明所主张事实，则不利后果由主张方来承担。一般规则分为以下几点。

第一，被告方对于自己所否定的事实和主张进行证据承担。被告方在诉讼案件过程中对主张方提出的事实进行辩论、承认、反驳、陈述事实等都要有相对的案件证据才能说服大家，增加其可信度。

第二，主张方对自己诉被告方的事实理由、诉讼请求要进行主张就得证明其真实度，保障自己主张的相关证明材料的可信度。

第三，若牵扯到第三人时，因案件与第三人的利益相关，所以有独立请求的第三人可以对自己的主张进行举证，而没有独立请求的第三人则在涉及自己权利义务的时候可以主张并提供证据材料。在这个社会中有一般情况就有特殊规则。为了更好地发挥法律的价值，国家规定了举证责任倒置的规则，也称过错推定原则。这是为了保证诉讼程序实现公平正义，由被告承担举证责任的一种特殊规定。

（二）举证责任倒置的含义

我国采取举证责任倒置是借鉴德国的举证责任倒置的转换而来的在当今法律明文规定的情况下使用，而对于我国举证责任倒置的概念，我国法律并没有准确的定论。一般认为举证责任倒置是存在于特殊的侵权诉讼案件中，主张侵权案件事实的一方不承担举证责任，而是由否定其案件事实一方来证明自己的行为与对主张方造成的不良影响并没有因果关系。故举证责任倒置应该从以下几个方面理解。

第一，举证责任倒置是相对于举证责任倒置一般规则而言，是一种特殊的分配规则。一般是"谁主张，谁举证"，但随着社会的逐步发展和人民文化水平的不断进步，此规则已不能很好地维持双方的利益平衡。例如高空危险作业、环境污染、食品安全等只能客观地借助举证责任倒置来分配举证责任才能保持判决案件的公正公平，从而维护最广大人民的利益。

第二，举证责任倒置只是一部分倒置而不是全部要件都要倒置。最常发生的医疗侵权诉讼案件中也仅仅是针对所采取的医疗行为与造成的损害结果之间是否存在因果关系以及此行为是否构成免责行为而倒置给医院方来举证说明，其他要件还是要让主张侵权的患者方来举证说明。这样才会使整个诉讼过程保持公正平稳的状态，保护双方的法律地位平等，达到最终的目的。

第三，举证责任倒置只存在于某一些特定的案件中，是法律所明文规定的。当发生法律所规定的特定案件时，比如医疗纠纷所引起的、饲养动物致人受伤的、建筑物脱落倒塌的等案件，被告方必须对规定的特殊的构成要件证明其不存在，否则就要承担不利的诉讼后果。这样既遵循了一切以法律为准则，也使双方的举证责任清楚明了，减轻了主张方的证明责任，让被告方意识到案件事实的严重性，加重其责任。

（三）我国对医疗侵权诉讼中举证责任倒置的相关规定

在我国对举证责任倒置的规定中，大部分人认为只要原告主张案件事实，被告就得举证，这个理解是不全面的。一般情况下，在触及过错推定原则时，就会涉及举证责任倒置，受害人只要证明事实行为和造成损害即可，而因果关系和主观过错对于被告来说证明不了自己没有过错或者无因果关系，则推定其有过错，并赔偿损失，以更好地保护受害者。我国规定了八种情形举证责任倒置，一是高危作业侵权；二是饲养动物致害侵权；三是产品缺陷侵害；四是专利侵权；五是共同危险行为侵权；六是环境污染侵权；七是建筑物倒塌坠落致人损伤侵权；八是医疗行为致人受损。但事实上，前三种情况属于无过错责任原则，无论被告方是否存在主观过错都要承担相应的损害赔偿，除非可以证明自己的行为属于免责理由。后五种才是真正上的过错推定原则，是要实行举证责任倒置。

因此，在医疗侵权诉讼中对于举证责任倒置我国是这样规定的："因医疗行为所引起的侵权诉讼是由医疗机构来举证证明医疗行为与损害结果之间不存在因果关系并且没有主观过错。"即关于医患纠纷是实行举证责任倒置的规定，这样避免了大家所认为的只要是与医院有关就实行举证责任倒置的错误理解，因为除了医院方证明无因果关系和无主观过错，受害方还要证明医院方实施的医疗行为以及带来的不良后果，这就是所谓的部分倒置。即使此规定仍然存在不足之处，但它也减轻了因通用"谁主张，谁举证"而对患者造成困扰导致对法院的判决存在不满，以及社会舆论的压力。因此，在发生医疗纠纷时，医患双方都要积极地收集对自己有利的证据，患者不能因为举证责任倒置的规定而不主动采集证据。同时医患双方不可以故意隐瞒对彼此有利的证据，否则需要承担法律规定的相应责任。但是此处的医患纠纷并不是指一般的针对医疗服务不满或者是对除侵犯健康权、生命权以外实行了侵犯行为的纠纷，而是用于因医疗行为的过失而造成对患者的生命健康权、人身权侵犯的特殊行为所导致的纠纷。

三、实施举证责任倒置的原因及其重要性

（一）实施举证责任倒置的原因

医疗侵权诉讼中运用"谁主张，谁举证"的一般规则，会增加患者方败诉的风险，使患者感到不满从而增加医院方的压力，导致削弱医院方敢于探究临床研究和患者积极治疗的心理。举证责任倒置的目的主要在于减轻患者举证的负担，增大医院方举证的压力，其原因主要包括以下几方面。

1. 患者对医疗专业知识掌握的欠缺

首先，患者在身患疾病的情况下去医院进行治疗，说明医院具有较高的技术，医生是运用多年学习的医学知识而对疾病进行专业判断以便治疗。对诊断书、诊断医疗过程医院方是了如指掌，而患者方则相对处于不利的地位，因为没有与医院方相抗衡的医疗专业知识，患者无法辨别在医疗过程中存在的差错以致不能提出异议。其次，也正因为患者缺乏对医疗知识的学习使医院方有了可以逃避的可能，患者也无法控制和看出其存在的侵权行为和是否尽到医院所应尽的义务，患者也就不知该从何处下手收集证据。

2. 接受医疗的患者对举证的困难

医院在人力、物力、财力方面相对患者有着强势的地位，几乎所有与患者有关的医疗材料都在掌控之中，为此患者对举证存在着极大的困难，常常会以败诉而告终。虽然国家规定患者有权要求对医院里的病历档案进行复制，但也避免不了医院方为了逃避责任而对病历进行伪造、修改、隐藏，或者直接毁坏以及拒绝向患者提供病历档案。要想证明医院存在这些不良行为对患者来说也是极大的困难。因为医院和患者相比本身就存在着不平等，即使患者发现其有修改或者拒绝的行为，医院也可以其辩解为是完善病历或者是对患者隐私的保密，让人无法判断其真实性，所以接受医疗的患者对于举证存在着一定的困难。

3. 医疗事故鉴定公信力缺乏认可

在医患之间发生医疗事故的时候，对事故的性质需要专业机构的鉴定——医学会。虽然改变了原先的卫生行政组织部门的专门鉴定，但是对于医学会患者对其鉴定结果仍然存在着怀疑的态度。因为医学会和医院的接触要比其与患者接触的机会多，难以显示其鉴定结果的公信力。由于患者对举证存在着极大的困难，而由医院单方面来证明又使医院处于较有利的地位，于是出现了医学会来鉴定医患之间发生的纠纷，但其公正力又被众人质疑，因此想采取举证责任倒置，只能是部分倒置来改变医患纠纷出现的僵局。

（二）实施举证责任倒置的重要性

采用一般举证责任分配规则不会使医患关系的紧张气氛有所缓和，实施举证责任倒置是法律公平正义的体现，可以使双方紧张关系得以舒缓，减少医疗纠纷诉讼，使社会和谐发展。因此实施举证责任是重要的，具体有以下几点体现。

1. 解决医患双方信息不对称的难题

举证责任的分配主要是根据双方举证的便利性而考虑，但医患双方之间对于举证本身就存在着不公平。一方面，医院方对患者的诊断结果具有保密义务，以及医院对较高技术的不公开导致患者在采集证据的时候对这些证据无法接近。譬如在医院存档的病例记录，每次诊断都会有一份病历记录，即使患者有权对病历进行复制或者浏览，但大部分的病历档案都是由医院来进行保管和支配，患者无法取得原始证据，这样就阻断了患者对原始证据获取的直接途径。另一方面，医院里无论设施还是服务都具有较强的专业性，然而患者对其规章制度和诊断医疗过程没有较深的了解，导致对于医疗过程是否存在过失无法知晓。

实施举证责任倒置，由了解整个治理过程的医院方来进行收集证据会有利于查清整个案件事实，提高诉讼效率。

2. 强化医疗管理秩序的需要

医院作为一个机构，其自身的管理秩序尚有欠缺，虽然有制定好的规章制度，但实际上会存在与制度相冲突的做法，这是没有遵从规章制度的体现。也正是如此在发生医疗事故的时候就会出现逃避的现象，就像日常生活中就会出现当时给患者诊断而事后补写诊断书，或者在发生多个事故中对于某一事故的优先处理，对其他人的不负责，这就是一处漏洞。发生诉讼时，因为大部分证据都在医院方所管理，所以他们举证会使用仅仅对自己有利的证据从而使患者得不到相应的赔偿。逐渐采取举证责任倒置规则，会促进整个医疗行业的制度化、秩序化、法律化，增强医院管理效力，对减少不必要的医疗事故诉讼有着重要保证。

四、在医疗纠纷案件中实施举证责任倒置的影响

举证责任倒置是一把双刃剑，对医疗侵权诉讼中解决医患关系有着双面影响。这一制度从法律的角度上体现了国家保护弱势群体，遵从了法律面前人人平等的原则，也体现了人人都可以平等地使用自己的诉权，并得到相应的保障，改善了因举证困难造成诉讼效率低的局面。另一方面，正因为实施举证责任倒置降低了患者诉讼的门槛，患者对医院方感到不满，不与医方进行沟通就起诉，使医患纠纷诉讼急剧增多。这并没有双方的利益达成平衡，反而使医患矛盾愈加激烈，也影响了医疗研究的发展。

（一）举证责任倒置对医院方的影响

1. 对医院方的积极影响

（1）提高了医院方医疗服务的质量，增强其对医疗行为的规范要求。在生活中，因为医院的医疗工作人员对于医疗专业知识的学习深入，在患者到医院进行诊断医治时所有的诊断书、病历等相关资料在医院档案室都有相对的存档。因此即使医院存在着过错，但手中也能有足够的证据和材料来证明自己的医疗行为没有过错，从而在面对患者的诉求时可以证明自己不用承担相应的责任，以上可以反映出在医院的规章制度和管理秩序中存在着缺点和不足。实行此规定可以让医院意识到要想避免医患纠纷的频繁发生以及减少对医院带来的负面影响就得从提高医疗工作服务的质量开始，加强医疗管理秩序，增强对患者权

益的尊重意识。举证责任倒置的实施就迫使医院方要想减少医疗中不必要的损失，就需要认真对待每一份病历，要做到规范完成指定的程序，加强自身管理。

（2）为医院方提供了可以免责的情形。虽然限定了医院方要证明自己与损害结果之间没有存在因果关系并且没有发生主观过错才可以成为有力证据，但是这并不是减少败诉风险的唯一途径，即使也会遇到举证困难。因为举证倒置同时也为医院方提供了一个找出符合免责情形的机会，例如医疗方按照医疗规章制度严格执行，但由于患者出于各种原因不积极配合治疗而导致损害结果的出现，这要有证据证明此事就可以免责。

（3）此规定从另一个角度分析也可以促进医学的稳步发展。有些人会认为规定了举证责任倒置只会影响医疗技术水平的研究与提高，使医院方走向保守，但是从另一方面来讲，正因为如此，为了避免不必要的麻烦，医院方会针对某一医学技术研究进行钻研，为了能更好地解决患者的问题，同时这也可以成为其诉讼的有力武器。

2. 对医院方的消极影响

（1）实施举证责任倒置使医方被迫采取防御性医疗措施，为了避免不必要的医疗风险和减少医患纠纷的数量，医院会把一些不必要的检查列入常规检查当中，把一些本来低级设备就可以进行的检查变成高级设备的检查，就是为了防范患者以医生不认真对待病情为由而产生纠纷。最大的变化是针对医疗行为采取的措施，实行倒置挫败了医疗研究的积极性，使医疗诊断走向保守。医院方在面对医疗方案时会优先选择风险最低的一种进行，同时也会拒绝诊治病入膏肓的患者，浇灭了他们对新发现研究和使用风险高但效率高的方案的热情。这只会导致医院的大量资源被浪费，医疗成本不断上涨，阻碍了医疗技术的探索与创新。

（2）实施举证责任倒置加重了医方举证责任的负担，举证责任倒置是对患者举证存在有利因素，但对医方来说不仅要证明自己对实施医疗行为没有过错，还要证明医疗行为与损害结果的因果关系是不存在的，这就提高了难度。这是此规定没有考虑到的因素，因为即便是正常的医疗行为也会对患者发生一定的损害结果，但这个结果是正常范围之内的。由于没有考虑到这一点就会使医院方在面对诉讼时有理难说，造成举证困难的僵局，因此加重了医方的举证责任的负担。

最后，它还使医疗纠纷诉讼的数量不断增加，由于新规定说明了患者只需要提供自己确实与医院方存在医疗侵权行为并且证明对自己造成的损害结果即可，这大大降低了患者诉讼的要件和风险。对于医院来说，有些医疗行为与损害之间的因果关系用医疗专业知识难以证明，或者没有因果关系但是又难以证明，因此要承担过错推定原则，接受败诉的风险，这就使医院方诉讼的难度和成本大大增加，患者因受到法律规定的鼓舞就会增加对医院的诉讼。

（二）举证责任倒置对患者的影响

1. 对患者的积极影响

实施举证责任倒置减轻了患者起诉时的证明责任，这对患者是有利的。采取举证责任倒置后，患者要想对医院进行诉讼，只要采集到自己对医院存在着医疗合同关系以及发生了医疗行为并且对自己造成损害结果的相关证据即可，剩下就是医院要想证明自己是无过错的就得拿出自己的医疗行为与患者损害结果没有实际的因果关系并且自己没有主观上的过错的证明材料，否则就要承担因不能证明而带来的败诉风险和进行损害赔偿。

法律规定医疗举证责任倒置相对降低了患者面对医疗诉讼的风险。因为对于举证医院方较容易取得，并且在专业知识方面处于优势地位，这使患者在心理上的压力增大，导致即使医院方真正存在着过错，患者也会因无法拿出自己的损害与医疗行为之间存在真正因果关系而要面对败诉的风险。实施此规定是给了患者对诉讼胜利的希望，让患者相信自己的权利是可以得到公平的待遇。此规定给患者带来了在诉讼中地位提高的益处，也让患者增强了法律意识，了解了对于在医院消费后的收据单、诊断书等要保存的重要性，这样才能使自己的诉讼权利得以保证，自己的切身利益得以维护。

2. 对患者的消极影响

一方面，虽然举证责任倒置降低了对患者诉讼的起诉条件的要求，但是最终受害最大的还是患者方。原因是举证责任倒置把举证分配给医院方，使医院方会着重把一些平常不需要特别检查的项目都会重新加入医疗规章制度，相对其的投资、精力也大大加重，导致医院方的医药费用也变得昂贵，这是对患者经济来源发起了挑战。

另一方面，正是提倡举证责任倒置使医院方在诊断过程中谨慎小心，在觉得对自己有不利影响的情况下，会拒绝对患者进行治疗，这样使患者即使有钱却不能及时进行治疗从而损害自己的身体，使自己的利益受损。此外，举证责任倒置也并非全部倒置，而是针对部分倒置。这样虽然减轻了患者的举证责任，但事实上由于医院方掌握专业知识和专业团队，会结合与专家讨论的各种利弊提出一些客观的理由向法院出示以证明自己的医疗行为属于免责情形而逃避赔偿，最终利益受损最大的还是患者。

五、完善我国实行举证责任倒置的法律建议

（一）加强医患之间的沟通与交流

众所周知，医疗诊治是存在风险的，不是百分之百的成功，而对于医院方来说，肯定会选择尽自己最大的努力来换回患者的生命安全。然而结果也会出现意料之外的情况，之所以发生医患纠纷，就是在医方与患者之间欠缺一定的沟通交流。医疗诊治本身就是在不断研究、不断失败中摸索成功的道路，是充满高风险、高技术的行业。所以我们也要对患者普及医疗活动的高难度，让他们了解到医疗工作人员也在为了能够拯救每个患者的生命而不断地努力。

（二）培养兼修医学和法学的法官

随着社会的发展和人类的进步，医疗发展也越来越受人们的关注，因此我国政府以及卫生部门对医学方面中出现的医患纠纷的实质和法律问题更加重视。医学专业性较强，要想更好地解决临床治疗工作，就必须有专研过医疗知识并且有几年以上医疗工作经验的医生才能做到。为此在判决医患之间发生的医疗侵权诉讼的法官需要通过专业的医疗鉴定机构进行鉴定分析再做出决定，但其鉴定意见又不一定完全准确公正。为了减少不必要的麻烦，我们可以建立一所卫生法学研究所或者是"医事法"专业，专门为想要兼修医学和法学专业的人提供一个发展的机会，从而在其里面挑选出符合条件的人员进行法官或者医疗执法人员的培训，为解决法官在面临医疗侵权纠纷案件的僵局做出贡献，促进医疗事业的稳定发展。

（三）医疗机构必须严格执行相关医疗规章制度和规范医疗行为

举证责任倒置的实施虽然减少了患者举证责任，但是医患之间存在着信息不对称，要想真正减少医患纠纷，解决其根本问题，就要严格地制定医疗规章制度和执行规范的医疗行为，增强医疗管理秩序。不断增强医院工作人员的法律意识和提高对患者的服务水平，尊重患者，要保障患者的知情权和选择权，保障患者们对医院方做出的医疗诊断、医疗行为、治疗风险的大小有相关的了解。同时也要对患者的医疗档案、病历等书写规范，严格按照规定格式和程序

进行存档，以便在发生医疗诉讼时做到公平公正，提高诉讼效率，尽最大的努力来减少不必要的医患之间的矛盾。

（四）建立相关的医疗损害赔偿保险制

实行举证责任倒置虽然使患者的权利得到了公平的待遇，但对医院方确实也有不利的影响。随着医患纠纷案件的数量不断增加，医疗工作人员的积极性受到了打击，医院方逐渐采取防御性医疗措施。为了减少举证责任倒置带来的消极影响，建立相关的医疗损害赔偿保险制可以使医患关系得以缓解。医疗损害赔偿保险制是医院方和患者向保险公司交纳一定的保险金，在发生医疗侵权案件中，可以启动保险公司对患者进行部分或者全部费用赔偿，这样就可以起到一定的调节作用。一方面可以减少医患之间的冲突，为医院方研究医疗工作积极性提供了保障；另一方面，此保险制度能够减少医患之间的部分问题，从而缩短诉讼程序的时间，减少诉讼资源成本的浪费，以致达成医患之间的利益平衡。

无论医患纠纷的数量不断增加，还是医患之间矛盾的不断尖锐，举证责任倒置的成立都毋庸置疑，然而医患之间的纠纷成为影响社会不和谐的因素之一。我们要相关部门增强对医患纠纷和侵权诉讼关注的意识，相信在我们的共同努力下举证责任倒置存在的不足一定会得到解决。相信随着我国法律法规的不断完善，医患关系和医疗侵权纠纷会得到公平的处理和解决，医患之间的矛盾会得以缓解，医患双方利益不平衡的现象会得以改善，最终实现社会的和谐稳定发展。

参考文献

［1］中国审判理论研究会民事审判理论专业委员会. 民法典合同编条文理解与司法适用［M］. 北京：法律出版社，2020.

［2］中国审判理论研究会民事审判理论专业委员会. 民法典侵权责任编条文理解与司法适用［M］. 北京：法律出版社，2020.

［3］黄薇. 中华人民共和国民法典释义［M］. 北京：法律出版社，2020.

［4］杨立新. 中华人民共和国民法典条文精释与实案全析［M］. 北京：中国人民大学出版社，2020.

［5］法律出版社法规中心. 最新民法总则相关法律及司法解释汇编（2019）［M］. 北京：法律出版社，2019.

［6］李福华. 中华人民共和国民法总则（实用解读版）［M］. 北京：法律出版社，2019.

［7］李林，陈甦. 依法治国与精神文明建设［M］. 北京：社会科学文献出版社，2019.

［8］公丕祥. 新时代全面依法治国的新征程［M］. 北京：法律出版社，2018.

［9］梁慧星. 民法总论［M］. 北京：法律出版社，2017.

［10］张文显. 全面依法治国：迈向国家治理新境界［M］. 北京：党建读物出版社，2017.

［11］陈华彬. 民法总则［M］. 北京：中国政法大学出版社，2017.

［12］王利明. 民法总则［M］. 北京：中国人民大学出版社，2017.

［13］魏振瀛. 民法［M］. 北京：北京大学出版社，高等教育出版社，2017

［14］刘锐，黄福宁，席志国. 民法总则八讲［M］. 北京：人民出版

社，2017.

[15] 孙宏臣. 民法总则精解 [M]. 北京：人民出版社，2017.

[16] 江平. 物权法教程 [M]. 北京：中国政法大学出版社，2017.

[17] 柳经纬. 债法总论 [M]. 北京：北京师范大学出版社，2017.

[18] 刘金霞，温慧卿. 新编民法原理与实务 [M]. 北京：北京理工大学出版社，2017.

[19] 王利明，朱虎，王叶刚. 中华人民共和国民法总则详解（上）[M]. 北京：中国法制出版社，2017.

[20] 王利明，朱虎，王叶刚. 中华人民共和国民法总则详解（下）[M]. 北京：中国法制出版社，2017.

[21] 郑云瑞. 民法总论 [M]. 北京：北京大学出版社，2017.

[22] 法规应用研究中心. 民法规则总梳理 [M]. 北京：中国法制出版社，2017.

[23] 韩松. 民法总论 [M]. 北京：法律出版社，2017.

[24] 张民安，丘志乔. 民法总论 [M]. 广州：中山大学出版社，2017.

[25] 梁慧星. 梁慧星谈民法 [M]. 北京：人民法院出版社，2017.

[26] 葛伟军. 民法一本通 [M]. 北京：法律出版社，2017.

[27] 丁亮. 民法总论案例教程 [M]. 哈尔滨：东北林业大学出版社，2017.

[28] 戴孟勇. 民法原理与实例研究 [M]. 北京：中国政法大学出版社，2017.

[29] 尹田. 物权法 [M]. 北京：北京大学出版社，2017.

[30] 戴永盛. 物权法问题论释 [M]. 北京：中国政法大学出版社，2017.

[31] 丁海俊. 债权法教程 [M]. 北京：对外经济贸易大学出版社，2017.

[32] 林琳，腾笛. 合同法若干基本问题研究 [M]. 北京：中国铁道出版社，2017.

[33] 李超. 侵权责任法中的受害人同意研究 [M]. 北京：中国政法大学出版社，2017.

[34] 韩德利，李成道. 依法治国的理论与实践 [M]. 北京：中国政法大学出版社，2017.

[35] 孙妍妍. 合同法 [M]. 天津：南开大学出版社，2016.

［36］李永军．债权法［M］．北京：北京大学出版社，2016.

［37］席志国．中国物权法论［M］．北京：中国政法大学出版社，2016.

［38］薛夷风．物权法的理论与实务［M］．厦门：厦门大学出版社，2016.

［39］李建伟．民法［M］．北京：北京大学出版社，2016.

［40］周汉德．民法［M］．武汉：华中科技大学出版社，2015.

［41］吴汉东，陈小君．民法学［M］．北京：法律出版社，2014.

［42］王利明，杨立新，等．民法学［M］．北京：法律出版社，2014.

［43］申卫星．民法学［M］．北京：北京大学出版社，2013.

［44］郑玉敏．民法学［M］．北京：清华大学出版社，北京交通大学出版社，2012.

［45］赵秀梅．民法学［M］．北京：法律出版社，2012.

［46］［法］米雷埃·德尔玛斯－玛尔蒂．克隆人：法律与社会：第二卷［M］．张乃根，译．上海：复旦大学出社，2004.

［47］［德］卡尔·拉伦茨．德国民法通论［M］．王晓晔，等译．北京：法律出版社，2003.

［48］［美］罗斯科·庞德．法律史解释［M］．邓正来，译．北京：中国法制出版社，2002.

［49］龙卫球．民法总论［M］．北京：中国法制出版社，2000.

［50］梅仲协．民法要义［M］．北京：中国政法大学出版社，1998.

［51］张俊浩．民法学原理［M］．北京：中国政法大学出版社，1997.

［52］［意］彼德罗·彭梵得．罗马法教科书［M］．黄风，译．北京：中国政法大学出版社，1992

［53］姚辉．民法的精神［M］．北京：法律出版社，1991.

［54］［德］黑格尔．法哲学原理［M］．范扬，张企泰，译．北京：商务印书馆，1961.

［55］［法］孟德斯鸠．论法的精神（上）［M］．张雁深，译．北京：商务印刷馆，1961.

［56］［英］梅因．古代法［M］．沈景一，译．北京：商务印书馆，1959.

［57］江平．江平文集［M］．北京：中国法制出版社，2000.

［58］［日］星野英一．王闯，译．私法中的人：以民法财产法为中心［M］//梁慧星．民商法论丛：第8卷．北京：法律出版社，1997.

[59] 徐国栋. 市民法典与权力控制 [M] //杨振山, [意] 斯奇巴尼. 罗马法·中国法与民法法典化. 北京: 中国政法大学出版社, 1995.

[60] 马克思, 恩格斯. 马克思恩格斯全集: 第 1 卷 [M]. 北京: 人民出版社, 1956.

[61] 赵倩倩. 环境侵权民事责任探析 [J]. 法制博览, 2019 (5): 197 – 196.

[62] 王天为. 劳动合同违约责任研究 [J]. 现代商业, 2018 (11): 41 – 42.

[63] 李庆峰. 合同转让后管辖协议的效力评析 [J]. 杭州电子科技大学学报 (社会科学版), 2016, 12 (4): 38 – 41.

[64] 刘慧兰. 民法是市民社会的基本法 [J]. 山西高等学校社会科学学报, 2006 (8): 108 – 111.

[65] 杨立新, 朱呈义. 动物法律人格之否定: 兼论动物之法律 "物格" [J]. 法学研究, 2004 (5): 96 – 102.

[66] 曹新明, 夏传胜. 抽象人格论与我国民事主体制度 [J]. 法商研究, 2000 (4): 59 – 66.

[67] 刘士国. 论民法是市民社会的一般私法 [J]. 民商法学. 2000 (3): 25 – 26.

[68] 何增科. 市民社会概念的历史演变 [J]. 中国社会科学. 1994 (5): 67 – 81.